Volez

DE VOS PROPRES AILES

devenez un adulte autonome

Couverture
Conception graphique de la couverture: Éric L'Archevêque
Photo: Image Bank

Maquette intérieure
Conception de la maquette intérieure: Johanne Lemay

DISTRIBUTEURS EXCLUSIFS:

- Pour le Canada et les États-Unis:
  LES MESSAGERIES ADP*
  955, rue Amherst, Montréal H2L 3K4
  Tél.: (514) 523-1182
  Télécopieur: (514) 521-4434
  * Filiale de Sogides Ltée

- Pour la Belgique et le Luxembourg:
  PRESSES DE BELGIQUE S.A.
  Boulevard de l'Europe 117
  8-1301 Wavre
  Tél.: (10) 41-59-66
       (10) 41-78-50
  Télécopieur: (10) 41-20-24

- Pour la Suisse:
  TRANSAT S.A.
  Route du Grand-Lancy, 2, C.P. 125, 1211 Genève 26
  Tél.: (41-22) 42-77-40
  Télécopieur: (41-22) 43-46-46

- Pour la France et les autres pays:
  INTER FORUM
  13, rue de la Glacière, 75624 Paris Cédex 13
  Tél.: (33.1) 43.37.11.80
  Télécopieur: (33.1) 43.31.88.15
  Télex: 250055 Forum Paris

HOWARD M. HALPERN

Volez
DE VOS PROPRES AILES
devenez un adulte autonome

**Traduit de l'américain
par
Marie Perron**

 le jour,
éditeur

Données de catalogage avant publication (Canada)

Halpern, Howard Marvin, 1929-

    Volez de vos propres ailes

    Traduction de: Cutting Loose.
    Comprend des références bibliographiques.

    ISBN 2-8904-4450-3

    1. Adultes. 2. Parents et enfants. 3. Relations
humaines. 4. Dépendance (Psychologie). I. Titre.

HM132.H3414   1992   305.24'2   C92-096479-6

L'ouvrage original américain a été publié par Fireside Book,
une division de Simon & Schuster Inc.
sous le titre *Cutting Loose*
(ISBN: 0-671-69604-1 et 0-671-22318-6)

Dépôt légal: 2ᵉ trimestre 1992
Bibliothèque nationale du Québec

ISBN 2-8904-4450-3

À mes filles, Shari et Dina,
qui me reconnaîtront souvent dans ces pages,
avec l'espoir que mon livre les aidera à affronter l'enfant
en moi avec fermeté et compassion,
pour que nous puissions, elles et moi,
évoluer chacun à notre façon.

REMERCIEMENTS

Il y a plusieurs années, quand parut mon ouvrage sur les enfants[1] destiné aux parents, un de mes jeunes patients, un garçon d'une dizaine d'années, me fit cette remarque: «Pourquoi n'écririez-vous pas un livre pour nous, les enfants, pour que nous sachions quoi faire avec nos parents? Nous en aurions bien besoin!» Sa remarque, qui n'était pas tombée dans l'oreille d'un sourd, fit son chemin et déboucha sur un autre livre, non pas pour les enfants mais pour les adultes, car ces derniers doivent souvent faire face à d'énormes difficultés dans leurs rapports avec leurs parents. Je remercie donc ce petit garçon d'avoir semé en moi l'idée du présent ouvrage, ainsi que les nombreux patients qui lui ont permis de germer en me faisant part de leur lutte pour devenir des individus autonomes, détachés de leurs parents et conscients de leur intégrité. Merci à Fred Hahn et à Marlon Brenner qui, dès le début, m'ont incité à donner plus de substance à mon livre, à y intégrer des éléments théoriques au lieu de me contenter d'en faire un simple guide anecdotique.

Je voudrais aussi souligner l'aide que m'a apportée Ruth Kaplan Landa. Si je suis, moi, le père de ce livre, Ruth en est la mère, car elle fut muse, dactylo, réviseure non officielle, critique et commentatrice avisée, tout en étant une intarissable source d'idées et d'inspiration grâce à son enthousiasme et à son intérêt soutenus pour mon travail. Tant ce livre que moi-même devons beaucoup à son affection.

---

1. Howard M. Halpern, *A Parent's Guide to Child Psychotherapy*, New York, A. S. Barnes, 1963.

AVANT-PROPOS

Un retour sur le passé

Lorsque j'ai écrit *Volez de vos propres ailes,* mon intention était tout simplement d'aider les gens à améliorer la qualité de leur relation avec leurs parents quand celle-ci créait des problèmes. En tant que psychothérapeute, j'ai travaillé auprès d'adultes de tous les âges, qu'un aspect ou un autre de leur relation avec leurs parents rendait malheureux. Certains éprouvaient des sentiments de culpabilité ou de crainte et se sentaient manipulés, tandis que d'autres cédaient à la colère, à l'insolence, ou élargissaient la distance entre eux. Ce qui aurait dû représenter une source de réconfort était en réalité une cause d'angoisse. En me mettant à l'écoute de mes patients, j'ai beaucop appris sur les causes des conflits qui séparent un ou une adulte de ses parents. J'en ai déduit que ce n'était pas la part rationnelle et mûre du parent ou de l'enfant qui interagissait, mais bien le «moi enfant» de chacun qui créait les problèmes.

Par exemple, telle mère opérait un contrôle sur son fils en le culpabilisant, en lui faisant croire qu'il la blessait s'il agissait selon ses désirs propres au lieu d'obéir à ses volontés à elle. Une mère qui a de la maturité a beau savoir que son rôle consiste à aider son enfant à devenir autonome, celle-ci laissait la petite fille en elle culpabiliser son fils, de peur qu'il ne l'abandonne si elle ne le gardait pas sous son contrôle. Quant au fils, qu'il ait obéi, mû par la culpabilité, et qu'il ait refoulé ses propres désirs et ses propres intérêts, ou qu'il se soit révolté aveuglément contre toutes les volontés de sa mère, il laissait ainsi s'exprimer le petit garçon complaisant ou provocant qu'il hébergeait, et non pas son moi adulte, responsable et rationnel.

Le fait d'aider mes patients à prendre conscience de ces comportements et à assumer leur rôle d'adultes leur a souvent permis de beaucoup améliorer la qualité de leur relation avec leurs parents. Lors de la première édition de *Volez de vos propres ailes,* j'espérais apporter les mêmes bienfaits à ceux qui me liraient. L'accueil chaleureux que m'ont réservé mes nombreux lecteurs, les lettres enthousiastes qu'ils m'ont adressées, montrent que ce but a été atteint.

Au moment d'écrire *Volez de vos propres ailes,* je ne pouvais pas savoir que ces travaux constitueraient la base de mes recherches futures et contiendraient le germe d'un autre ouvrage, intitulé *Adieu: Apprenez à rompre sans difficulté.* Beaucoup de mes patients étaient prisonniers de relations amoureuses destructrices. Ils affrontaient des problèmes plus graves que les inévitables conflits occasionnels et les désillusions de deux êtres autonomes qui évoluent tout en s'efforçant de préserver l'harmonie au sein de leur couple. Bien que la plupart des personnes qui m'aient consulté aient été prisonnières de relations qui les rendaient malheureuses depuis longtemps, elles se trouvaient dans l'impossibilité d'améliorer leur situation ou d'y mettre un terme. J'ai connu des hommes et des femmes profondément attachés à des êtres inaccessibles, à des amants ou des maîtresses eux-mêmes attachés à quelqu'un d'autre, ou qui ne souhaitaient pas vivre une relation exclusive et engagée, ou qui en étaient tout simplement incapables.

Certaines des personnes avec lesquelles j'ai travaillé formaient des couples fondamentalement mal assortis avec des partenaires si totalement différents d'elles qu'il leur était impossible de trouver un terrain d'entente, de communiquer efficacement, d'apprécier le simple fait d'être ensemble. Certaines autres connaissaient dans leur relation une absence chronique d'amour, de tendresse, de sexualité, de stimulation, d'honnêteté, de respect et de soutien émotif. Chez d'autres, la relation n'était qu'une terre désolée, un désert de froideur et de solitude. Chez d'autres encore, la relation «amoureuse» était pleine de colère, de conflit, de cruauté mentale ou physique.

En dépit des atteintes à leur estime de soi, à leur moral et même à leur santé qu'entraînaient ces situations, mes patients étaient incapables d'y apporter des changemens ou de mettre fin à la relation. Il m'apparut clairement qu'ils étaient devenus les esclaves de ces liens comme d'autres deviennent esclaves du tabac, de l'alcool, du jeu ou de la drogue.

Le plus frappant était que les accoutumances amoureuses de mes patients prenaient racine dans les conflits parents-enfants non résolus dont il avait été question dans *Volez de vos propres ailes*! Ils opéraient un transfert des rôles joués par leurs parents dans ces vieux confits routiniers sur leurs partenaires amoureux, sans se rendre compte que ces scénarios tiraient leur origine de leur relation avec leurs parents. Par exemple, l'homme culpabilisé par sa mère pouvait répéter cette situation dans une relation avec une femme qui se l'attachait en éveillant sa culpabilité. Ou bien, des femmes qui n'avaient pu obtenir l'amour ou l'attention d'un parent égocentrique se liaient souvent à des hommes égoïstes et centrés sur eux-mêmes. Tout comme lorsqu'elles étaient enfants, ces femmes consacraient beaucoup de temps, d'énergie et d'estime de soi à tenter d'inspirer l'affection de leur partenaire, et revivaient de la sorte les mêmes désillusions chroniques auxquelles elles avaient été habituées lorsqu'elles étaient petites.

Volez de vos propres ailes m'apparut alors sous un tout autre angle. Cet ouvrage pouvait non seulement aider les gens à résoudre leurs conflits avec leurs parents, mais encore les stimuler à ne pas répéter les mêmes scénarios désespérants dans leurs relations amoureuses. En fait, puisque tout se décide très tôt, lors de cette première relation intense qui est aussi celle qui dure le plus longtemps, la résolution des conflits parents-enfants peut faciliter grandement l'éclosion de la maturité dans de nombreux autres domaines de notre vie.

Cette nouvelle édition de *Volez de vos propres ailes* veut signaler aux lecteurs que le fait de résoudre leurs conflits avec leurs parents les aidera à orienter leur vie amoureuse, leur vie professionnelle et leurs convictions en accord avec leur personnalité profonde.

Dr HOWARD HALPERN
août 1989

1

VOULEZ-VOUS M'ACCORDER CETTE VALSE?

Nous sommes adultes. Nos papiers d'identité et nos cicatrices sont là pour le prouver. Notre certificat de naissance dit que nous avons le droit de vote et celui de boire de l'alcool. Un de nos tiroirs recèle peut-être un diplôme indiquant que nous sommes aptes à exercer une profession. Sans doute possédons-nous aussi un certificat de mariage et les actes de naissance de nos enfants. Il se pourrait aussi que nous ayons en main un ou deux jugements de divorce. Nos expériences ont été portées au crédit de l'expérience. Ces rides autour des yeux ne s'y trouvaient pas l'an dernier. Tout est là. Tout ce qui fait de nous des adultes au regard des enfants.

Or un adulte est censé être autonome, être maître de soi, prendre des décisions en fonction de ses désirs et selon son bon jugement. Mais nous nous rendons compte fréquemment que ce n'est pas notre cas. Nous sommes si souvent contraints à des façons d'agir et de penser, nous avons tant besoin de l'approbation d'autrui, nous avons si peur d'être désapprouvés que nous ne sommes pas maîtres de notre propre vie. Nous ressemblons à une entreprise privée qui serait devenue publique, sous le contrôle d'actionnaires qui, pour beaucoup d'entre nous, sont nos parents. Nous présentons tous les signes de l'âge adulte et nous sommes en général des personnes responsables et compétentes, libres de nos décisions et de nos choix. Mais devant nos parents, nous nous sentons à la merci d'anciennes réactions dont nous n'arrivons pas à nous débarrasser, quels que soient la perte d'énergie et le degré d'insatisfaction et de frustration qu'elles entraînent. En fait, nous ne sommes pas libres et ne saurions le devenir tant que les sentiments de nos parents nous préoccuperont plus que les nôtres et tant que nous nous efforcerons de conquérir leur amour ou d'éviter de leur déplaire.

Nous acceptons que des adolescents parlent sans cesse de leurs parents avec amertume, qu'ils expriment du mécontentement à leur égard, qu'ils s'en exaspèrent et les ridiculisent. C'est de leur âge, disons-nous. Ils en sont à cette étape de leur évolution où ils cherchent à devenir des individus autonomes, distincts de leurs parents. Mais avez-vous remarqué combien souvent de jeunes adultes, des personnes d'âge mûr ou même des personnes âgées vont parler de leurs propres parents avec la même fièvre, la même condescendance et en formulant les mêmes reproches? Cela ne me surprend guère dès l'instant où je reconnais que l'on n'acquiert pas d'un seul coup, à l'adolescence, notre autonomie psychologique: nous sommes en continuel devenir. Notre développement passe par notre libération de l'interdépendance qui place nos parents au centre de nos pensées, de nos tensions et de nos paroles. C'est un long processus, mais mieux nous le comprenons, plus nous sommes en mesure de le hâter et de racheter nos titres de propriété pour devenir entièrement maîtres de nous-mêmes.

Comment en sommes-nous venus à confier à nos parents une si grande part de nous? Le fait est que nous n'avons pas eu le choix. En tant que nouveau-nés impuissants, nous dépendons de ceux qui prennent soin de nous pour nos besoins physiques de base, nous dépendons de leur affection pour notre bonheur et notre bien-être, et pour ne pas nous sentir rejetés par la vie. Nous découvrons très tôt que notre bien-être est lié aux attentions affectueuses de nos parents à notre endroit, et nous apprenons presque aussi vite ce qu'il faut faire pour garder vivante cette affection et ne pas la perdre.

Nous savons que si notre mère (ou la personne qui en tient lieu) est heureuse et calme, elle nous prodigue les attentions les plus tendres en plus de nous transmettre directement son bonheur, selon un processus que le psychiatre Harry Stack Sullivan (*Conceptions of Modern Psychiatry*, New York, Norton, 1953) décrit comme une «mystérieuse chaîne émotionnelle». De même, le malheur, la colère et l'angoisse de la mère sont transmis directement au nourrisson par la même «empathie infantile» sous forme de tension, d'inconfort et de peur. Nous apprenons donc très tôt à nous assurer que notre mère est heureuse; le répertoire de nos comportements visant ce but s'accroît à mesure que s'étendent notre compréhension et notre connaissance de ce qui la rend heureuse.

En grandissant, nous cessons d'être subordonnés à nos parents pour nos besoins physiques et matériels. Mais nous restons longtemps dépendants d'eux en ce qui a trait à nos émotions et à notre capacité à nous sentir bien dans notre peau. Il arrive même que ce cordon ombilical émotif se torde en un nœud gordien qui nous maintient fermement attachés aux réactions de nos parents à notre égard. Si, parfois, nous en venons à nous rebeller contre leurs exigences ou à leur reprocher amèrement leurs manquements, cela signifie surtout que nous concentrons encore sur eux des émotions fortes qui nous épuisent. Peu importe que nous partagions le même toit ou que nous habitions à des milliers de kilomètres, que nous les voyions tous les jours ou presque jamais. Parfois même, il importe peu qu'ils soient morts ou vivants. Ce qui compte, c'est que nous sommes peut-être engagés avec eux dans un dialogue ou une interaction qui interrompt notre croissance et limite notre autonomie.

Nous avons tous été dépendants de nos parents. Nous avons tous ressenti de la satisfaction quand ils nous ont approuvés et nous avons tous été très affectés par leur désapprobation. Pourquoi certains d'entre nous sont-ils plus que d'autres engagés dans une interaction asservissante avec leurs parents? En fait, la relation dépend dans une large mesure de nos parents eux-mêmes, du besoin qu'ils ont de nous et de leurs attentes. Si nos parents comprennent clairement que leur responsabilité est d'aider leur enfant à devenir un adulte autonome et indépendant et s'ils possèdent la maturité nécessaire pour agir en conséquence, ils s'efforceront de veiller à notre individuation. Cependant, même si nos parents reconnaissent que leur rôle est de favoriser la croissance de leur enfant, une part d'eux-mêmes n'a peut-être pas assez évolué pour qu'ils puissent concrétiser cette conviction. Tout comme il existe un *enfant en nous,* il en existe un en chacun de nos parents, et très souvent cet enfant leur dicte leurs comportements comme il nous dicte les nôtres. Le cerveau de chacun est une vidéothèque de ses expériences et émotions d'enfant; il a enregistré, entre autres, la peur, l'amour, la colère, la joie, la dépendance, les exigences, l'insécurité, l'égoïsme et les sentiments d'insuffisance. Le neurochirurgien Wilder Penfield[2] a découvert que lorsque certaines zones du cortex cérébral sont stimulées, le sujet revoit des événements passés dans tous leurs détails, exactement comme si on les lui projetait sur un écran avec les effets sonores et les émotions qui en faisaient partie à l'origine. Il semblerait donc que tout ce qui nous soit jamais arrivé, y compris les innombrables moments que nous pensions avoir oubliés, ait été enregistré et emmagasiné dans notre cerveau. Tout porte à croire que ces souvenirs peuvent être rappelés et influencer nos émotions et nos comportements actuels. Nos neurones ont également conservé depuis l'enfance l'empreinte des ordres, des préjugés, des injonctions et des règles de conduite de nos parents (comme les neurones de nos parents ont enregistré la voix de leurs parents à eux). L'ensemble des enregistrements de nos premières émotions et de nos premières réactions, ajouté à l'ensemble des enregistrements des comportements de nos parents, des injonctions et des règles de conduite qu'ils nous ont transmises, contribuent à former cet enfant en nous dont je parlais plus tôt. Ces transcriptions de l'enfance peuvent parfois être mises en circuit et rejouées au présent telles quelles pour représenter des émotions et des comportements actuels, sans que notre expérience d'adultes ni la connais-

2. Wilder Penfield, «Memory Mechanisms», *AMA Archives of Neurology and Psychiatry* 67, 1952, pp. 178-198.

sance ou la sagesse acquises ne viennent les modifier[3]. Par exemple, en réaction à la froideur d'une personne distante avec nous, nous pourrions ressentir une peur puérile de l'abandon qui soit totalement exagérée par rapport à la situation en question. L'émotivité à fleur de peau de l'enfant terrorisé en nous aura pris le dessus et entravé notre discernement.

Souvent, l'enfant en nos parents est mécontent devant notre force et notre indépendance. Il peut éprouver de l'appréhension et de la colère si notre autonomie équivaut à une scission d'avec les parents et à leur perte de contrôle sur nous. Par nature, l'enfant en eux (ou en nous, ou en quiconque) ressent un besoin d'intime dépendance envers ceux qui lui sont proches, car son bien-être, son estime de soi et le sentiment de sa valeur dépendent d'un tel rapport. Lorsque nous agissons de façon à nous démarquer de nos parents, lorsque nous devenons des individus ayant en propre des idées, des émotions et une vie, l'enfant en nos parents interprète ce fait comme une terrible menace, celle de nous perdre, et manifeste en réaction sa désapprobation, son trouble, sa peine ou sa colère. À son tour, l'enfant en nous, cherchant à fuir la désapprobation ou la colère de l'enfant en nos parents, peut s'aboucher

---

3. Selon les tenants de l'analyse transactionnelle, une approche psychothérapeutique qui se réfère beaucoup à l'enfant en nous, chaque individu connaît trois états de conscience ou trois «ego»; ces trois «moi» sont le moi Parent, le moi Enfant et le moi Adulte. Le moi Parent consiste en toutes ces «bandes magnétiques» que le cerveau entrepose, ces enregistrements des règles, des injonctions et des comportements que nous ont dictés nos parents. Quand s'exprime notre moi Parent, nous reproduisons le comportement de l'un de nos parents. Le moi Enfant, quant à lui, réunit les pensées, les émotions, les façons de voir et de se comporter qui nous viennent de la première enfance. Quand s'exprime notre moi Enfant, nous redevenons l'enfant que nous avons été, nous revivons les émotions et les gestes de cette période de notre vie. Enfin, on compare le moi Adulte à un ordinateur qui analyserait toutes les données d'une situation avec logique et rationalité, et sans se laisser gagner par l'émotion (Éric Berne, *Analyse transactionnelle et psychothérapie* (Pour un système de psychiatrie individuelle et sociale), traduit de l'américain par Sylvie Laroche, Paris, Payot, 1971). En analyse transactionnelle, la distinction que l'on établit entre le moi Enfant et le moi Parent est valable et utile. Cependant, pour les besoins spécifiques de cet ouvrage, il y aura profit à simplement considérer que tout matériau de l'enfance subsistant en nous et pouvant être rappelé au présent est une manifestation de *l'enfant en nous.*

inconsciemment avec les manœuvres de ce dernier et cultiver des rapports spécifiques avec nos parents dans une relation perpétuellement conciliante vis-à-vis de leur volonté implicite ou explicite.

Tout cela signifie que si nous restons cramponnés à nos parents même si nous nous percevons depuis longtemps comme des adultes autonomes et indépendants, nous pouvons être sûrs que nos rapports avec eux prennent racine dans cette découverte précoce: «Si maman (papa) est bien dans sa peau, je suis bien dans ma peau. Si maman (papa) n'est pas bien dans sa peau, je ne suis pas bien dans ma peau. Par conséquent, j'ai tout intérêt à découvrir ce que je fais qui rend maman heureuse et à le faire. Et j'ai tout intérêt à savoir ce que je fais qui rend maman malheureuse et à ne pas le faire.» *L'enfant en nous* veut que *l'enfant en nos parents* soit heureux (ou qu'il ne soit pas malheureux).

J'appelle les interactions spécifiques qui prennent forme entre l'enfant en nous et l'enfant en nos parents une *valse hésitation,* car elles obéissent à un motif répétitif, quasi rythmique. Les mêmes paroles, la même ritournelle, les mêmes pas de danse y sont repris sans fin[4].

---

4. La valse hésitation ressemble aux «jeux» auxquels se réfère l'analyse transactionnelle. Éric Berne (Des jeux et des Hommes. *Psychologie des relations humaines,* trad. de l'américain par Léo Dilé, Paris, Stock, 1966) définit ces jeux comme une série de transactions entre personnes, dont le dénouement est à la fois précis et prévisible. Le dénouement est prévisible pour la simple raison que, même si les participants ignorent en conscience qu'ils recherchent une fin spécifique, ils sont inconsciemment motivés à la trouver. Le jeu est toujours malhonnête, habituellement autodéfaitiste et souvent douloureux, mais on persiste à le jouer car il donne aux participants l'illusion de combattre le sentiment de leur propre nullité en se rabattant sur une tactique éprouvée qui consiste à y engager quelqu'un d'autre. Par exemple, un homme qui se plaint sans cesse de sa femme à ses amis, qui écoute leurs conseils, puis qui leur explique pourquoi ceux-ci ne valent rien, joue au jeu du Pourquoi-Ne-Fais-Tu-Pas-Ceci-Oui-Mais. Ses amis finissent par se lasser et abandonnent la partie, tandis que lui s'enlise dans la certitude d'être incompris et mal aimé. Mais son jeu lui a procuré une certaine sécurité en l'entourant d'un peu d'attention et en le confirmant dans son sentiment familier de médiocrité.

Alors que les «jeux» sont des transactions que l'enfant a appris à faire avec ses parent et qu'il reprend avec *d'autres* personnes, la «valse hésitation» est la répétition des interactions qui persistent *strictement entre les parents et l'enfant* quand ce dernier est devenu adulte.

Sans doute y a-t-il une valse hésitation que vous et l'un de vos parents (ou les deux) dansez ensemble depuis si longtemps que vous y voyez la seule relation possible entre vous deux (ou entre vous trois). Tant que cette valse perdure, vous êtes incapable de changer car vous êtes prisonnier d'une chorégraphie qui dicte les comportements à l'enfant en vous et à l'enfant en eux. Par exemple, si votre parent agit comme un enfant exigeant et narcissique qui veut être le centre de votre vie, et si vous vous y soumettez dans un esprit de conciliation (ou avec révolte ou avec culpabilité), vous dansez là un pas de deux[5] qui pourrait bien ne jamais finir. Si votre parent changeait de ritournelle et acceptait de mûrir, sans doute mûririez-vous aussi. Vous seriez alors tous deux libres d'évoluer, car vous ne seriez plus prisonniers d'une grille de comportements répétitifs, mécaniques, improductifs et épuisants. Mais la vérité est que personne n'étant obligé de prendre l'initiative du changement, la situation pourrait durer jusqu'à la fin de vos jours. C'est souvent le cas, car changer de rengaine peut être aussi difficile que tenter de détourner un fleuve de son cours avec une cuiller à thé. Vos vieux réflexes sont eux aussi profondément ancrés en vous. Ils déterminent et orientent vos comportements depuis votre naissance et en empêchent chaque jour davantage toute modification. Cette accoutumance est renforcée par la peur violente de l'enfant en vous qui est persuadé que toute transformation accomplie sans la bénédiction de vos parents conduira à la catastrophe, c'est-à-dire à leur colère ou à leur abandon. Quand vous réfléchissez avec objectivité, vous savez que leur réaction ne serait jamais aussi dramatique, et que, si elle l'était, vous survivriez. Mais convaincre de cela l'enfant vulnérable que vous hébergez n'est certes pas chose aisée.

Il ne faut donc pas sous-estimer la difficulté liée à la cessation de la valse hésitation que vous dansez depuis toujours avec vos parents, mais à mesure que vous décortiquerez le rituel chorégraphique qui guide vos pas, vous pourrez commencer à changer de ritournelle. Discerner les nuances de rapports si familiers qu'on ne remarque plus leur nature n'est pas simple, mais quand vous saurez quelle valse est la vôtre, vous pourrez en modifier les paroles, la musique et les pas.

---

5. En français dans le texte original. *(N.D.T.)*

J'espère que le présent ouvrage vous aidera, entre autres, à discerner les valses hésitation les plus courantes entre parents et enfants et que celles-ci vous permettront de mieux distinguer les vôtres. Assurez-vous non seulement d'identifier intellectuellement vos réflexes, mais aussi d'entrer en contact avec l'enfant que vous étiez pour *déceler le moment où cet enfant prend le contrôle de vos relations* avec vos parents. Il sera important, en outre, de tenter de voir, au-delà du père et de la mère adultes, l'enfant que recèlent leurs gestes ou l'expression de leur visage, et qui n'a pas évolué depuis leur naissance. (Voir l'enfant en vos parents pourra vous sembler difficile et même douloureux, car l'enfant en vous désire que ses parents soient de grandes personnes sur qui il peut compter, et il craint que d'être conscient de l'enfant en eux n'empêche cette dépendance. Il ne faut donc pas perdre de vue que vos parents sont beaucoup plus que l'enfant que vous venez de découvrir en eux, et que vous-même êtes beaucoup plus que l'enfant vulnérable que vous hébergez.) À mesure que je passerai en revue les réflexes les plus courants entre parents et enfants, je vous suggérerai des moyens pour développer votre perspicacité dans ce domaine. Mais l'acuité de la conscience n'est qu'un début, car, comme l'a démontré la psychanalyse, il ne suffit pas de savoir ce qui ne va pas pour que tout rentre dans l'ordre. Beaucoup de personnes se sont découragées quand elles se sont rendu compte que de connaître le «pourquoi» d'une chose n'y changeait rien ou fort peu. Vous pouvez très bien savoir pourquoi vous avez un comportement défaitiste tout en ne le modifiant pas. En fait, un changement est toujours un troc, et l'être humain a peur de troquer la sécurité de ce qui lui est familier, quelles qu'en soient les contraintes, pour l'inconnu et ses incertitudes.

Qu'est-ce qui peut nous motiver à effectuer un tel troc? Principalement la peine que nous ressentons et notre insatisfaction à toujours répéter les mêmes pas de danse. Au fur et à mesure que vous constaterez tout ce que vous avez à perdre à ne rien transformer, votre détermination grandira. L'enjeu est votre capacité à être vous-même. Serez-vous une marionnette qui danse au rythme de la valse ou une personne autonome? Évoluerez-vous ou vous contenterez-vous de vieillir? Dépenserez-vous toutes vos énergies à vous disputer avec vos parents ou à vous plaindre d'eux, ou bien les emploierez-vous à la réalisation de votre propre bonheur et de votre propre potentiel? Une vie n'est jamais acquise. De nouvelles occasions se présenteront à vous quand vous surmonterez vos peurs, car la peur obstrue toute vision. En mettant un terme à vos anciens comportements contraignants, vous découvrirez de nouvelles possibilités de relations avec vos parents. Mais le fait de procéder à ces changements et la métamorphose proprement dite relèvent de votre volonté.

Affronter ses parents est parfois si difficile que l'on se prend à souhaiter qu'ils n'aient jamais existé. Mais, pour paraphraser l'humoriste Theodore: «Combien d'entre nous ont cette chance? À peine une personne sur mille.» Il peut arriver que nous ayons envie de jeter à la poubelle la relation que nous avons avec nos parents et de vivre notre vie comme nous l'entendons, sans toujours les avoir sur le dos. Si, après tout, notre rôle dans la vie est de devenir des personnes autonomes, conscientes de leurs propres besoins et de leurs préférences et capables d'y répondre, quelle nécessité avons-nous de parents qui soient de tels boulets? Pourquoi ne pas rompre avec eux, tout simplement?

Certains parents ne changeront pas, même si vous mettez fin à la valse et si vous les invitez à nouer avec vous des liens plus appropriés et plus honnêtes, et même si vous leur donnez le temps d'absorber le choc et d'assimiler la nouvelle situation ainsi créée. Dans certains cas, les parents se sentent si menacés par la perte de l'ancien *statu quo* qu'ils adoptent en permanence un comportement encore plus destructeur et blessant. Mais de nombreux parents peuvent changer et réussissent à le faire quand on interrompt la routine à laquelle ils sont habitués. Or, si vous êtes capable d'évoluer et d'encourager vos parents à évoluer en même temps que vous, vous parviendrez à ouvrir entre eux et vous des canaux de communication plus sincères et plus authentiques. Après tout, la relation parents-enfants est à la source de notre être, et les liens affectifs avec nos parents sont le produit d'un nombre incalculable d'interactions, de souvenirs conscients ou enfouis, et d'émotions profondes qui remontent à l'époque où nous ne faisions qu'un.

Bien que chacun de nous soit le principal artisan de sa vie et de son histoire, les nombreuses relations, les activités et les lieux

qui entrent et sortent de notre vie entraînent de si fréquentes rup-
tures qu'il est important de conserver à nos premiers rapports
leur rôle de balises dans le cours de notre existence. Nos parents
sont nos racines. Si nos racines sont viables, nous nous sentirons
moins seuls et moins vulnérables.

En outre, il est déloyal de rayer nos parents de notre vie sous
prétexte qu'ils sont figés et incapables d'évoluer, si nous n'avons rien
tenté pour donner plus de vérité à la relation. Peut-être sont-ils plus
flexibles que nous ne l'imaginons. Pour ce qui est de nous, de notre
plénitude, congédier ainsi nos parents ne nous grandit pas mais
nous rapetisse. Comme le dit Baba Ram Dass dans *Be Here Now*:

> Si, parce que vous ne vous êtes jamais entendu avec l'un de
> vos parents, vous l'avez abandonné derrière vous, mais que sa
> pensée réveille néanmoins de la colère ou de la pitié ou toute
> autre émotion, c'est que vous lui êtes encore attaché. Vous
> êtes encore immobilisé. Vous devez mettre de l'ordre dans
> cette relation si vous voulez compléter votre tâche. Mais que
> signifie «mettre de l'ordre»? Cela signifie avoir de ce parent
> (ou de qui que ce soit) une perception nouvelle, remplie de
> compassion; cela signifie apercevoir en cette personne une
> créature de Dieu, tout comme vous, qui par hasard est votre
> parent. Abandonner l'image que l'on a mis tant d'années à se
> forger d'un être n'est pas facile, mais tant qu'une image plus
> compatissante ne remplace pas la première, on piétine[6].

Baba Ram Dass souligne l'effet d'immobilité que produit la
colère quand elle est le seul moyen dont nous disposons pour
communiquer avec l'un de nos parents. En fait, quand la colère a
été le thème redondant de notre valse hésitation, les nouveaux
antagonismes ne sont pas le signe d'une transformation de
l'ancien lien. La colère qui éclate soudainement peut parfois indiquer que l'on refuse catégoriquement de continuer à répéter une
chorégraphie usée, servile et étouffante, et elle peut nous aider à
mettre fin à ce genre d'interaction. Mais il persiste le risque
qu'une révolte violente ou la rupture de tout contact constitue en
soi des liens puissants. Je me rappelle un patient qui avait com-

---

6. Lama Foundation, *Be Here Now,* New York, Crown, 1971, p. 55.

plètement rompu avec sa mère et qui, le jour de la fête des Mères, lui exprimait son amertume en lui expédiant un citron. Était-il moins attaché à elle que la personne qui offre des fleurs à la sienne?

Cet ouvrage est un guide d'éducation des parents destiné aux adultes. Il présuppose que votre première responsabilité, dans la vie, c'est de devenir vous-même et de réaliser vos propres ambitions. Mais nous avons pu remarquer que le succès d'une telle entreprise se dérobe parfois, car l'enfant en vous et l'enfant en vos parents dansent ensemble une valse hésitation qui, en vous maintenant dans une dépendance émotive réciproque, vous empêche d'évoluer. Il s'agit donc d'aider vos parents et de vous aider vous-même à cesser de répondre à l'écho de vos enfances respectives. Pour cela, il vous faut être à l'affût des moments où vous rejouez les enregistrements emmagasinés dans votre cerveau depuis l'enfance pour aussitôt couper le contact et laisser parler votre moi adulte.

Parfois, votre moi adulte s'adressera directement à l'enfant en vos parents, sans doute pour le guider, le materner, lui donner une structure ou pour lui imposer des limites. Vous vous rendez compte, par exemple, que l'un ou l'autre de vos parents, ou les deux, désire vous rendre visite beaucoup plus souvent que vous ne le souhaitez vous-même; vous pouvez leur dire ceci, comme à un enfant qui se cramponne: «Je vous aime et votre compagnie m'est agréable, mais j'ai besoin de plus de temps pour moi. Venez moins souvent. Pourquoi pas jeudi en huit? Ça vous irait?» Voilà une attitude plus libératrice que l'ancienne soumission puérile qui vous a programmé à répondre: «Venez quand cela vous chante», ou le sentiment de révolte qui vous fait réagir par: «Vous êtes toujours sur mon dos. Je ne veux plus vous voir.»

En d'autres occasions, ignorer l'enfant pour vous adresser directement aux adultes qu'ils sont aura plus d'effet. Par exemple, l'enfant possessif qu'héberge votre parent cherche peut-être à vous persuader de ne pas prendre votre propre appartement et, comme le bébé qui se met à hurler à l'arrivée de sa gardienne, il repousse toutes vos tentatives pour en discuter rationnellement avec lui ou pour le rassurer. Vous devrez sans doute parler directement à l'adulte, comme ceci: «Je déménage vendredi. Ma déci-

sion est prise et tout est arrangé. J'apprécierais que vous me don-
niez un petit coup de main si vous le voulez.» Vous exprimez ainsi
la situation telle qu'elle est au parent adulte. Si cet adulte écoute,
peut-être réussira-t-il à dominer l'enfant possessif en lui, à accepter votre décision comme un fait accompli et à constater, par
votre demande d'aide, que vous ne rejetez nullement la relation
dans sa totalité. Vous pouvez alors passer à un autre niveau de
communication.

Mettre un terme à la valse hésitation vous rendra une vaste
somme d'énergie. Vous serez enfin libre d'aller où bon vous semble. Vos parents seront ou non inclus dans votre nouveau chemi-
nement. Quoi qu'il en soit, le potentiel d'épanouissement qu'il y a
en vous et celui qu'il y a en eux est enfin libéré. Arrivé à ce point,
que vous et vos parents choisissiez d'évoluer et de vous transformer pour pouvoir communiquer avec plus d'honnêteté, ou que
vos parents décident de rester tels qu'ils sont, vous serez dorénavant libre de vous accorder à vos propres rythmes intérieurs.

2

LOUÉ SOIT LE LIEN QUI NOUS UNIT

Chaque parent souhaite que son enfant devienne un adulte indépendant, fort et actif. Et chaque parent souhaite aussi que son enfant demeure faible, dépendant et incapable. La relation entre ces deux désirs peut varier, mais si, des deux, le souhait que vous restiez dépendant et inapte l'emporte sur l'autre (ou presque), vous avez sans doute un problème, car il est difficile, voire impossible, de ne pas obéir à une demande telle que «Ne deviens pas adulte».

Le désir du parent de voir son enfant devenir adulte et indépendant est facile à expliquer. Il est dans la nature du parent d'agir ainsi. Ainsi, dans tout le règne animal, les parents entraînent leurs rejetons à survivre seuls, puis ils les poussent hors du nid. Kahlil Gibran écrit que les parents sont l'arc et l'enfant la flèche.

Le désir du parent de voir son enfant rester faible et dépendant est moins clair, car il contredit la raison d'être biologique du parent. On comprendra mieux si l'on constate que le parent qui souhaite un enfant indépendant laisse ainsi parler l'adulte mûr en lui, tandis que le parent qui *ne désire pas voir sa progéniture voler de ses propres ailes s'exprime par le petit enfant qu'il héberge.*

Ne me quitte pas

Un parent qui héberge en lui un enfant et qui souhaite garder près de lui sa progéniture n'est pas pour autant un «mauvais» parent. Nous avons tous un tel enfant en nous, et ce serait trop exiger de quiconque que de lui demander d'agir toujours en fonction de l'adulte qui doit pousser son rejeton hors du nid. Rien de plus humain que de vouloir se cramponner, mais il faut espérer qu'un parent décidera le plus souvent de seconder son enfant dans sa croissance. Il y va de notre intérêt d'examiner de très près l'enfant en nos parents pour déterminer ce qui les pousse à agir de la sorte. Nous apercevrons alors une fillette ou un petit garçon qui s'accroche par peur d'être abandonné; ou encore l'enfant qui se sent inapte et qui se cramponne au pouvoir illusoire que lui confère le fait de retenir près de soi sa progéniture comme s'il s'agissait d'un ourson en peluche; ou bien un enfant qui se fait l'écho du «Ne deviens pas adulte» proféré par ses propres parents. Ce moi enfant du parent parle par la même bouche que le moi adulte, avec la même autorité parentale. Il arrive que les deux moi fusionnent, se recouvrent l'un l'autre, que chacun raisonne au nom de l'autre et qu'ils se fassent ainsi passer pour un moi unique et équilibré. Le message qu'ils transmettent alors est à *double sens,* à l'insu des parents et à l'insu des enfants déconcertés.

Quand le moi adulte et le moi enfant ont des désirs *contradictoires,* le message à double sens des parents place les enfants dans une situation sans issue. En d'autres termes, si les enfants obéissent à une demande, ils désobéiront automatiquement à l'autre. L'impasse est totale. Le double message le plus fréquent est à peu de choses près le suivant: «Deviens adulte» mais «Reste enfant», le premier occultant habituellement le second.

Le type le plus commun d'impasse est: «Je veux que tu sois autonome, alors fais ce que je te dis», message qu'il ne faut pas confondre avec celui du parent qui insiste pour que son enfant malade prenne ses médicaments ou qui s'assure qu'il n'ira pas se jeter devant une voiture. Dans ces exemples, le parent n'écoute que son jugement et songe aux conséquences. Mais lorsque le parent d'un jeune adulte dit à ce dernier: «Je veux que tu fasses ce qui te convient le mieux — je m'arrangerai bien avec ma solitude», deux messages sortent d'une même bouche. Le premier est prononcé par le parent adulte, conscient du besoin qu'a son enfant de voler de ses propres ailes. L'autre provient du moi enfant qui, apeuré par la séparation et la perspective d'un rejet, veut éveiller chez son rejeton un sentiment de culpabilité qui le fera renoncer à partir. Le jeune homme ou la jeune femme qui entend ce double message: «Fais ce qui te convient le mieux» et «Si tu le fais, ma solitude sera insupportable» est dans une impasse. Les jeunes font-ils ce qui semble le mieux leur convenir? Ils causeront de la peine à leurs parents — et cette idée leur est pénible. Agissent-ils selon le désir de leurs parents? Ils évitent certes de leur causer de la peine, de les mettre en colère et d'éprouver de la culpabilité. Néanmoins ils seront vraisemblablement non seulement frustrés et découragés de n'avoir pas agi pour leur bien, mais ils constateront aussi la déception du parent adulte dont le message «Fais ce qui te convient le mieux» ne manquait pas de sincérité.

En général, la déception du parent dont l'enfant obéit à son «Ne deviens pas adulte» ne s'exprime pas. En fait, le moi enfant du parent manifestera ouvertement sa joie d'avoir eu le dessus, mais tant le parent que l'enfant découvriront en secret le dédain du parent adulte. Un patient dans le début de la trentaine ayant eu une dispute avec sa mère, une femme dominatrice qui le dépréciait, avait cédé devant elle, qui en paraissait ravie. Cette nuit-là, il fit un rêve horrible. Sa mère, l'accusant avec mépris de ne pas avoir eu le courage de lui tenir tête, le castrait littéralement tout en criant: «Tu n'en as pas besoin puisque, de toute façon, tu n'es pas un homme!» Encore une fois, l'impasse était totale.

Le message à double sens dont le thème est «Je veux que tu sois fort et autonome, alors fais ce que je te dis» connaît plusieurs variations:

«Si tu veux aller loin dans la vie, écoute-moi.»

«Bien sûr que tu as du goût; mais je crois tout de même que je devrais t'aider à choisir un manteau.»

«Tu dois faire ce que tu veux, mais si tu t'associes avec moi en affaires, ton avenir sera assuré.»

«Je sais que je t'ai appris à prendre tes propres décisions, mais si tu épouses un Noir, tu ne remettras plus les pieds ici.»

«C'est fou ce que tu peux toujours tout gâcher! Pourtant, tu ne manques pas d'intelligence!»

«Fais à ta tête, mais ne viens pas te plaindre à moi quand tout ira mal.»

«Alors tu es médecin! Je suis si fière. Papa m'a toujours dit de ne pas m'en faire, et qu'à nous deux nous ne pouvions pas nous tromper.»

Quant à l'impasse suprême, la voici. J'aidais un jour une jeune femme à s'installer dans son nouvel appartement après que les déménageurs furent partis. Sa mère se trouvait là également et nous donnait un coup de main. Nous travaillions tous très fort, surtout la jeune femme qui emménageait. Sa mère se mit alors à insister pour qu'elle se repose: «Tu sembles très fatiguée. Va donc t'étendre quelques minutes.» La jeune fille finit par céder et s'étendit sur son lit. À tout moment, sa mère entrait dans la chambre et demandait: «Où cela va-t-il?» ou bien «As-tu vraiment besoin de ceci?» jusqu'à ce que la jeune femme se fâche et réplique: «Écoute, tu m'as dit de me reposer et tu passes ton temps à me déranger.» La mère se mit en colère et sortit de la chambre en lançant par-dessus son épaule: «Je ne vois pas comment tu peux rester étendue quand l'appartement est dans un tel état.» Elle ne se rendait pas compte du double sens de son message.

Quelle était la raison de ces messages contradictoires? Il y avait bien là une femme aimante et maternelle, sincère dans son désir de ne pas voir sa fille s'exténuer. Mais elle était en compagnie d'une autre femme, une mère dont le propre père tyrannique l'avait un jour obligée à balayer sa chambre douze fois de suite tant qu'il apercevait un grain de poussière et en sachant qu'elle était en retard à un rendez-vous (voir le chapitre 5). C'était lui, ce père, encastré dans son cerveau depuis ses jeunes années, qui parlait à sa place et disait: «Je ne vois pas comment tu peux te reposer quand l'appartement est dans un tel état.»

Souvent, le message à double sens provoque la culpabilité; c'est une façon de dire «Reste enfant, ne t'en va pas.» Souvent aussi, le message à double sens utilise le thème de la *déprécia-*

tion; en dénigrant le sentiment de compétence de l'enfant, on entrave à jamais son évolution. Si la phrase «Tes notes sont bonnes, mais tu pourrais faire mieux» est parfois justifiée, elle a le plus souvent un effet mixte d'approbation et de sape. Voyons, à titre d'exemple, le dialogue suivant. Avant qu'il se rende à une entrevue pour un poste important, la mère de Martin lui dit: «Tu n'as rien à craindre. Ils ont tout intérêt à t'engager, avec les compétences que tu as.» Plusieurs heures plus tard, Martin téléphonait à sa mère pour lui dire, tout heureux: «J'ai obtenu le poste.

— Vraiment? fit sa mère, de l'étonnement dans la voix. Tu as vraiment eu le poste? Tu en es sûr? Quand dois-tu y aller? Tu es sûr qu'il n'y a pas méprise?»

Tel autre jeune homme se présentait aux élections. On ne lui prédisait pas le moindre succès, mais sa campagne fut très énergique, et quand les résultats du scrutin commencèrent à entrer, les choses allaient plutôt bien pour lui. Sa mère le prit à part et lui dit, inquiète: «Si tu es élu, comment sauras-tu ce que tu dois faire?»

Mon anecdote tragi-comique préférée à propos des messages contradictoires est celle-ci. Un ami à moi inaugurait sa pratique médicale dans un luxueux édifice du centre-ville. Sa mère lui téléphona pour le féliciter et lui demander si son bureau lui plaisait.

«Il est parfait. Il me plaît beaucoup.

— Dis-moi, mon fils, est-ce qu'on sait que tu es là?

— On? Qui on? Que veux-tu dire?

— Les propriétaires de l'édifice. Les autorités, quoi.

— Bien entendu qu'ils le savent. Je paie un loyer. Je suis locataire. J'ai mon bureau ici.»

Après une longue pause, sa mère demanda: «Et ça ne leur fait rien?»

Certains messages à double sens sont particulièrement déconcertants, comme ceux que contiennent les deux conversations suivantes entre une mère et sa fille habitant chez elle.

LA MÈRE: S'il te plaît, tu veux bien faire ce chèque pour moi?
LA FILLE: Pourquoi? Tu ne peux pas le faire toi-même?
LA MÈRE: Tu sais bien que tu fais ça mieux que moi.

La même semaine, elles tenaient la conversation que voici:
LA MÈRE: Je suis fatiguée. J'ai fait toute ta lessive aujourd'hui.

LA FILLE: Pourquoi? Tu aurais dû me la laisser.

LA MÈRE: C'est ridicule. Je suis à la maison.

Outre l'impasse évidente dans cette deuxième conversation («Je suis fatiguée» — «C'est ridicule»), un message contradictoire passe entre les deux conversations. Dans la première («Tu sais bien que tu fais ça mieux que moi»), la mère dit «Je dépends de toi.» Dans la deuxième («J'ai fait toute ta lessive»), la mère dit: «Dépends de moi.» En réfléchissant bien à ces messages en apparence contradictoires, l'on constate qu'ils sont les deux faces d'une même déclaration: «Ne me quitte pas (car j'ai besoin de toi ou tu as besoin de moi).» Les personnes qui se laissent entraîner dans les variations sur ce thème vont virevolter sans fin dans une débilitante valse hésitation.

Enfoui très profondément sous les «Ne grandis pas», «Ne sois pas fort» et «N'aie pas de succès», on trouve l'ordre le plus secret et le plus destructeur. C'est le message qui exprime le désir caché du parent que son enfant ne soit jamais né ou qu'il meure ou qu'il disparaisse. L'enfant a peut-être entendu sa mère dire qu'elle a failli se faire avorter, puis qu'elle a décidé de garder le bébé malgré tout, ou bien qu'elle a failli mourir en accouchant. Voici d'autres variations sur le même thème:

«Comment pourrais-je me lancer dans une nouvelle carrière maintenant que j'ai un enfant?»

«Si je n'avais pas eu d'enfant, il y a longtemps que je me serais séparé de ta mère.»

«Si tu n'étais pas né, je serais une vedette aujourd'hui.»

«Tu ne me causes que des soucis.»

«La vie était belle ici avant que tu n'arrives.»

«Je vais appeler le guenillou pour qu'il vienne te chercher.»

«Tu m'as déchirée à ta naissance et tu n'as pas cessé de me déchirer depuis.»

Le «N'existe pas» est presque toujours enfoui sous des tas de messages du parent adulte, mûr et affectueux qui souhaite sincèrement que son enfant devienne un adulte fort et en santé. Les deux messages sont donc réunis en un seul, qui comporte un sous-entendu: «Je préférerais vraiment que tu ne sois pas né, mais j'accepterai que tu existes si tu ne me déranges pas; si tu ne me quittes pas; si tu ne grandis pas; si tu as du succès et que ta gloire rejaillit sur moi; si tu as assez de succès pour que je n'aie pas honte ou que tu ne dépendes pas de moi, mais pas tant de succès que tu en viendrais à m'abandonner», etc. En d'autres termes, il y a un prix à payer pour qu'un parent qui vous laisse entendre «N'existe pas» vous aime ou vous tolère. Ce prix consiste à accepter les conditions qui vous sont imposées pour avoir le droit d'être en vie. Ces conditions vous enjoignent souvent de manquer de maturité, de ne pas avoir de succès, de demeurer dépendant; elles créent un lien extrême entre vous et le parent. Parfois encore, le parent vous pousse hors du nid («Aie du succès», «Ne me dérange pas»). Satisfaire ces conditions pour avoir le droit de vivre crée aussi un lien très étroit entre vous et le parent. Vous déployez alors toutes vos ambitions, vous accumulez les réussites, les succès et la fortune que vous exhibez comme des trophées devant le parent comme pour lui dire: «M'aimes-tu enfin? Ai-je enfin le droit de vivre?» Ou bien vous choisissez de ne pas déranger vos parents et vous vous repliez sur vous-même, vous devenez secret et passif, et cela signifie: «Vous voyez comme je suis sage? Je ne vous crée aucun ennui, alors permettez-moi de vivre.»

Quoi qu'il en soit, ce «N'existe pas» masqué par des conditions qui rendent acceptable le fait que vous existiez vous condamne comme une drogue à une vie entière passée à obtenir de vos parents qu'ils vous accordent l'immunité. Tâche futile s'il en est, comme celle de Sisyphe condamné à rouler éternellement un rocher sur une pente. Se vouer à cette entreprise équivaut à s'enfermer dans la poursuite exténuante d'un espoir irréalisable.

Le lien qui vous enchaîne à vos parents est sans doute plus fort que vous n'imaginez. Puisque, pour mettre fin à une valse hésitation, il convient de déterminer d'abord si vous en dansez une, examinez les rapports que vous avez avec vos parents depuis l'enfance. Habituellement, un lien de trop grande dépendance se noue très tôt, dès que l'enfant commence à marcher. Bien entendu, tous les parents doivent aussitôt veiller à la santé et à la sécurité de l'enfant en imposant des règlements, mais certains parents anxieux vont au-delà et qualifient le monde extérieur de dangereuse menace.

Dans certains cas, ils récompenseront l'enfant par des friandises ou de l'argent. Si le rôle de vos parents dans la chorégraphie a été de vous faire sentir faible, inapte et dépendant d'eux, et que votre rôle à vous consiste à les croire, la place qu'ils prennent dans votre vie vous paraîtra essentielle à votre bien-être même si vous savez, au fond, qu'elle ne l'est pas. Votre réaction à leur message qui dit «Ne me quitte pas» (souvent caché sous la formule «Tu ne t'en tireras pas sans moi») est de répondre «J'ai besoin de vous, donc je reste».

Ce «J'ai besoin de vous» s'exprime peut-être directement: vous sollicitez leur aide pour de menues tâches, par exemple en leur apportant votre lessive ou en leur demandant de garder le bébé (malgré les complications que cela peut entraîner); en leur demandant conseil quand vous magasinez pour des vêtements ou des meubles, comme si leur goût et leur jugement étaient supérieurs aux vôtres; ou encore, vous recherchez leur approbation pour les décisions importantes: votre choix d'un conjoint ou d'une conjointe, vos options de carrière, l'acquisition d'une maison. (Si votre attachement prend la forme d'une révolte, votre dépendance émotive peut s'exprimer par le choix d'un ou d'une partenaire, d'une carrière ou d'une maison qu'ils désapprouveraient.) Parfois encore vous dites: «J'ai besoin de vous» en faisant un gâchis de votre vie, en vous baladant d'une crise à l'autre pour que vos parents se précipitent à votre secours, vous réprimandent, vous conseillent et se penchent sur vous en poussant des gloussements d'inquiétude. Les adolescents adoptent souvent ce genre de méthode. Ils consomment de la drogue, ils ont des difficultés à l'école, ils sont en conflit avec l'autorité, de telle sorte que les parents, desquels ils sont censés se séparer de plus en plus, réintègrent leur vie avec force. D'autres personnes vont saboter leur relation avec un être aimé pour ne pas abandonner leurs parents physiquement ou émotivement. D'autres encore vont faire un mauvais mariage, impliquer leurs parents dans leurs problèmes conjugaux et même «se précipiter dans les jupes de maman». Il y a mille et une façons de dire «J'ai besoin de vous» à vos parents, et vous en payez le prix en vivant une vie d'infirme.

Si vous vous rendez compte que vous êtes engagé avec un parent (ou avec les deux) dans une valse hésitation qui ressemble à une course à trois pieds et vous empêche tous d'avancer librement, vous avez franchi une étape importante pour sortir de l'impasse. L'étape suivante consiste à comprendre que vos parents vous ont transmis des messages qui signifiaient «Reste enfant», messages que venaient renforcer des techniques spécifiques: vous déprécier et saper votre confiance en vous; faire en sorte que vos parents vous paraissent indispensables; susciter en vous un sentiment de culpabilité si vous échappez à leur contrôle; vous menacer de vous retirer leur amour, et ainsi de suite. L'important est de constater que le message disant «Reste enfant» provient de la fillette ou du petit garçon possessif en vos parents, que c'est votre moi enfant terrorisé, peu sûr de lui et mû par un sentiment de culpabilité qui y répond, et qu'il n'a rien à voir avec les besoins réels et adultes d'aucun de vous.

Ce qu'il faut reconnaître avant tout, c'est qu'à l'exception des parents profondément troublés, presque tous les parents juxtaposent à ce premier message «Reste enfant» un second message, disant cette fois «Deviens une grande personne solide», qui provient de leur moi adulte et responsable. *C'est à ce moi mûr et responsable de vos parents que vous devez vous adresser.* Les thérapeutes travaillant avec des parents qui ont entravé la croissance et l'autonomie de leur enfant font souvent précéder leurs conseils d'une remarque préliminaire telle que: «Je sais que vous êtes très préoccupés par la croissance et le développement de votre enfant...» Quand il m'arrivait de le faire moi-même, j'avais l'impression d'avoir recours à un artifice malhonnête, car je plaçais le parent dans une impasse: ou il était de mon avis, ou il admettait que l'évolution de son enfant ne l'intéressait pas. Mais il ne s'agissait nullement d'un artifice, en réalité. Je ne tenais pas compte du moi enfant du parent qui s'opposait au développement de son rejeton pour m'adresser directement au parent attentif et responsable. Voilà précisément ce que vous aussi devez faire pour mettre un terme à la bonne vieille valse hésitation.

J'ai connu d'innombrables cas où une personne agissait en adulte avec le moi adulte de son parent, et où la réaction du parent était, elle aussi, étonnamment adulte. Combien de fois ai-je vu un patient se torturer à propos de Noël? «J'ai des tas d'amis qui partent faire du ski dans le Vermont. Ils ont loué une immense maison. Ce serait si amusant! Mais j'ai *toujours* passé Noël dans ma famille. Ils seraient très déçus et furieux si je n'étais pas avec eux!» Puis, il se décidait à prévenir ses parents de son absence à l'occasion des Fêtes. Parfois, ceux-ci en étaient blessés et fâchés, mais tout rentrait dans l'ordre tôt ou tard si leur enfant maintenait sa décision avec maturité et compassion. Bien souvent aussi, les parents réagissaient tout autrement: «C'est bien que tu dises cela. Papa et moi avons l'occasion de faire un voyage à la Barbade avec des amis. Mais nous ne pensions pas y aller parce que nous craignions de te décevoir en ne passant pas Noël en ta compagnie!» Que se passait-il ici? L'enfant dans le rejeton se sentait coupable et craignait d'attiser la colère et un sentiment de rejet chez ses parents s'il leur disait préférer passer Noël ailleurs qu'avec eux. Le moi enfant de chacun des parents se sentait coupable et craignait d'attiser la colère et un sentiment de rejet chez l'enfant s'il lui disait préférer passer Noël ailleurs qu'avec lui. Si l'un des trois ne s'était pas décidé à parler, ils auraient passé Noël ensemble, l'un rêvant du Vermont, les autres de la Barbade, chacun regrettant les beaux Noëls d'antan et l'authentique esprit des Fêtes.

«Ne joue pas avec ça, c'est caca.»

«Arrête de courir comme ça, tu vas t'épuiser.»

«Ça m'est égal que tes amis aient le droit de traverser la rue. Moi, je ne veux pas que tu le fasses.»

«Tu as beau ne pas avoir de fièvre, tu n'as pas l'air bien. Je veux que tu restes au lit aujourd'hui.»

«Je sais que tous tes amis ont une bicyclette, mais ça ne fait rien. Tu peux attendre encore un an.»

«Laisse-moi voir tes selles.»

«Je ne veux pas que tu ailles patiner avec tes amis s'il n'y a aucun adulte avec vous, même si la patinoire est surveillée.»

«Tu ne manges pas bien ces temps-ci. J'ai pris rendez-vous pour toi chez le médecin.»

«Ils ont beau dire qu'il te faut un canif pour cette excursion de camping, moi je dis que tu peux t'en passer.»

«Je n'aime pas que tu ailles manger chez les autres.»

«Non, tu n'iras pas à la fête-dodo. Personne ne dort dans ces trucs-là.»

«Ce n'est pas la peine que tu ailles au zoo avec la famille de Julia. Nous pouvons t'y amener nous-mêmes.»
«Ne dis jamais à personne ce qui se passe dans cette maison.»

Nous avons tous entendu nos parents prononcer des remarques semblables à l'occasion, mais chez vous, était-ce monnaie courante? Aviez-vous l'impression que vos petits camarades avaient plus de permissions que vous? Est-ce qu'ils vous disaient parfois: «Ta mère (ou ton père) est donc bien sévère»? La première fois que vous avez entendu l'expression «parents protecteurs à l'excès», avez-vous eu l'impression qu'elle décrivait vos parents?

Si l'un de vos parents vous couvait trop (ou, plus justement, vous contrôlait trop), vous deviez toujours choisir entre céder ou vous rebeller. À l'adolescence, ce choix est particulièrement difficile, car tout pousse le jeune à plus d'indépendance. Quelle sorte d'adolescence avez-vous eue? Étiez-vous un adolescent «modèle», obéissant à tous les règlements dominateurs de vos parents? Étiez-vous malhonnête, feignant de jouer leur jeu mais faisant secrètement à votre tête? Étiez-vous ouvertement révolté, votre adolescence fut-elle «orageuse»? Votre révolte vous a-t-elle libéré ou bien est-elle devenue chronique, une sorte de carrière qui vous garde furieusement enchaîné à vos parents?

Si vous dépendez encore émotivement de vos parents, cette dépendance peut revêtir plusieurs masques. Voici quelques questions qui, en y réfléchissant, vous permettront de voir si vous dansez une valse hésitation avec vos parents.

Si je vis encore chez mes parents, quelle en est la raison?
Si j'habite tout près de chez mes parents, quelle en est la raison?
Ai-je plus de contacts avec eux que je ne le souhaiterais? Nous voyons-nous trop souvent? Nous parlons-nous trop souvent au téléphone?
Que ressentirais-je si j'espaçais nos rencontres? De la culpabilité? De l'angoisse? De la solitude? Du soulagement?
Font-ils partie de ma vie plus qu'il ne m'apparaît nécessaire?

Suis-je encore très mêlé à leur vie à eux? Dans leurs conflits conjugaux? Suis-je leur conseiller matrimonial? Est-ce que je prends parti pour l'un ou pour l'autre?

Est-ce que je fais pour eux ce qu'ils peuvent très bien faire eux-mêmes, comme vérifier leur livret de banque ou les promener en voiture?

Ai-je évité de devenir plus indépendant? Me suis-je gardé de tout risque? du succès? de mon propre épanouissement?

Lorsque je choisis d'agir à l'encontre des vues de mes parents, est-ce que j'en éprouve de l'angoisse? Est-ce que je fume ou mange davantage? Est-ce que je présente les symptômes d'un malaise quelconque? Ai-je de la difficulté à annoncer mes choix à mes parents?

Si l'occasion se présentait pour moi de passer Noël (ou Pâques, ou la fête des Mères ou la fête des Pères) ailleurs qu'avec mes parents, le pourrais-je?

Ai-je encore *besoin* de l'approbation de mes parents (ou de l'un d'eux)? S'ils désapprouvent ce que je fais, en suis-je bouleversé?

Dépendre émotivement de nos parents est très rassurant, car nous préservons ainsi le contact avec la source même de notre sécurité. Nous sommes en terrain connu. Nous savons que quelqu'un est là qui a toujours été là pour nous, et que nous ne sommes pas seul. Continuer de dépendre de nos parents peut en outre être une source d'affection et d'attention continuelles, ou du moins nous donner l'espoir que cette affection et cette attention nous seront un jour données si nous tenons le coup et si nous-même exprimons notre attachement.

Je me souviens d'une patiente, Carole, âgée d'environ vingt-cinq ans. Elle habitait la banlieue avec ses parents. À mesure qu'elle progressait dans sa thérapie et qu'elle acquérait de l'indépendance, elle se mit à désirer emménager seule, au centre-ville, dans son propre appartement. Cette décision la tortura pendant des mois. Elle ne cessait de dire combien sa mère serait terrassée si elle la laissait «seule». Je lui demandais pourquoi elle disait que sa mère serait «seule» puisque son mari vivait avec elle, mais Carole ne pouvait l'imaginer autrement qu'abandonnée. Si je la

questionnais sur la peur que lui inspirait la perspective de sa solitude et de son autonomie, elle admettait être craintive, mais elle
revenait invariablement à une remarque telle que «Comment puis-
je faire ça à ma mère?» Elle prit enfin son courage à deux mains
et écrivit une lettre à sa mère dans laquelle elle disait: «Je t'aime
beaucoup, mais vient un temps dans la vie d'une jeune femme où
elle doit voler de ses propres ailes. Ne va pas croire que je me
détourne de toi. Je ne voudrais surtout pas te faire de peine. Je
te téléphonerai chaque jour et je viendrai souvent manger à la
maison. Essaie de comprendre que c'est quelque chose que je
dois faire.» Carole mit le billet en évidence à l'intention de sa
mère et partit travailler la mort dans l'âme. Le soir, rentrant à la
maison en tremblant, elle trouva sa mère occupée dans le salon à
parcourir les petites annonces et elle l'entendit lui dire: «Tu vas
me manquer, mais je pense aussi qu'il est temps que tu quittes le
nid. J'ai encerclé les annonces d'appartements qui pourraient
t'intéresser.» Le soulagement fut la première réaction de Carole.
Ensuite, elle se mit à se sentir rejetée par sa mère. Dans les
semaines qui suivirent, nous avons, en thérapie, affronté la peur
qu'elle éprouvait à partir, à vivre une certaine solitude, à assumer
son indépendance, maintenant que son inquiétude pour sa mère
ne pouvait plus masquer ses propres sentiments.

Un jeune homme, s'étant marié, vivait avec sa femme. Il avait
pris l'habitude d'appeler sa mère, qui habitait à l'autre bout de la
ville, chaque mardi soir. Sa mère lui disait immanquablement:
«Comment se fait-il que je n'aie jamais de tes nouvelles? Tes
sœurs m'appellent tous les jours.» S'ensuivaient toutes sortes de
variations sur ce thème. Or, un mercredi, ayant une nouvelle particulière à lui annoncer, le jeune homme téléphona à sa mère
bien qu'il lui ait déjà parlé la veille. Elle dit aussitôt: «Comment se
fait-il que je n'aie jamais de tes nouvelles?» Il répondit, surpris:
«Mais, maman, je t'ai téléphoné hier soir!» «Ah oui?» fit-elle, prise
au dépourvu. Il constata qu'ils étaient engagés dans un engrenage
rituel qui ne faisait aucun sens. Lors de son coup de fil suivant,
une semaine plus tard, elle entama sa ritournelle: «Comment se
fait-il que je n'aie jamais de tes nouvelles?» Cette fois, il ne répliqua pas qu'il avait eu beaucoup de travail, qu'il n'était pas comme
ses sœurs, qu'elle essayait de le culpabiliser ou aucune de ces

choses qu'il avait l'habitude de répondre. Il dit plutôt lentement avec un grand sérieux: «Maman, je veux que tu ne dises plus jamais cela.» Après un silence, elle répondit tout bas: «D'accord», et, en effet, elle ne le répéta plus. Il s'était adressé à l'adulte, il lui avait dit de faire taire l'enfant qui lui inspirait sa ritournelle, et l'adulte avait réagi avec maturité.

Tous les parents ne réagissent pas avec autant de souplesse lorsque leur progéniture veut rompre le cordon ombilical. Je me souviens d'une autre jeune fille, Sarah, qui annonça à ses parents qu'elle quittait le foyer familial. Son père la railla et la traita de putain. Sa mère sombra dans une petite dépression. Mais Sarah tint bon avec courage, trouva un appartement et organisa son déménagement. Le jour de son départ, aucun des deux parents n'était là pour l'aider. Sa mère lui avait laissé le billet qui suit:

Chère Sarah *(dessin d'un visage souriant)*,
Désolée de ne pas pouvoir t'aider à déménager. Bonne chance.

Maman
(dessin d'un visage triste, une larme coulant sur la joue)

Il y avait là de quoi stimuler la culpabilité d'être celle qui rejette et la peur d'être soi-même rejetée! Quelle colère fut ainsi réveillée! Mais Sarah était assez forte pour prendre du recul et pour voir que la réaction de ses parents leur était dictée par l'enfant en eux, l'enfant terrorisé et fâché. Elle ne laissa pas leur comportement la désemparer. Elle continua à faire ce qui lui semblait juste pour elle, sachant que si ses parents avaient un moi adulte qui se préoccupait vraiment de son bien-être et de son bonheur, ce moi émergerait après que leur moi enfant aurait fini de tempêter, exactement comme les parents doivent souvent se contenter d'attendre patiemment que le bébé ait fini sa crise.

Mettre un terme à la valse hésitation ne signifie donc pas seulement qu'il vous faut ignorer le moi enfant de vos parents pour vous adresser à l'adulte en eux, mais aussi que vous devez être prêt à affronter l'enfant qui s'en trouve blessé, en colère, angoissé, et qui se met à crier parce qu'il ne reçoit plus ces attentions auxquelles vous l'avez habitué. Vous devez être attentif à cet enfant en vos parents, non pas par culpabilité mais avec compassion et affection.

Je songe ici à Jean, un jeune homme que ses parents avaient extérieurement poussé à une vie active et utile, mais à qui ils avaient aussi silencieusement demandé de demeurer passif, prudent, et de rester accroché à eux et à leur vie contraignante. Il choisit d'écouter les messages de ses parents qui l'incitaient à prendre des risques. Malgré le fait qu'ils l'y avaient poussé, cette décision les confondit et les effraya, car ils craignaient d'être exclus de sa nouvelle vie. Ils devinrent bientôt hostiles à leur fils, mais celui-ci manifesta de l'empathie face à leur réaction et patienta tout le temps que durèrent leur animosité et leur froideur. Il ne changea pas d'idée, mais il leur fit comprendre qu'il était disponible s'ils voulaient renouer avec lui sur de nouvelles bases. Ils l'acceptèrent enfin tel qu'il était. Voici des extraits d'une longue lettre qu'il leur écrivit:

> Chère maman, cher papa,
> Je vous écris cette lettre surtout pour vous remercier de votre compréhension. Je sais que mon style de vie peut vous sembler difficile à accepter, mais il me convient. C'est bon de savoir que ce qui compte avant tout pour vous est que je sois heureux. Je voulais vous dire merci de m'avoir transmis le bagage nécessaire et une philosophie de l'existence qui me permettent d'agir et de penser pour moi-même. Pour ce qui est de bien vivre sa vie, je sais que nous sommes d'accord. Vous m'avez beaucoup appris, tous les deux. Je voulais que vous le sachiez.
>
> Tendresses,
> Jean

L'émergence du parent responsable que nous hébergeons en nous constitue une importante étape de notre développement, car c'est en renforçant nos aptitudes parentales que nous pouvons faire face avec tendresse au moi enfant de nos parents et que nous pouvons devenir des parents affectueux et attentifs. C'est un moment crucial, car lorsqu'on coupe le cordon ombilical, notre propre moi enfant est blessé et terrorisé, et il a besoin de toute notre attention. Si vous pouvez vous aider vous-même et continuer à pourvoir aux besoins de votre propre moi enfant pendant que vos parents traversent une phase de reproches et de douleur et pendant que la rupture vous fait souffrir et vous désespère, vous connaîtrez une nouvelle naissance et, vraisemblablement, vos parents aussi.

3

ON BLESSE TOUJOURS CEUX QU'ON AIME

La danse la plus populaire est la gavotte, exécutée par la mère martyre et son enfant coupable. Si on la considère avec un peu de recul, la mère martyre est vraiment drôle; elle est une satire vivante, un criant cliché. C'est la mère juive universelle, présente dans toutes les religions, toutes les races, toutes les nationalités. Mais si cette mère est la vôtre, le recul ne vous vient pas naturellement et les manipulations inspirées par sa souffrance ne vous amusent pas du tout: c'est par la culpabilité qu'elle vous tient.

Nul ne saura jamais tout ce que j'ai traversé

Il existe deux grandes catégories de mères martyres: Celle-qui-se-plaint et Celle-qui-se-tait. Les souffrances de Celle-qui-se-plaint se mesurent en décibels: soupirs, grognements, apartés, reproches, cris. Mais ce ne sont pas les décibels qui reflètent le mieux son ingéniosité; ce serait plutôt le talent particulier qu'elle possède de choisir les mots qui vous feront croire que vous êtes responsable de ses souffrances, ou coupable de ne pas les alléger.

Si votre mère est une martyre Qui-se-plaint, vous avez sans doute connu l'une ou plusieurs des expériences suivantes:

Elle vous a fait savoir qu'à votre naissance, le travail a duré X jours atroces. («Le docteur a dit qu'il n'avait jamais vu ça en vingt-cinq ans d'accouchements.») Ou bien elle a dû s'aliter six mois pendant sa grossesse. Ou bien elle a subi une césarienne. Ou bien il s'agit d'une quelconque agonie que vous lui aurez infligée avant ou pendant l'accouchement. Vous étiez un tortionnaire extrêmement précoce, ne l'oubliez jamais.

Elle vous a dit que vous tombiez malade exprès pour la faire souffrir. («Ne va pas encore tomber malade. J'ai eu bien assez de maladies pour cet hiver.» «Je t'avais pourtant dit de mettre une veste. Mais non...») Toutes les variations sur le thème tu-fais-exprès-pour-être-malade vous donnent de nombreuses preuves de l'authenticité de votre mère martyre.

Outre que vous êtes né et que vous avez parfois été malade, vous avez souvent senti que vous étiez la cause de tous ses malheurs. («Une mère fait tout pour son enfant, et voilà sa récompense!») L'une des variations les plus émouvantes est celle où elle vous dit (paroles et musique) combien elle est malheureuse avec votre père, et vous ressentez confusément que vous en êtes la raison. («Tu sais comment il est, ton père. Si ce n'était pas de vous autres, les enfants...») Il peut arriver que vous ne soyez pas la seule et unique cause de sa tragédie personnelle, mais que vous fassiez partie d'une plus vaste conspiration. («Qu'est-ce qu'ils ont tous contre moi? Tout le monde passe son temps à m'écorcher!»)

Peut-être avez-vous oscillé avec elle d'une de ses maladies mortelles à l'autre, en vous disant chaque fois que vous n'aviez pas tout tenté pour prévenir son mal ou pour l'aider dans sa douleur. («Je devrai sans doute subir une autre opération. Mais ça me sera bien égal si je sors de l'hôpital les pieds devant. Vous serez tous mieux sans moi.»)

Vous avez toujours détesté que votre mère vous rende service. («Comme je n'avais rien à faire pendant que tu étais partie, j'ai fait ta lessive et ton repassage et j'ai rangé ta chambre. J'espère que tu t'es bien amusée.»)

Vous hésitez maintenant à inviter votre mère à une fête. («Je ne crois pas pouvoir y aller. J'ai des étourdissements ces jours-ci. Je ne t'en aurais pas parlé si tu ne m'avais pas invitée. Oublie-moi et amuse-toi.»)

Vous hésitez à lui offrir des cadeaux. («Je n'ai pas besoin de ça. Tu sais bien que je ne sors jamais... quand pourrais-je porter quelque chose d'aussi élégant? Pourquoi as-tu dépensé autant d'argent?» S'il s'agit d'un cadeau peu extravagant: «Je n'ai pas besoin de ça. Je vais le rapporter et t'obtenir un remboursement.» Si vous avez décidé de jouer son jeu et de ne pas lui offrir de cadeau: «J'ai hâte que tu voies les beaux cadeaux que j'ai reçus. C'est bon de se savoir appréciée.»)

Vous êtes saisie de panique quand vous entendez sa voix au téléphone, sa voix lourde de douleur et de reproches, et vous vous rendez compte que vous ne l'avez pas appelée de la semaine. («J'étais si malade, j'ai cru que je ne m'en sortirais pas. Toute la famille m'a téléphoné tous les jours, mais toi, tu étais trop occupé, je suppose.»)

Vous avez souvent cru que d'agir pour vous-même équivalait à de la malveillance. («Vas-y, fais ce que tu veux. Ça m'est égal. De toute façon, tu te fiches bien de ce que je pense.»)

Tu ne sauras jamais

Si votre mère est une martyre Qui-se-tait, elle vous a transmis les mêmes messages, mais ils étaient sans paroles, plus difficiles à saisir, plus durs à combattre. Elle joue l'indifférence. Si vous ne l'avez pas appelée quand elle ne se sentait pas bien, elle n'en soufflera mot. Quelqu'un d'autre vous apprendra qu'elle a été malade. Si vous faites une sortie qu'elle n'approuve pas, en rentrant, vous la trouverez étendue sur le divan, une compresse froide sur le front, et quand vous lui demanderez comment elle va, elle vous ignorera ou grommellera: «Mieux». Si vous décidez de vous détacher d'elle, d'acquérir plus d'indépendance, il se peut qu'elle soit absolument muette. Si vous la pressez de réagir, elle

répondra sans doute: «Tu as décidé, alors je n'ai rien à dire», ou
«Puisque c'est ce que tu veux...» Si vous lui offrez un beau vête-
ment et que, plusieurs mois plus tard, vous lui demandez pourquoi elle ne l'a jamais porté, peut-être vous annoncera-t-elle
qu'elle l'a échangé contre un aspirateur[7].

Les rythmes peuvent varier à l'infini, du flamenco énergique
de Celle-qui-se-plaint au subtil *soft-shoe* de Celle-qui-se-tait, mais
l'intention est la même: vous faire sentir suffisamment coupable
pour que vous la laissiez vous dominer. Si elle y excelle, la plupart
du temps vous transporterez une brave petite vieille sur vos épaules.

Si vous avez décidé de vous défaire de ce fardeau, sans doute
vous êtes-vous disputé avec elle en plusieurs occasions. Mais vous
n'avez probablement pas eu le dessus, car quoi que vous fassiez
pour gagner, vous perdez. Voilà précisément ce qui fait la beauté
et la finesse démoniaques des techniques de la mère martyre. Qui
gagne perd, et qui perd gagne.

Voyons cela de plus près. Supposons que la stratégie
suprême consiste à vous garder sous son emprise en provoquant
votre culpabilité, qu'arrive-t-il quand vous en avez par-dessus la
tête, que vous enragez et que vous criez contre elle? Si vous en
avez fait l'expérience, vous connaissez très bien le résultat. Si son
but est de vous rendre coupable de ses souffrances, chacune de
vos attaques est un point en sa faveur. En recherchant la liberté
par la guerre, vous acceptez de vous battre selon les conditions
qu'elle vous impose, c'est-à-dire qu'au vainqueur vont les blessures les plus sanglantes. Le plus grand martyr des deux combat-
tants est celui qui conquiert le droit de dominer l'autre. Ainsi,
puisque à chacune de vos attaques elle accumule des raisons de
vous culpabiliser, et puisque vous êtes toujours susceptible de
céder à ce sentiment de culpabilité envers elle, il se pourrait que
vous ayez vous-même recours à ses propres tactiques. Pour chacun de ses «Regarde ce que tu as fait de moi!», vous répondez
peut-être «Regarde ce que toi, tu as fait de moi!» Pour chacune

---

7. Je fais là un portrait très caricatural de la mère martyre, j'en conviens, un
portrait fort peu flatteur. Mais le but de cet exercice est de vous rendre plus évi-
dents les traits distinctifs de la personnalité de martyre si telle est votre mère.
Nous y reviendrons plus loin de façon plus nuancée.

des maladies qu'elle vous jette à la tête, vous lui renvoyez vos migraines, votre dépression, votre obsession du cancer. Après tout, puisqu'elle vous rend coupable de ne pas l'avoir appelée quand elle était malade, quoi de plus «naturel» que de donner comme excuse que vous n'étiez pas bien vous non plus? Cependant, il n'y a pas que les mots qui puissent ici avoir un effet pernicieux. Le danger existe que vous tombiez malade pour vrai, que vous deveniez masochiste dans le seul but de saigner plus abondamment que votre mère. Toutefois, même là, vous ne sauriez gagner, car vous avez ainsi transformé les règles du jeu: votre état lamentable prouve bien que vous ne savez pas prendre soin de vous-même et que vous devriez laisser votre mère s'en charger.

Cela vous paraît terrible? Ce n'est pas tout. Il est bien possible que non seulement vous ayez eu l'idée de vous battre sur son terrain à elle, selon ses règles masochistes, mais aussi que vous ayez souvent cherché à alléger ses souffrances et que vous vous soyez efforcé de lui faire plaisir. C'est inutile! Elle tient à sa douleur comme une reine à son sceptre, car c'est la source et le symbole de son autorité. Elle craint inconsciemment d'y renoncer, car elle perdrait le seul moyen dont elle dispose, soit la culpabilité, pour exercer sa domination sur vous ou sur d'autres personnes.

N'oubliez pas que de lui donner de petites parcelles de vous-même ne la rendra pas heureuse. Elle vous veut en entier. Si vous renoncez à votre autonomie pour la faire taire, dès la fois suivante (peut-être cinq minutes plus tard) vous devrez recommencer. Vous vous contorsionnerez pour rencontrer ses désirs, mais toujours sans résultat. Vous connaissez l'histoire du type qui entre dans un magasin de vêtements d'occasion? Le vendeur fait l'impossible pour lui vendre un costume qui ne lui va pas du tout.

«Ce costume ne me va pas bien, dit l'homme. L'épaulette gauche est trop haute.

— Vous n'avez qu'à lever un peu l'épaule.

— D'accord, mais maintenant, le pantalon retrousse sur la hanche droite.

— Sortez un peu la hanche.

— Entendu. Mais la jambe gauche du pantalon est trop courte.

— Il suffit de plier un peu le genou.»

L'homme décide d'acheter le costume et de le porter tout de suite. Deux femmes le regardent partir. La première dit:

«Regarde-moi ce pauvre homme. Il est tout tordu.

— C'est vrai, répond la seconde. Mais regarde comme son costume lui va bien.»

Jusqu'où vous tordrez-vous pour ne plus vous sentir coupable?

Je voudrais que ma femme ressemble à...

L'aspect le plus destructeur de la valse hésitation masochiste n'est pas dans votre relation avec votre mère, mais dans le fait que vous appliquiez les mêmes réflexes à vos autres relations. En fait, votre mère est peut-être morte depuis longtemps, il n'y a plus de musique, mais vous valsez toujours.

J'ai souvent vu des femmes qui avaient valsé avec une mère martyre reproduire les mêmes pas de danse avec leurs amis, leurs amants ou leurs maris. Par exemple, elles n'oseront pas choisir l'homme qui les aidera à évoluer et à s'épanouir. Ou bien, si elles ont eu la bonne idée de le choisir, elles freineront l'épanouissement qu'il pourrait leur apporter. Car comment pourraient-elles être heureuses quand leur mère est si souffrante? Comment oseraient-elles aimer le sexe quand leur mère semble si asexuée ou si sexuellement frustrée? Si quelqu'un gémit sous la torture, passez-vous votre chemin en sifflotant?

Outre qu'elle paie une «taxe de culpabilité» à sa mère en se privant de bonheur, il n'est pas rare qu'une femme s'adonne à la même valse hésitation avec un compagnon. J'ai vu une femme fuir l'emprise de sa mère pour, dans sa relation avec un homme, éprouver le même genre de culpabilité dès qu'elle cherche à devenir le genre de personne qu'il n'approuve pas. Si l'homme n'est pas naturellement porté à éveiller la culpabilité de sa femme, il saura sans aucun doute en développer le talent s'il s'aperçoit qu'il peut ainsi la dominer. Il risque de devenir un martyr Qui-se-plaint ou un martyr Qui-se-tait, et elle, tenter d'être plus martyre que lui. Bien vite, les deux s'engagent dans une course à l'échec, convaincus que l'on abuse d'eux, qu'ils sont incompris et pris au piège. Se sentant ainsi prisonnière, la femme enrage et bouscule tout sur son passage. Elle croit sans doute que la seule façon de recouvrer sa liberté est de se débarrasser de son compagnon, alors que ce dont elle devrait se défaire, en réalité, c'est de sa propension à réagir comme s'il était sa mère, en craignant que sa peine ou sa désapprobation, réelles ou imaginées, ne l'étranglent.

Les hommes qui, quant à eux, ont passé leur vie à s'efforcer de faire sourire une mère martyre au visage austère auront non seulement peur d'être heureux tant qu'elle souffrira, mais ils auront le don inquiétant de rechercher des femmes malheureuses en mal d'être secourues. Un homme investi de cette mission prendra des allures de chevalier servant; il se battra contre les dragons de sa dulcinée ou de sa femme, perdra de vue ses propres désirs et ses propres besoins et s'enfoncera de plus en plus dans le découragement. J'ai souvent raconté à certains de mes patients la plaisanterie à propos de l'homme dont la femme agonise dans de longues et terribles souffrances. La fin approche, et, tandis qu'il veille à son chevet, il l'entend murmurer: «Mon chéri, je t'en prie, fais-moi l'amour une dernière fois avant que je meure.»

L'idée lui répugne, car elle est maigre et très faible, mais comment peut-il refuser? Il s'allonge avec elle dans le lit et, comme ils font l'amour, voilà que sa femme y met de plus en plus de vigueur, leur passion se déchaîne, cela n'avait jamais été aussi formidable. Après un délirant orgasme, la femme, alitée depuis plusieurs mois, se lève d'un bond et se met à virevolter autour de la chambre, le visage rayonnant de santé, les yeux pétillants.

«Mon chéri, s'écrie-t-elle, tu m'as sauvée. Je vais vivre.»

Son mari, toujours au lit, pleure à chaudes larmes.

«N'es-tu pas heureux, mon chéri, de savoir que je ne mourrai pas?

— Bien sûr que si, répond-il. Mais si j'avais su, j'aurais pu sauver ma mère.»

Sauver sa mère martyre ou ses remplaçantes est l'entreprise la plus périlleuse et la plus futile qui soit pour un homme, mais si vous avez eu une mère martyre, vous vous y adonnez sans doute, comme à une drogue.

Je suis mon propre grand-père

Dès le début, nos parents sont de grandes personnes à nos yeux: leurs comportements, leurs règles de conduite sont ceux de l'univers puissant des grandes personnes. Ainsi perdons-nous facilement de vue que *c'est souvent le côté le moins mûr de nos parents qui se manifeste avec le plus d'autorité.*

Examinons la mère martyre sous cet angle. Que cherche-t-elle à exprimer quand elle manipule son rejeton en le culpabilisant? Quelle petite fille dissimule-t-elle? À première vue, nous apercevons une fillette lésée ou déçue, qui n'a pas reçu de ses parents tout l'amour dont elle avait besoin. Par conséquent, elle doute d'elle-même au point de ne pouvoir imaginer que quiconque, même ses propres enfants, puisse l'aimer, l'écouter et avoir plaisir à se trouver en sa compagnie sans y être *obligé*. Sa faim d'amour, le vide créé en elle par ce manque sont à l'origine d'un tel désespoir que la petite fille en elle se saignera à blanc et usera même de chantage pour obtenir un semblant d'amour.

La petite fille malheureuse qu'héberge votre mère ne voit pas que ses manipulations éloignent ceux qui pourraient l'aimer et poussent ses enfants à augmenter la distance entre elle et eux. Elle croit seulement que si elle ne les enchaîne pas aux fers de la culpabilité, ils disparaîtront. Les trous de désir sans fond dont votre mère est criblée pour n'avoir pas reçu ce que Winnicott[8] appelle «des attentions maternelles suffisantes» de la part d'une «mère ordinaire et dévouée», l'ont conduite à obtenir l'attention voulue de ses propres enfants par un renversement total de la relation filiale, comme il arrive si souvent. Tout se passe comme si la petite fille en elle disait: «Maman (ou papa), j'ai peur. Personne ne m'aime, personne ne s'occupe de moi, je suis si seule. Si tu es avec moi, je me sens beaucoup mieux, alors ne t'en va pas, ne t'intéresse pas à quelqu'un ou à quelque chose d'autre parce qu'alors j'aurai peur que tu ne te détournes de moi. Prends soin de moi. Fais attention à moi. Si tu ne le fais pas, je tomberai malade et tu seras bien obligée de voir que j'existe. Et puis, je suis

---

8. Donald Woods Winnicott, *Processus de maturation chez l'enfant. Développement affectif et environnement.* (Version française publiée par J. Kalmanovitch), Paris, Payot, 1974.

fâchée parce que tu ne t'occupes pas assez de moi et que tu ne me donnes pas tout l'amour dont j'ai besoin. Je suis si fâchée que je vais te montrer combien je souffre pour que tu te sentes coupable. Je pourrais même mourir. Tu *dois* m'aimer. Et si tu m'aimes, tu feras ce que je veux.»

Pourquoi la culpabilité est-elle le moyen de prédilection que cette petite fille affamée d'amour choisit d'utiliser pour se faire aimer? Sans doute parce qu'elle l'a appris de sa mère (grand-maman) qui était peut-être affamée d'amour elle aussi et qui l'aura appris de sa propre mère. La culpabilité peut devenir un moyen de communication efficace quand les mères martyres, elles-mêmes enfants frustrées, cherchent à soutirer de leur progéniture ce que leur propre mère ne leur a pas donné. On se transmet cette habileté de mère en fille comme un héritage empoisonné. Si on remonte l'échelle du temps, on aperçoit des filles qui se plaignent d'avoir à remplir et à vider le lave-vaisselle. Maman rétorque: «Pouah! Moi, j'ai dû laver la vaisselle moi-même.»

Grand-maman ajoute: «Ce n'est rien, ça. Moi, je devais faire chauffer l'eau.»

Et arrière-grand-maman dit: «Ha! Moi, l'eau, il fallait que je la pompe!»

Et ainsi de suite, jusque dans la nuit des temps. Dans certaines sous-cultures, cette façon d'élever des enfants par la méthode «Tu m'es redevable parce que j'ai souffert» est si répandue et si naturelle que les mères qui proviennent de tels milieux apprennent à la perfectionner comme n'importe quel autre art domestique. Les personnes nées dans un tel contexte ont du mal à concevoir ce que peut avoir de dommageable le fait de dominer ses enfants par la culpabilité. Si vous avez eu une telle mère, il se pourrait que vous ayez reçu d'elle et que vous transmettiez à vos propres enfants un tragique héritage, à moins de prendre du recul, de comprendre que ce qui se passe est dangereux et de vous appliquer à enrayer ce genre d'interaction.

Ne me blâme pas

La première étape à franchir pour mettre un terme à la valse hésitation avec une mère martyre est d'admettre que vous valsez

aussi. Voyez si certaines des descriptions que vous lisez ici vous
sont familières. Votre mère vous domine-t-elle en éveillant en
vous un sentiment de culpabilité? Il est parfois difficile de déterminer si vous réagissez à ses souffrances par une culpabilité injusti-
fiée ou par une compassion justifiée. L'être humain qu'elle est
partage avec vous depuis longtemps une relation d'intimité. Par
conséquent, il est normal de réagir à sa souffrance avec affection
et sympathie ou de faire l'impossible pour alléger sa peine. Vous
ressentez *vraiment* de la compassion si sa souffrance est authentique, si votre mère n'agit pas par autodestruction ou par automa-
tisme pour provoquer chez vous une réaction donnée. Vous ressentez *vraiment* de la compassion si elle ne vous accuse pas
d'être la cause de sa douleur ou de ne pas être en mesure de
l'apaiser. Vous ressentez *vraiment* de la compassion si elle admet
sans détour qu'elle souffre et si elle vous demande franchement
de l'aide, sans entrelarder sa prière de blâme ou de caprices.

Mais vous éprouvez de la culpabilité et *non pas* de la compassion quand elle utilise ce moyen éprouvé pour déclencher chez
vous le comportement qu'elle désire. Vous éprouvez de la culpabilité et *non pas* de la compassion quand votre tête vous dit
qu'elle ne s'effondrera pas si vous ne faites pas ses quatre volontés, mais que vous agissez néanmoins comme si c'était le cas.
Vous éprouvez de la culpabilité et *non pas* de la compassion si
son attitude vous rend très mal à l'aise comme si vous l'aviez blessée avec malice alors que vous avez tout simplement eu un comportement contraire à son attente. Vous éprouvez de la culpabilité
et *non pas* de la compassion quand vous êtes pris de remords
alors que vos actes n'ont nui à personne. Vous éprouvez de la
culpabilité et *non pas* de la compassion quand vous vous sentez
égoïste tout simplement parce que vous agissez selon votre bon
plaisir sans que personne, pas même votre mère, n'en soit lésé.
Cette culpabilité provient des manipulations de votre mère, et la
réaction qui vise à vous protéger de ses accusations représente
votre rôle dans ce pas de deux. Pour transformer cette situation,
vous devez d'abord être à l'affût de vos mouvements respectifs.

Au départ, furieux de vous rendre compte que vous avez été
manipulé, vous aurez peut-être le réflexe d'attaquer votre mère.
Rappelez-vous que vous exécuteriez là une autre variation sur le

même thème, car devant votre fureur, votre mère s'enliserait davantage dans son martyre, elle vous en rendrait encore plus responsable et vous joueriez plus que jamais à «qui de nous deux souffre le plus.» Il serait plus utile à ce moment de concentrer votre attention sur la petite fille qui se cache dans votre mère, de l'observer et de l'écouter quand elle endosse son rôle de martyre, puis de lui ôter son masque d'adulte vertueuse pour apercevoir dessous la bambine terrorisée, colérique et capricieuse. Elle vous semblera beaucoup moins menaçante! Quel dragon de pacotille, n'est-ce pas? Cette constatation vous éveillera à de multiples autres façons de réagir. Quand vous verrez que c'est le moi enfant de votre mère qui tente ainsi de vous dominer en vous culpabilisant, vous vous demanderez quelle attitude prendre. Que feriez-vous avec tout autre enfant capricieux?

Il y a une différence entre élever un enfant et élever le *moi* enfant de votre mère. La dépendance de l'enfant véritable est de son âge et reflète des besoins réels qui doivent être satisfaits pour que l'enfant évolue. La dépendance d'une mère n'est pas de son âge; elle reflète des besoins que nul autre qu'elle-même ne saurait satisfaire et elle l'entrave dans son épanouissement. Tout comme vous ne jugez pas acceptables toutes les tactiques que met en œuvre un véritable enfant pour obtenir ce qu'il veut (récompenser ses pleurnicheries, ses rancœurs, ses accusations et ses manipulations est destructeur, car cela équivaut à approuver son comportement), il est tout aussi destructeur de récompenser les pleurnicheries de votre mère, ses rancœurs, ses accusations et ses manipulations en entrant avec elle dans une mise en scène qui sanctionnerait son attitude.

Le fait de déterminer que c'est le moi enfant capricieux de votre mère qui vous culpabilise tout en vous rendant compte que votre mère a passé l'âge d'être une enfant peut conduire à une révélation importante: *vous ne pourrez jamais compenser ce que votre mère n'a pas reçu. Vous efforcer de contenter «l'enfant» en elle est futile et ne saurait que vous épuiser, vous désespérer et vous priver de votre intégrité.* Vous devez renoncer à l'idée qu'elle puisse se sauver ou s'épanouir grâce à vous. En fait, c'est seulement si vous et les autres cessez de vouloir la sauver qu'elle découvrira le moyen de s'épanouir autrement.

Si vous m'avez suivi jusqu'ici, vous avez reconnu votre propre valse hésitation et le rôle que vous y jouez. Vous pouvez claire-ment apercevoir «l'enfant» qu'héberge votre mère martyre. Vous vous résignez à ne pas pouvoir lui donner ce qu'elle n'a pas eu. Vous en avez assez d'être manipulé par la culpabilité et, enfin, vous voulez arrêter la musique. Ce devrait être facile maintenant que tout est clair; alors, pourquoi est-ce encore si compliqué?

Premièrement, le fait de savoir, en théorie, que vous dansez une valse hésitation avec votre mère ne vous aide pas nécessaire-ment à vous rendre compte que vous valsez au moment précis où la musique commence. Danser vous semble tout naturel, comme respirer de l'air pollué. Vous ne refusez pas l'invitation qu'on vous lance parce que vous n'avez pas encore appris à voir que vous l'acceptez. Pour cela, il faut de l'entraînement et de la vigilance.

Voir que vous vous apprêtez à danser ne vous empêchera pas forcément de le faire. Votre réaction, gravée dans vos neurones à force de répétition, est devenue un réflexe. Mais surtout, le vrai prisonnier de cette futile interaction n'est pas votre moi adulte, mais votre moi enfant, et ce moi enfant résiste mal à la domina-tion de maman. L'importance de votre moi enfant dans votre rapport avec le moi enfant de votre mère affecte deux aspects de vos émotions: votre dépendance et votre culpabilité.

L'enfant en nous aspire à la dépendance. L'intensité de ce désir dépend beaucoup de la façon dont nos premiers besoins de dépendance ont été satisfaits. Si nous partons du principe qu'une mère martyre a accumulé d'énormes frustrations quant aux atten-tions maternelles qu'elle réclamait, il s'ensuit qu'elle a sans doute eu du mal à vous entourer d'affection et de soins quand vous étiez bébé. Le désir de conquérir et de préserver l'amour de sa mère peut devenir un moteur puissant de votre moi enfant, et ce désir se traduit parfois par une soif si ardente qu'il est prêt à tout pour l'étancher. Une mère souffrante ne saurait étancher cette soif, surtout si c'est vous qui l'avez rendue malheureuse.

L'autre point faible de votre moi enfant est votre propre far-deau de culpabilité, composé de tous vos actes et de toutes vos pensées qui, à vos yeux, étaient mal. Il réunit vos secrets hon-teux. Mais il est par-dessus tout le produit de votre apprentissage selon lequel vouloir, faire ou être ce que maman n'approuverait pas rend maman malheureuse et, par conséquent, vous rend méchant. Non seulement vous a-t-on ordonné «Fais ce que je veux et je t'aimerai; ne fais pas ce que je veux et je ne t'aimerai pas» — injonction extrêmement efficace dans le cas d'un enfant dépendant —, mais la mère martyre ajoute une deuxième mise en garde à la première: «Si tu ne fais pas ce que je veux, j'en souffre, donc tu es égoïste et cruel.» Ces messages qui atteignent votre moi enfant dans sa dépendance et dans sa culpabilité minent les fondements même de votre personnalité.

Ainsi, outre la prise de conscience du fait que vous valsez ensemble et de tout ce que cela suppose pour elle et pour vous, vous affrontez un conflit intérieur gigantesque dès que vous tentez de résister aux réflexes qui, d'habitude, apaisent votre culpabilité. Vous devez vous préparer à faire face à la colère de votre mère, à ses accusations et au retrait de son amour. Vous devez vous préparer à examiner la possibilité de survivre au rejet et à la culpabilité. D'où vous viendra la force de supporter la menace de sa colère, de son blâme, de votre angoisse et de votre peur de perdre son amour? N'oubliez pas que si l'enfant en vous est prisonnier de ses vieux réflexes, vous êtes plus fort que cet enfant tremblant et désespéré. Vous êtes une grande personne dotée de talents complexes, riche d'expériences et capable d'une autonomie émotive et pratique beaucoup plus grande que ne le soupçonne votre moi enfant. Cette autonomie existe. L'intérêt du moi enfant de votre mère était que vous ne le sachiez pas. L'intérêt du moi enfant en vous était que vous ne le sachiez pas, afin que vous sollicitiez toujours l'affection de votre mère. Mais elle existe. Vous êtes capable de prendre soin de vous-même et vous êtes en mesure de rassurer l'enfant en vous.

L'autonomie et la capacité de prendre soin de soi-même ne sont pas synonymes de retraite, d'ascèse et de solitude. Voir à ses propres besoins signifie en partie savoir s'entourer de personnes sur qui l'on peut compter pour étancher sa soif d'affection, de personnes qui ont de l'affection à donner, qui veulent nous la donner et qui ne nous demandent pas en échange de les laisser contrôler notre vie. Vous êtes capable de cesser de fléchir pour éviter les accusations, vous êtes capable de vous tenir droit et de vous épanouir. Cette certitude, que vous devrez atteindre peu à peu et par-

fois douloureusement, est ce qui peut calmer les terreurs de l'enfant
en vous. Il en faudra du courage pour endurer la cruelle solitude qui
découlera de votre refus de valser. Cependant, non seulement
découvrirez-vous que personne n'en mourra, mais encore vous
commencerez dès cet instant à renforcer les fondements de votre
personnalité et à trouver des façons de colmater les brèches en servant de guide et de protecteur à votre moi enfant.

Et maman? Elle sera peut-être amenée à adopter des méthodes
de plus en plus bizarres et de plus en plus évidentes pour sauvegar-
der le pouvoir que lui confère le martyre. Cette étape, qui pourra
être très pénible à traverser, aura au moins l'avantage de dévoiler
ses motivations cachées et ses manipulations, de sorte que vous —
et sans doute même votre mère — ne pourrez nier leur existence.
Si vous persistez dans votre refus de valser malgré la crise, et que
votre mère trouve trop menaçant d'avoir avec vous des rapports
d'adulte à adulte, il se pourrait qu'elle s'enferme dans la colère et le
silence, peut-être même à jamais. Mais il est plus vraisemblable
qu'avec le temps sa réaction à votre décision de mettre un terme à
votre valse hésitation vous démontrera que vous avez beaucoup fait
pour aider l'enfant en elle à évoluer.

Je me souviens d'une jeune femme célibataire qui enseignait les
mathématiques au secondaire. N'appréciant pas la nourriture qu'on
servait à l'école, elle avait l'habitude d'apporter un casse-croûte. Un
jour, sa mère, qui était presque invalide, s'aperçut que sa fille avait
oublié le casse-croûte à la maison. En authentique martyre qu'elle
était, elle fit un trajet d'une heure en autobus jusqu'à l'école,
déposa le casse-croûte de sa fille à la direction et s'en retourna chez
elle. Par le passé, une telle performance aurait conduit à des excla-
mations telles que «Maman, tu n'étais pas obligée de faire ça», ou
bien «Quelle surprise de trouver mon casse-croûte au bureau. Mais
tu sais bien que le docteur t'a interdit ce genre de balade.» Des
répliques comme celles-là étaient pour la mère une véritable
manne. Elle les gobait tout en dévorant sa fille.

Cette fois-là, soit qu'en thérapie la fille ait de plus en plus pris
conscience de la volonté de la rendre coupable de ce que ces gen-
tillesses maternelles recelaient, soit qu'elle ait commencé à
s'apercevoir du prix élevé qu'elle devait les payer, elle eut une
réaction différente. Rentrée à la maison, elle ne fit aucune allu-

sion au casse-croûte. Étonnée de cette omission, la mère attendit néanmoins, puis, n'y tenant plus, elle demanda: «Tu as bien reçu ton casse-croûte?

— Oui, merci.»

Cette réponse fut suivie d'un autre silence inhabituel.

— C'était bon?

— Oui. Ça manquait de sel, mais ça pouvait aller.»

La mère était trop sidérée pour répliquer: «Quoi? je fais une heure d'autobus avec mes vieilles artères et tout ce que tu trouves à dire est que le sandwich manquait de sel?» Les paroles et le ton employés par sa fille lui avaient fait comprendre qu'elle ne danserait pas cette valse-là.

Cet échange ne marqua pas la fin des chorégraphies subtiles entre les deux femmes. On ne se défait pas vite de réflexes aussi bien assimilés. Mais l'alarme avait sonné: la suite ne se ferait sans doute pas attendre.

La troisième étape consiste à faire clairement comprendre à votre mère que si elle choisit de souffrir quand vous ne faites pas ses quatre volontés, c'est son choix à elle et vous n'avez pas à en supporter le blâme. Naturellement, vous devez y croire fermement pour en être capable. Vous devez percevoir clairement la démarcation entre sa responsabilité envers elle-même et votre responsabilité envers vous-même.

Quand vous agissez pour votre propre compte sans malice aucune, mais que vous allez ainsi à l'encontre de la volonté de votre mère, de ses tentatives de vous culpabiliser, vous devez opposer le ferme refus d'assumer la responsabilité de ses souffrances. Vous devez aussi insister pour que dans l'attention qu'elle vous réclame et dans ses relations avec vous, elle admette votre individualité et respecte votre droit à lui dire non.

Je me souviens d'une ancienne patiente, dans la trentaine avancée, qui était la marionnette d'une mère très douée pour le martyre. En thérapie, nous avions beaucoup parlé du rôle servile qu'elle tenait au sein de la famille et de son désir d'y mettre fin. Une circonstance particulière avait déclenché la crise. On s'attendait à ce qu'elle prépare, comme d'habitude, un somptueux repas pour l'anniversaire de sa mère. Elle était si prisonnière de sa tâche que ni ses enfants ni les autres membres de la famille ne songeaient jamais à lui offrir de l'en décharger ni même à se demander si un tel repas était vraiment nécessaire. Elle-même ne s'était pas posé la question jusqu'à tout récemment. Elle voulait dire non, ça suffit. Elle voulait dire: «Si nous allions tous au restaurant, je pourrais m'asseoir et me faire servir moi aussi.» Mais comment ferait-elle cesser la bonne vieille gavotte? Comment supporterait-elle la désapprobation tapageuse de sa vieille mère malade et capricieuse?

Le lendemain d'une séance au cours de laquelle elle avait affronté douloureusement ce conflit, elle me téléphona et dit: «Il faut que je vous voie demain.» Consultant mon agenda, je lui répondis que je n'en avais pas le temps.

«Mais il le faut, insista-t-elle. Je dois absolument prendre une décision. Je n'ai pas dormi de la nuit.»

Je répétai que j'étais désolé, mais que je ne disposais d'aucun moment pour la recevoir. Elle se mit en colère et raccrocha en pleurant.

Lors de son rendez-vous suivant, elle était alerte, resplendissante même. «Je leur ai dit que je ne ferais pas un repas de fête, que, pour changer, je voulais être servie comme une dame, et que si personne d'autre ne voulait recevoir la famille à ma place nous devrions aller au restaurant. Ils ont été surpris, mais ils ont dit "D'accord".»

Je la félicitai et lui demandai comment elle en était arrivée à cette décision.

«Après vous avoir parlé au téléphone, j'étais très bouleversée. Puis j'ai compris que si vous étiez capable de dire non malgré mon insistance, moi aussi je le pouvais.»

En affirmant vos besoins réels sans méchanceté, vous ne nuisez pas à l'autre personne mais l'aidez au contraire à s'apercevoir du fait qu'il ou elle peut aussi dire «Non, ceci est inacceptable.» Le mythe voulant que si une personne exprime un besoin l'autre est *obligée* de le satisfaire est ici remis en question. C'est en affirmant votre droit à ne pas céder aux pressions de ce mythe que vous évoluez et que, sans doute, vous aidez aussi votre mère dans son évolution.

4

LE PETIT BONHOMME ABSENT

À quoi sert un père? Une fois qu'il a accompli sa brève tâche biologique, quelle est son utilité? Il n'a pas d'utérus pour porter et nourrir le fœtus pendant son développement. Son aide n'est pas nécessaire quand il s'agit de mettre le bébé au monde. Il n'a pas de seins pour allaiter ou apaiser le nourrisson, et tous les autres besoins physiques du nouveau-né peuvent être satisfaits par une mère compétente ou tout autre gardien. Le père ne joue-t-il donc pas un rôle important dans la croissance de son rejeton?

La mère est le parent primordial, l'origine, la protectrice, celle des deux parents qui, dans la plupart des cas, veille à la survie et au bien-être quotidiens de l'enfant. À mesure qu'il grandit, ce dernier éprouve un désir toujours plus profond de se séparer de sa mère pour devenir autonome; mais ce désir entre en conflit avec son attachement à la sécurité et au confort qu'elle lui procure. La capacité de la mère d'aider son enfant à se détacher d'elle, d'abord en le stimulant à suffisamment se lier à elle et en le rassurant sur sa présence affectueuse, puis en l'encourageant à faire quelques pas loin d'elle, à revenir et à repartir encore, tout cela est essentiel au développement de son autonomie. Mais souvent, tant la mère que l'enfant doivent être aidés: la mère, parce qu'elle ressent le besoin de s'accrocher à son enfant; l'enfant, parce que toute séparation s'accompagne d'anxiété. C'est ici que le père entre en jeu: il doit prendre l'enfant par la main pour lui faire découvrir un monde plus vaste, lui en montrer les joies et les émerveillements, lui enseigner à affronter le danger, lui donner le courage et la confiance nécessaires à son séjour sur terre. Au mieux, le père est aussi disponible au moi enfant de la mère que ce moment de séparation bouleverse et menace. *Le rôle primordial du père consiste donc à aider la mère et l'enfant à se séparer l'un de l'autre.* C'est un rôle de force calme, d'héroïsme ordinaire[9].

Les pères ne jouent pas tous également leur rôle. Certains d'entre eux sont incapables de prendre leur enfant par la main, ils ne savent pas être pour lui un soutien ou un guide dans sa séparation d'avec la mère, ou ils ne savent pas lui transmettre la confiance nécessaire à son entrée dans un plus vaste univers. Plusieurs raisons peuvent être à l'origine de ces inaptitudes paternelles. Il arrive que les pères soient trop narcissiques et imbus d'eux-mêmes; ou bien, ils peuvent ne pas savoir ce que l'on attend d'eux en tant que pères; ou encore, ils ne se préoccupent tout simplement pas de leur enfant. Mais le type de père dont il sera question dans le présent chapitre est le père dont la faiblesse est telle qu'il manque à ses engagements envers son enfant.

Un père peut être faible dans plusieurs domaines et de plusieurs façons. Sa faiblesse peut se manifester tant au sein de la famille qu'en dehors, et à moins que l'enfant ne se leurre sur la

---

9. Qu'il s'agisse d'une fonction biologique ou d'une fonction propre à notre époque et à notre monde, que l'arrangement soit salutaire ou non, dans la famille nucléaire un lien profond se crée souvent entre l'enfant et sa mère en raison du rôle nourricier que celle-ci joue *habituellement*. Lorsqu'elle allaite, elle est parfois la seule personne qui nourrisse l'enfant. Elle passe en général plus de temps que le père à s'en occuper. Ainsi, le père devient «l'autre» parent. Toutefois, il est tout aussi important que la mère, non seulement parce que lui aussi peut protéger et soigner l'enfant, mais encore parce qu'il propose un lien *différent* qui peut être intense et étroit, mais qui diffère du lien avec la mère comme le père lui-même diffère de la mère. En raison de ce substitut de relation parentale, tous les œufs émotionnels de l'enfant ne se retrouvent pas dans le même panier. Ceci est souhaitable, même si le gardien du panier se révèle on ne peut plus affectueux et compétent.

force du père, il sera très souvent témoin de cette faiblesse. Je ne parle pas ici des rares occasions où un père ne réussit pas dans un domaine quelconque, ou bien ne sait pas se tirer d'un mauvais pas ou fuit un affrontement ou se rend ridicule. Ceci arrive à tous les pères. L'enfant en a peut-être honte sur le coup, il dispose néanmoins d'une bonne réserve de preuves de la force de son père.

Je me réfère plutôt ici au père dont la confiance, le courage, la compétence et l'amour-propre sont si racornis que ses actes en sont inefficaces, ses réactions amorties, sa présence effacée.

L'enfant remarque peut-être la faiblesse de son père *en dehors* de la famille. Par exemple, que le père se révèle un pourvoyeur inefficace en raison de son dévouement à une vocation peu rémunératrice peut être l'indice d'une force. Mais si l'enfant devine que l'incapacité du père à bien nourrir sa famille est le résultat de son irresponsabilité, de sa paresse, de son manque de jugement, de sa passivité, ou d'une tendance à se trouver en conflit constant avec l'autorité, à se sous-estimer, à fuir le risque, ou de toute autre faille (dans le sens quasi géologique du terme) dans sa personnalité, il interprétera cette incapacité comme une faiblesse.

Lorsqu'un enfant, observant son père dans ses rapports avec les voisins, les propriétaires, les réparateurs, les commis, les amis, les autorités et les autres personnes qu'il rencontre dans le cours d'une journée, perçoit un homme fade, timide, inefficace ou incapable de défendre ses intérêts, il en déduit que son père ne saura être pour lui ni un puissant appui ni un exemple de force. Si, à l'occasion de petites ou de grandes discussions sur des sujets d'actualité, il constate que son père n'a jamais d'opinion arrêtée ni de point de vue personnel, ou qu'il évite d'affirmer ou de défendre ses convictions sinon en dénigrant avec colère les personnes qui ne sont pas de son avis, il en conclura que son père manque de colonne vertébrale. S'il s'aperçoit que son père n'a que peu ou pas d'intérêts, qu'il se confine à son petit monde, que ce soit la télé, le jeu, le sommeil ou ses problèmes de santé, il ne verra pas en lui un guide efficace pour son entrée dans le vaste monde. Si son père lui paraît d'une moralité douteuse, avec une éthique contestable, s'il sait qu'il trompe autrui, qu'il tire tant qu'il peut son épingle du jeu, qu'il est prêt à tout pour faire de l'argent et ne voit rien de mal dans cette philosophie de vie, l'enfant saura qu'il ne peut compter sur son père pour développer un sens moral solide qui l'aidera à naviguer parmi les écueils de l'existence.

L'enfant qui grandit a encore plus d'occasions de constater la faiblesse du père *au sein* de la famille. Il peut s'apercevoir que son père est incapable, tant dans ses rapports avec la mère que dans ses relations avec les autres enfants et avec lui. Si votre père était soumis à votre mère, vous l'avez sans doute vu:

> – abonder dans son sens dans toute une variété de décisions, y compris le domicile, les amis, les passe-temps communs, la nourriture bonne pour lui, les vêtements qu'il devrait porter à telle ou telle occasion, le film à voir ou le restaurant à fréquenter, ses occupations quand il est seul. («J'ai arrangé ça pour que tu dînes chez ma sœur Lucy samedi soir et que tu passes la journée chez ta mère dimanche pendant que je serai partie.»)
> – ne jamais avoir le dernier mot dans une dispute soit qu'il se range passivement du côté de votre mère, soit qu'il crie à tue-tête avec impuissance pour ensuite céder, soit qu'il capitule devant certaines tactiques: il pouvait, par exemple, ne pas tolérer qu'elle pleure, ou qu'elle s'enrage, ou qu'elle boude, ou qu'elle sombre dans la dépression, etc. («Bon, bon, comme tu veux; ce n'est pas important.»)
> – prétendre être d'accord avec tout ce qu'elle veut parce qu'il n'a ni désir ni préférence. («Ça m'est égal.»)
> – donner une impression de force, peut-être en s'appuyant sur sa femme comme le premier ministre s'appuie sur la reine, quand vous avez toujours senti que la reine pourrait le décapiter. («Ma femme n'aime pas cette table. Pourriez-vous nous faire asseoir plus loin de la porte?»)

Dans ses rapports avec vous, vous avez peut-être su combien il était impossible d'éprouver directement sa faiblesse.

Vous avez été disputé ou puni non pas parce qu'il croyait que vous aviez mal agi, mais parce qu'il y était poussé par sa femme, ou bien parce qu'il reportait sur vous la rage qu'il n'osait pas lui manifester. («La prochaine fois, obéis à ta mère.»)

Vous avez renoncé à lui demander son aide pour parler à votre mère quand elle vous paraissait déraisonnable parce qu'il était incapable de vous appuyer même s'il était de votre avis. («Si ta mère en a décidé ainsi, je n'y peux rien.»)

Vous avez cessé de lui demander conseil dans vos rapports avec le petit dur à cuire du quartier, vos professeurs, vos amis, le sexe opposé, ou devant un choix de carrière, parce que ses conseils étaient inefficaces. («Ne t'inquiète pas. Le temps arrangera les choses.»)

Vous avez renoncé à discuter avec lui, notamment de politique, de questions sociales, de votre génération, soit parce qu'il demeurait tout à fait passif («Peut-être») ou qu'il se mettait en colère («Qu'est-ce que tu en sais?»).

Vous saviez qu'il vous était impossible d'avoir avec lui une conversation sur des questions d'éthique comme tricher aux examens, commettre de petits larcins, profiter des autres, car vous sentiez que sa moralité était déficiente («Au plus fort la poche»), ou bien qu'il obéissait aveuglément aux principes qu'il avait appris et qu'il ne remettait jamais en question («On n'a *jamais* une bonne raison de mentir»).

Vous aviez l'impression, dans un affrontement avec lui, qu'il était une forteresse de gélatine ou d'air, que si vous le frappiez votre poing disparaîtrait dans la mollesse de son ventre, ou que si vous lui teniez tête, il éclaterait en faisant «pfuiiitt» comme un ballon crevé (ici, trouvez la métaphore qui se rapproche le plus de votre expérience personnelle).

Je me souviens d'une séance de thérapie de groupe pendant laquelle Carl, qui se battait depuis des mois contre les tentatives de domination de sa petite amie Pia, relatait une autre circonstance où, cette fois, Pia s'était retirée soudainement et était devenue froide et distante juste au moment où Carl s'était senti confiant et sûr de lui face à elle. Comme d'habitude, la force fière mais précaire de Carl s'écroula comme un château de cartes. Il ressentit son désespoir familier: «Il faut que tu m'aimes, tu ne peux pas me quitter, tu ne peux pas me faire ça, Pia, je t'en prie, je t'en prie.» Les membres du groupe s'efforcèrent d'aider Carl. Certains d'entre eux lui firent comprendre quelles étaient les intentions de Pia, d'autres lui montrèrent ce qu'il refaisait sans cesse, d'autres encore lui expliquèrent pourquoi il le faisait, d'autres enfin se fâchèrent parce qu'il laissait la situation se reproduire constamment sans y mettre fin en se servant de ce qu'il avait appris. Piteusement, Carl écouta tout le monde sans mot dire. Puis il se tourna vers le thérapeute qui était resté silencieux tout ce temps et il dit: «On revient toujours là-dessus, et je continue de le faire. Quand allez-vous m'aider à arrêter?» Le thérapeute se taisait toujours. «C'est tout ce que vous trouvez à faire, rester assis?» Carl voulait savoir. Toujours pas de réponse. «Oh, je suis désolé, fit Carl. Je comprends. Vous voulez que je règle ça moi-même.»

THÉRAPEUTE: Donc, vous n'êtes pas vraiment fâché avec moi parce que je ne vous aide pas?

CARL: Non. Je suis fâché avec moi-même.

THÉRAPEUTE: Alors pourquoi ai-je le sentiment très net que vous êtes furieux contre moi?

CARL: Je ne le suis pas. Ce n'est pas votre faute si je suis lent à la détente.

THÉRAPEUTE: *Si* vous étiez furieux contre moi, que diriez-vous?

CARL (rit, puis): Que vous êtes un bâtard inapte qui prend mon argent et qui ne m'aide pas à résoudre mes problèmes. Vous ne savez pas comment m'aider, alors vous prétendez que c'est moi l'incapable.

THÉRAPEUTE: C'est ce que vous diriez *si* vous étiez fâché.

CARL: Mais je ne suis pas fâché, je vous assure.

THÉRAPEUTE: Vous ne devriez pas l'être, mais vous l'êtes.

CARL: Pourquoi est-ce que je ne devrais pas l'être? Oh! et puis merde! J'ai autant de mal à vous dire que je suis furieux que j'ai du mal à tenir tête à Pia. Mais merde, je le suis, fâché! Je déteste mon problème et je déteste que vous me répondiez par des clichés et que vous restiez assis là comme un Bouddha satisfait pendant que moi, je souffre. Grouillez-vous et faites quelque chose!

Les vannes étaient ouvertes et Carl déversait tout un flot de griefs contre le thérapeute. Puis, après une pause, il dit: «Vous n'avez pas du tout l'air abattu.»

THÉRAPEUTE: Déçu?

CARL: Non. Soulagé. Et exalté.

JEANNE: Je ne vous ai jamais vu perdre les pédales comme ça, surtout pas avec un homme.

CARL: J'ai cessé de me fâcher ouvertement avec mon père voilà plusieurs années. Je me souviens d'une fois où je criais de rage parce qu'il se laissait manipuler par ma mère. Je devais avoir seize ans. Je criais, puis subitement j'ai aperçu son regard: un regard malheureux, impuissant, pathétique. La résignation personnifiée. Je me suis arrêté net de crier, comme si on m'avait saisi à la gorge, et je suis parti. Je n'ai plus crié depuis. Et jusqu'à aujourd'hui, je ne pouvais pas non plus dire son fait au docteur, ici.

JEANNE: Je connais ce regard-là. Je le vois souvent chez mon père quand je me fâche. Sauf que lui n'a pas seulement l'air impuissant, il a aussi l'air terrifié. Comme s'il avait peur que je ne le tue. Bon sang, il est plus grand que moi d'un bon pied et il est bâti comme une armoire à glace.

THÉRAPEUTE: Quand il semble craindre que vous ne le tuiez et agit comme si vous en étiez capable, comment vous sentez-vous?

JEANNE: Comme si j'aimerais vraiment le tuer! Et *ça,* ça me fait peur. De sorte que *sa* peur de ma colère et *ma* peur de ma colère font que je bats en retraite. Mais ensuite, la rage et la culpabilité se font la guerre en moi jusqu'à ce qu'intérieurement je ressemble à Waterloo au lendemain de la bataille.

CARL: Moi, je n'ai même pas envie d'être violent avec lui. J'ai plutôt l'impression qu'il manque tellement de substance que le simple fait de me fâcher, de lui dire le fond de ma pensée le fera disparaître! Pfuiiitt! Même pas mort. Seulement parti. Envolé.

JEANNE: Parfois, mon père se réfugiait derrière son regard. Les yeux vides. Mais surtout, il avait le plus souvent un regard d'épagneul.

CARL: J'ai cessé de hurler cette fois-là parce que je savais déjà qu'après, j'irais de mal en pis. Quand j'étais petit et que j'avais l'impression de l'avoir blessé, je me sentais si coupable que je courais lui demander pardon. Il disait: «Bon, bon», mais on aurait dit qu'il ne savait pas très bien pourquoi!

JEANNE: C'était comme ça pour moi aussi! Je me sentais poussée à aller le trouver pour qu'il me pardonne. Je n'arrivais pas à me concentrer sur autre chose tant que je ne l'avais pas fait. Il savait de quoi il s'agissait, mais il avait encore plus l'air d'un chien battu, comme s'il n'avait même pas pu supporter l'émotion contenue dans mon repentir.

THÉRAPEUTE: Ainsi, il n'y avait pas que la colère qui le rebutait.

JEANNE: Non. Toute forme de sentiment le rebutait. J'avais toujours peur de lui dire combien je l'aimais: cela aussi l'aurait fait s'écrouler.

THÉRAPEUTE: Quel pouvoir!

JEANNE: Oh! oui! Pendant des années, je n'ai pas voulu y voir de la faiblesse. Je ne voulais pas savoir qu'il était faible. Alors, je croyais qu'il réagissait ainsi parce que moi j'étais trop forte, trop intense. J'ai commencé à croire que j'étais un cyclone, un ouragan d'amour et de haine et que le tourbillon de sentiments que j'éprouvais avait le pouvoir de détruire les autres.

CARL: J'ai ressenti cela aussi. Cela m'effrayait tellement que j'ai commencé à agir avec modération, comme si je me baladais dans un terrain de jeux rempli d'enfants en transportant une bombe. Mais le pire était d'essayer de continuer à croire que mon père était un homme fort. Je me voyais non seulement me retenir, mais aussi me rapetisser pour mieux prétendre que mon père était grand.

JEANNE: Si j'avais été sûre que mon père ne m'aimait pas, j'en aurais souffert, mais j'aurais cessé de prétendre qu'il était autrement qu'il n'était en réalité. À ma connaissance, il m'aimait beaucoup, ou alors pas du tout. Il n'était qu'une tache, un pâté d'encre de Rorschach, j'y voyais ce que je voulais. C'est vrai! Quand j'étais petite, il était le plus grand, le meilleur à mes yeux. Sa passivité devint pour moi de la sainteté, sa soumission, de la magnanimité, sa faiblesse, une force souple. Puis, deux incidents survinrent qui détruisirent cette illusion. Je devais avoir dix ans. Nous étions en voiture, papa et moi, quand un agent de police l'arrêta pour avoir grillé un feu rouge. D'abord, mon père nia tout, bien que nous ayons su tous les deux qu'il était coupable. Puis, quand l'agent commença à rédiger le billet d'infraction, mon père se mit à pleurer. Il était bouleversé, disait-il à l'agent, il venait d'apprendre que sa femme souffrait d'un cancer et voilà pourquoi il avait grillé un feu rouge.

CARL: C'était vrai?

JEANNE: Non. Mais je n'en étais pas sûre à ce moment. Même si mon père me dit tout de suite après que ce n'était pas vrai, cela m'a inquiétée longtemps.

CARL: Est-ce que le policier lui a donné la contravention?

JEANNE: Non.

CARL: C'était un sacré bon truc!

JEANNE: À qui le dites-vous! Je me disais: «N'est-ce pas que papa est futé?» pour m'en convaincre et continuer à être fière de lui, même si la seule pensée de ce qui s'était passé me donnait envie de vomir. Il y avait comme ça des centaines de petites choses qui fissuraient de plus en plus son piédestal.

Puis, quelque chose se produisit quand j'avais environ quatorze ans qui détruisit d'un coup l'image que je me faisais de lui aussi sûrement que si j'avais lancé une brique dans le miroir de la salle de bains pendant qu'il se rasait. C'était au cours d'un exercice de feu, à l'école. Nous étions dehors et je me fis légèrement mordre par un chien. L'infirmière tenta en vain de rejoindre ma mère au téléphone. C'était toujours occupé. Elle demanda à la téléphoniste de vérifier. On lui dit que le récepteur était décroché. Elle appela donc mon père à son entreprise de nettoyage à sec. Il vint me chercher à l'école pour me ramener à la maison. La chaîne était sur la porte. Il sonna. Ma mère répondit: «Qui est là?» Nous lui avons dit ce qui venait de se produire. Elle mit bien cinq minutes à venir ouvrir. Il y avait un homme avec elle. Elle prétendit que c'était un décorateur et qu'ils étaient en train de discuter du réaménagement du salon, mais elle était agitée et l'homme mal à l'aise, et il partit très vite. Tout me semblait évident, mais mon père agissait comme si de rien n'était. Je jure que j'ai cru qu'il allait inviter le type à rester boire une tasse de café. Je savais qu'il savait, mais qu'il faisait semblant de croire que rien ne s'était passé pour ne pas être forcé de faire quelque chose ou de dire quelque chose et parce qu'il craignait d'affronter ma mère. Il ne se taisait pas parce que c'était un homme «libéré» ou parce qu'il n'éprouvait pas de jalousie, non. Simplement, il avait peur de créer des remous.

THÉRAPEUTE: Pouvez-vous revivre vos sentiments d'alors?

JEANNE: J'ai détesté ma mère, mais je me suis sentie encore plus trahie par mon père. Je l'avais idéalisé, je m'étais illusionnée, et ce n'était plus possible. Tout à coup, j'ai vu le pauvre et pathétique empoté qu'il était. (Elle se met à pleurer.) Ça me fait encore mal! Toutes ces années perdues à le mettre sur un piédestal. Quelle perte de temps! (Elle pleure un certain temps.)

CARL: J'ai ressenti la même chose quand j'ai eu mes moments de vérité. Ils n'ont pas été aussi tragiques que les vôtres, Jeanne, seulement de petites choses, comme ce que je mentionnais plus tôt à propos de son expression d'impuissance. Mais je suis devenu amer, plus tard, en thérapie, quand je me suis rendu compte de tout ce que j'avais fait pour me rapetisser dans le but de mieux lever la tête vers un homme qui ne méritait pas mon admiration. Mon cerveau a fait des tours de haute voltige pour ne pas ternir l'image de sa force. Maintenant, je suis plus fâché que triste, plus décidé que fâché. Finis les tours de passe-passe pour admirer quelqu'un qui ne le mérite pas.

JEANNE: Plus jamais je ne dépendrai d'une personne dont la force est un mirage issu de mon désir d'avoir un père sur lequel je peux compter.

Ce dialogue montre comment un père faible peut vous amener à craindre que la force de vos sentiments ou de vos besoins émotifs ne l'étouffent. Il peut vous faire croire que si vous êtes trop intense pour lui, c'est que quelque chose en vous n'est pas normal.

Une fillette sera déçue non seulement dans son attente d'une alternative à la mère, mais aussi dans son désir d'un rapport œdipien[10] intense avec son père quand elle constatera que sa faiblesse le rend incapable de l'appuyer, de tracer des chemins avec elle, de lui être proche. Quant au jeune garçon, la faiblesse du père le prive d'un modèle et d'un maître et peut l'amener à craindre de lui être supérieur dans leur rivalité œdipienne s'il ne fait rien pour s'en empêcher. Les nombreuses ramifications de ces

---

10. Œdipe est le garçon qui tua son père pour épouser sa mère, et Électre représente la fille rivale de la mère pour les attentions du père. J'emploie néanmoins ici un terme psychanalytique de convention, soit «œdipien» (ou «complexe d'Œdipe»), pour désigner l'attachement d'un enfant de l'un ou l'autre sexe au parent du sexe opposé.

sentiments ont peut-être causé une déformation de la perception que vous aviez de votre père, comme ce fut le cas pour Jeanne et pour Carl, parce que vous refusiez d'admettre sa faiblesse. Vous êtes peut-être encore en train d'essayer mentalement de le hausser, vous ne l'avez sans doute pas encore estimé à sa juste valeur. Si c'est le cas, quel est le prix à payer? Le grandissez-vous en vous rapetissant? Augmentez-vous sa force en diminuant la vôtre? En faites-vous un homme fiable en devenant irresponsable? Le rendez-vous compétent en devenant inapte? Son succès à vos yeux est-il dû à votre propre faillite?

Sans doute aussi avez-vous perdu récemment vos illusions, ou les avez-vous perdues il y a si longtemps que vous n'arrivez même plus à imaginer votre père fort. Peut-être l'avez-vous déjà aperçu sous son vrai jour et, aiguillonné par la déception, vous le voyez beaucoup plus petit qu'il n'est en réalité! Cela comporte aussi son prix: le fardeau d'un mépris constant interdisant entre vous deux toute relation valable.

La turbulence des interactions qui veulent se faire passer pour une vraie relation entre un père faible et son enfant produit beaucoup de remous. Vous êtes peut-être conditionné à rechercher en chacun l'image du père affaibli, pour ensuite vous consacrer à ignorer ses faiblesses ou à le hausser pour le faire paraître fort. Les hommes agissent parfois ainsi avec leurs amis, leurs superviseurs ou leurs patrons. Mais le danger est encore plus grand pour les femmes qui agissent de même avec leur amant ou leur mari et qui s'engagent de la sorte dans une reprise perpétuelle de la même valse hésitation où seul change le nom de leur partenaire. J'ai vu des femmes dont le père était faible choisir dans le grand nombre d'hommes qu'elles rencontrent des hommes qui sont restés à bien des égards des petits garçons. Ce sont des alcooliques ou des drogués, des don Juans, des ratés, des hommes incapables de gagner leur vie ou de s'affirmer sinon par leurs caprices, leurs colères ou leur maussaderie. Ils sont souvent sexuellement passifs et gauches, bien que certains d'entre eux soient portés sur le sexe si leur hédonisme est davantage une manifestation de puérilité que l'expression de leur force et de leur assurance. Ils excellent dans leur rôle si vous maîtrisez le vôtre. Et si votre père était un homme faible, vous connaissez votre rôle sur le bout des doigts.

Il s'agit au départ de nier les faiblesses de votre homme, soit en fermant les yeux, soit en en faisant de petits travers juste un peu embêtants. Plus tard, quand vous aurez le visage et le derrière tuméfiés à force de tomber par terre chaque fois que vous pensiez pouvoir trouver en lui un appui émotif, moral ou pratique, le petit travers deviendra sans doute à vos yeux un vrai défaut. Ce sera l'occasion rêvée de réexaminer toute la relation, mais si vous espériez sauver et réhabiliter votre père, vous endosserez encore cette fois l'uniforme qui s'impose, celui de l'infirmière, de la travailleuse sociale, de la conseillère en orientation, de la mère compatissante, de l'agent de police, et vous entamerez le processus destructeur qui consiste à relever, à encourager, à rehausser, à appuyer, à capituler; puis, après un bref repos, vous recommencerez à relever, à encourager, etc.

Le tout est de savoir ce que cela vous apporte, tant avec votre père qu'avec les autres hommes ensuite. La faiblesse de votre père a créé un vide en vous. Le fait qu'il ne vous ait pas tenue par la main lors de votre entrée dans le monde a ouvert dans votre confiance en vous-même une brèche que vous n'avez peut-être pas encore colmatée. Cela reste à faire. Pour certains, colmater la brèche consiste à trouver une personne à laquelle s'identifier et aux côtés de qui apprendre, une personne qui leur serve de guide. D'autres voient cette tâche d'un autre œil (j'emploie le verbe «voir» non pas pour décrire le fruit d'une mûre réflexion mais pour désigner un réflexe inconscient). Pour ces personnes-là, la tâche consiste à «guérir» et donner de la force à leur père faible, et si elles remplacent le père par d'autres hommes, ces hommes doivent forcément être faibles pour qu'elles puissent les guérir. Le désir d'achever ce travail est fort, mais le succès se fera toujours attendre. Comme vous avez pu le constater si vous êtes prise dans l'engrenage, il ne s'agit pas pour vous de *réussir*, mais de *persister*. Les dés sont pipés de sorte que vous revenez toujours à la case de départ, rejetée, déçue, martyrisée et toujours en quête d'un père fort. (Les hommes jouent une autre version du même jeu quand ils dépendent d'un patron inepte qui, s'il est congédié, les abandonne à leurs incertitudes ou les entraîne avec lui, ou bien quand ils mettent leur confiance en un homme qu'ils estiment fiable mais qui, par exemple, confiera l'important contrat qui leur était dû à un autre à qui il n'aura pas su dire non.) Après être revenu à la case de départ en victime, vous pouvez recommencer la partie en bienfaiteur. Cette fois, vous pouvez vous justifier de critiquer et de dominer l'homme que vous vous êtes donné pour mission de relever. Le contrôle est la seule chose que l'homme faible vous autorise. Vous avez l'impression de le piétiner. Quel pouvoir! Seulement, quand vous aurez fini de le piétiner, vous constaterez que vous y avez laissé vos chaussures, peut-être même vos pieds!

C'est donc votre besoin de rehausser votre père, l'espoir qu'ainsi vous pourrez vous appuyer sur quelqu'un de solide et apprendre de lui, puis les déceptions et les peines qui vous poussent à réclamer le droit de la victime à la persécution et au harcèlement qui règlent votre rythme dans cette danse. Pour y mettre fin, comme à toute autre valse hésitation, vous devez d'abord admettre que vous dansez.

Connaissez-vous l'histoire du petit vieillard frêle qui répond à une offre d'emploi lue dans le journal? L'annonce demandait un homme «costaud, habitué à la nature sauvage, tireur d'élite, excellent cavalier et alpiniste». Quand il se présente à l'entrevue, l'interviewer en est abasourdi.

«Vous n'avez pas l'air très costaud.

— À dire vrai, je suis plutôt malingre.

— Vous avez l'expérience de la nature sauvage?

— Je vais en pique-nique le dimanche.

— Vous savez tirer, monter à cheval, escalader une montagne?

— Je n'ai jamais touché à un fusil, j'ai peur des chevaux et j'ai le vertige.

— Pourquoi avez-vous répondu à notre annonce?

— Je suis venu vous dire de ne pas compter sur moi.»

Un père faible admettra rarement sa faiblesse en disant: «Tu ne devrais pas compter sur moi.» (Il est étonnant de constater le grand nombre de personnes dont le père était un homme faible et qui aiment raconter cette histoire.) La plupart des pères faibles ne se perçoivent pas ainsi. Selon eux, ils sont «trop conciliants», «ils cèdent parce que la vie est trop courte pour qu'on la complique», «ça ne coûte rien d'être aimable», «j'ai été trop déçu». Vous devrez donc déterminer vous-même les faiblesses qui l'ont fait manquer envers vous à ses devoirs de père.

Si vous soupçonnez que vous dansez une insidieuse valse hésitation avec un père faible, ce qui compte est que vous examiniez franchement l'homme qu'il est en réalité. Quelles sont ses forces et ses faiblesses d'homme? L'avez-vous trop grandi ou trop rapetissé? Voyez-vous ses forces et ses faiblesses avec vos propres yeux ou avec le regard de votre mère? (Certaines mères exhaussent tandis que d'autres rabaissent toujours leur mari aux yeux des enfants. Expulsez votre mère de votre regard si vous voulez observer votre père le plus objectivement possible.) Pour poser sur votre père un regard objectif, appelez d'abord vos souvenirs de lui à la rescousse — pas uniquement ceux que vous préférez parce qu'ils expriment vos sentiments avec justesse, mais tous vos souvenirs de lui —, puis mettez-vous à sa place, identifiez-vous à lui dans le cadre de ces souvenirs. Ensuite, regardez le portrait général de sa vie, ce que vous connaissez de son enfance, ses luttes, les raisons qui l'on fait épouser votre mère, ses ambitions, ses déceptions. Les personnes qui se seront leurrées en fermant les yeux sur les faiblesses de leur père devront ici affronter leur propre déception cachée. D'autres, qui n'auront vu que ses faiblesses, découvriront peut-être, enterrés sous la fange, un noyau de force et de courage, une veine de fer rigide ou d'acier flexible dont elles n'auraient pas autrement soupçonné la présence.

Si votre rôle a été de le rehausser à vos yeux et aux yeux du reste du monde, vous devrez cesser d'agir ainsi, même si cela peut sembler plus impossible que de ne pas gratter un bouton qui pique. Vous devrez admettre le fait qu'à bien des égards, il n'était pas fiable et qu'il ne le sera sans doute jamais, et que cela a sérieusement ébréché votre confiance en vous. Vous devrez abandonner vos vieux réflexes et renoncer à l'espoir d'en faire un père fort, capable de colmater la brèche dans les fondements de votre personnalité.

Reconnaître que votre père a manqué envers vous à ses devoirs paternels fondamentaux peut provoquer une réaction tout à fait inverse. Au lieu de le grandir, vous le rabaissez maintenant constamment, vous l'humiliez avec colère, vous le traitez avec mépris. La vengeance est douce quand notre idole révèle ses pieds d'argile! Cette réaction fréquente peut être remise en question si l'on se demande qui a d'abord fait de lui une idole.

Après la décevante prise de conscience des faiblesses de votre père, de la façon dont vous en avez été affecté et des futiles mises en scène auxquelles vous vous livrez encore avec lui, vous devrez vous demander à quel petit garçon en lui vous êtes confronté, car, ici encore plus clairement qu'ailleurs, c'est du moi enfant du père que votre propre moi enfant déçu est prisonnier. Je songe à une jeune femme qui attendait la visite de ses parents. Quand on sonna à la porte, elle dit: «Qui est là?» et entendit son père répondre: «Maman!» Cette réponse qui réveillait des souvenirs de rejet liés à la servilité du père la rendit furieuse. Plus tard, en y réfléchissant, elle se rendit compte que cette réponse n'exprimait pas uniquement une relation entre mari et femme où lui n'existait pas, mais aussi qu'elle représentait une fusion de l'homme avec sa propre mère. Elle perçut son père avec plus de sympathie, elle vit en lui un homme qui réagit encore comme un petit garçon parce que son estime de soi aura été détruite très tôt dans l'existence, peut-être même quand il était encore bébé, parce que ses parents auront fait en sorte qu'il se croie raté et qu'il manque d'assurance, parce qu'ils auront entravé son autonomie, parce qu'ils lui auront coupé les ailes. Si vous tentez de regarder au-delà de l'âge le petit garçon que fut votre père, vous devinerez qu'il a sans doute pleuré à son premier jour d'école, peut-être même le deuxième et le troisième jour, à moins que, par obéissance, il ne soit devenu un «brave petit soldat». Il ne faisait peut-être pas partie d'un groupe; les autres enfants profitaient peut-être de lui ou le tournaient en ridicule. Il faisait sans doute ce que les professeurs attendaient de lui ou bien il résistait passivement à l'autorité. Le fait d'imaginer l'enfant que fut votre père faible est un exercice très profitable de deux façons. D'une part, vous constaterez combien il est ridicule et impossible de vouloir trouver un appui en ce petit garçon comme s'il s'agissait d'un adulte. L'enfant en lui ne comprendra jamais complètement qu'il est père ni les responsabilités morales que cela suppose. Il continue de croire qu'on doit s'occuper de *lui*. D'autre part, vous éprouverez de la compassion pour cet enfant blessé, et cette compassion vous aidera à mettre fin à la rengaine de récriminations et de colère par laquelle vous lui reprochez d'avoir failli à ses devoirs paternels envers vous. Cette ritournelle ne réussit qu'à le dénigrer, à renforcer ses sentiments d'inaptitude et vos sentiments de culpabilité. Ainsi, si vous renoncez autant à l'exhausser qu'à le déprécier — les deux exercices sont fort tentants quand on a un père faible —, si vous avez le courage d'accepter que sa faiblesse vous ait privé de quelque chose de fondamental et ait entravé votre capacité à être adulte, vous vous demandez maintenant comment compenser ce qu'il ne vous a pas donné, ou bien si vous feriez mieux de vous résigner à vos manques.

Premièrement, il est particulièrement important que dans votre relation avec votre père vous fassiez appel à son côté fort et mûr — même si cet aspect est infime — non pas en recourant à votre ancienne et désastreuse tactique qui consistait à exagérer ses forces, mais en entrant en contact avec ce qu'il y a de réellement fort en lui. Ainsi, vous ferez taire sa ritournelle («Je ne peux pas, c'est trop lourd, je ne sais pas comment, c'est trop difficile, aide-moi, laisse-moi seul [soupir], comment peux-tu me laisser seul») et vous puiserez au courage très réel qui a accompagné votre père tout au long de sa vie. Vous puiserez cette force, vous colmaterez vos lézardes ou vous donnerez à votre cerveau de nouveaux messages enregistrés.

Vous pouvez aussi prendre conscience de vos propres forces, ces pensées et ces désirs qui vous encouragent à prendre des risques, à oser, à sortir du champ magnétique de la mère, à persister dans vos ambitions et vos idéaux, à vous redresser et à aller de l'avant. Il y a certes dans tout cela des qualités proprement paternelles. Certaines de ces qualités paternelles peuvent vous venir d'autres hommes, non pas d'hommes faibles que vous devez aider à se tenir debout, mais d'hommes réellement courageux qui partagent votre vie: amis, enseignants, collègues, amants. Levinson a constaté l'importance pour un homme d'avoir un mentor[11] (sans doute en raison du fait que l'homme est

11. Voir D. J. Levinson *et al.*, «The psychosocial development of men in early adulthood and the mid-life transition», *in* David F. Ricks *et al.*, *Life History Research in Psychopathology*, Minneapolis, Minn., University of Minnesota Press, vol. 3, 1974, pp. 244-257.

moins susceptible que la femme d'avoir un amant de sexe masculin). Le mentor sera souvent un homme plus âgé, qui a du succès dans un domaine voisin du vôtre, dont vous admirez les vertus et la façon de vivre, et qui semble disposé à partager avec vous sa détermination. Pour les femmes, c'est l'amant ou le mari, ainsi que les amis ou les collègues qui peuvent combler les vides des enregistrements du père par des messages qui les encouragent à se libérer de l'oppression, avouée ou non, de la mère. Mais cette possibilité soulève une question essentielle: quelle proportion de ce que je n'ai pas reçu de mon père puis-je attendre avec justice de mon mari ou de mon amant sans risquer le déséquilibre d'une autre relation de type parent-enfant? Vous pouvez demander et recevoir beaucoup dans la mesure où votre relation de type parent-enfant n'est pas à sens unique mais réversible (chacun de nous a besoin qu'on s'occupe de son moi enfant), où vous choisissez un homme disposé et capable d'assumer de temps à autre un rôle de père, et où votre relation de type parent-enfant peut faire place plus souvent à une mûre réciprocité.

5

LA PUISSANCE ET LA GLOIRE

Nos propos sur les pères absents, faibles et indécis n'empêchent pas le père despote d'être aussi bien vivant et de causer ses
propres dégâts. Il paraît redoutable et terrifiant, car la culpabilité
n'est pas son arme comme dans le cas de la mère martyre. Le
pouvoir et la peur sont ses méthodes spécifiques de contrôle. Il
les met déjà en pratique quand l'enfant est en bas âge, quand les
inégalités physiques sont flagrantes. La peur qui prend tôt racine
dans le rejeton sous l'apparence du «respect» persistera parfois
éternellement, pareille à une petite mare de gélatine toujours sur
le point de trémuler.

J'ai vu des hommes adultes, des hommes ayant accompli de
grandes choses, frémir littéralement quand leur père leur demandait les raisons de leur divorce. J'ai aussi vu des femmes ayant
elles-mêmes des enfants adultes éteindre précipitamment leur
cigarette quand papa — qui déteste le tabac — sonnait à la porte.

Tu m'appartiens

Nous devons préciser ici à quoi ressemble un père tyrannique
afin de ne pas le confondre avec le père courageux et fort qui,
parce qu'il encourage ses enfants à viser à un haut degré d'excel-

lence, les guide et leur impose une discipline appropriée. En fait, la différence est simple: *le père despote est persuadé que vous lui appartenez. Aux yeux de ce tyran, s'il est votre père, vous êtes sa propriété.*

Pour vous aider à déceler l'éventuel despotisme du père, j'ai mis au point un test spécifique, le CDP ou Catalogue du despotisme paternel. Il ne respecte sans doute pas les normes de fiabilité, de rigueur et d'échantillonnage qui régissent les instruments de recherche de la profession, car il est davantage le produit de ce que les psychothérapeutes nomment l'«intuition clinique», c'est-à-dire qu'un fait est démontré à l'aide d'une petite fumisterie scientifique. Supposons donc que:

1. si nous donnions ce test à un groupe de pères choisis au hasard en leur demandant quelles seraient les réponses de leur enfant adulte, leurs réponses seraient également partagées entre les choix *a, b* et *c,* et

2. si vous-même répondez souvent par *c* en vous disant «ça, ça ressemble à mon père», nous pouvons supposer que vous avez eu un père despote authentique.

CDP (Catalogue du despotisme paternel)

1. «Papa, je sors rencontrer des amis.»
    a) «Amuse-toi bien.»
    b) «Je veux que tu sois rentré à minuit.»
    c) «Des amis, ça? Ils vont t'attirer des ennuis.»

2. «J'ai changé de projet de maîtrise.»
    a) «Pourquoi?»
    b) «Es-tu bien sûr que c'est ce que tu veux?»
    c) «Tu n'arriveras jamais à rien si tu tournes à tous les vents.»

3. «Je vais au cinéma.»
    a) «Quel film vas-tu voir?»
    b) «Ne rentre pas trop tard.»
    c) «Où vas-tu vraiment?»

4. «On m'a invité à dîner chez un ami. J'aimerais y aller.»
    a) «C'est sympathique.»
    b) «Chez quel ami?»
    c) «Tu veux mon avis ou tu m'en informes?»

5. «J'ai bien réfléchi et j'ai décidé de faire ce voyage.»
    a) D'accord, puisque c'est ce que tu veux.»
    b) «Je crois que c'est une erreur, mais bonne chance tout de
        même.»
    c) «Fais à ta tête, même si c'est ridicule.»

6. «Est-ce que je dois passer tout le dimanche ici à donner un
    coup de main?»
    a) «Oui, j'ai besoin de ton aide.»
    b) «Bien sûr. Tu fais partie de la famille.»
    c) «N'oublie pas que c'est moi qui te nourris.»

7. «J'ai eu mes résultats. J'ai coulé les maths.»
    a) «As-tu suffisamment étudié?»
    b) «Bon, maintenant, il va falloir que tu travailles. Aurais-tu
        besoin d'un conseiller?»
    c) «Pas de sorties ni de visites tant que tes notes ne seront
        pas meilleures.»

8. «Je suis sûr que j'avais les billets, mais je ne les trouve plus.»
    a) «Cherche encore.»
    b) «Il te faudra les payer.»
    c) «Comment ai-je pu engendrer une pareille cruche?»

9. «C'est mon meilleur ami.»
    a) «C'est bien d'avoir de bons amis.»
    b) «Ah oui? Tu ne le connais pourtant pas depuis longtemps.»
    c) «Sois bien sûr qu'il ne profite pas de toi.»

10. «Il faut que je me dépêche ou je vais arriver en retard au concert.»
    a) «La prochaine fois, organise mieux ton horaire.»
    b) «Conduis prudemment.»
    c) «Avant, tu vas passer au magasin pour m'acheter des
        cigarettes.»

Si votre père marque beaucoup de points, vous reconnaîtrez l'homme dont il est question dans le présent chapitre. Vous verrez que sa vision du monde est quelque peu paranoïaque. Observez ses réponses: «Où vas-tu vraiment?», «Des amis, ça? Ils vont t'attirer des ennuis» et «Sois bien sûr qu'il ne profite pas de toi». Il est convaincu qu'on ne saurait se fier à personne. Il vous fait clairement comprendre qu'il n'a aucune confiance en vous et que vous-même feriez mieux de ne pas vous fier aux autres, car confiance égale naïveté et les naïfs se font avoir.

Pour se sentir en sécurité dans un monde où nul n'est digne de confiance, le père despote a perfectionné les méthodes de dénigrement qu'il utilise avec des personnes dont le sang est inférieur au sien. Vous, par exemple. («Tu n'arriveras jamais à rien si tu tournes à tous les vents», «Fais à ta tête, même si c'est ridicule.») À force de vous faire taper sur la tête, vous rapetissez.

Je suis le serviteur de mon maître

Nous ne devons pas oublier le message qui vous apprend qui commande, et où vous vous situez exactement dans la hiérarchie. («Tu veux mon avis ou tu m'en informes?» «Pas de sorties ni de visites tant que tes notes ne seront pas meilleures.»)

La phrase «Avant, tu vas passer au magasin pour m'acheter des cigarettes» a été dite par un homme dont le tiroir du bureau en contenait plusieurs cartouches. Tout comme Hitler (Chaplin) fait asseoir Mussolini (Jack Oakie) sur une chaise aux pattes sciées dans *Le Dictateur,* papa ne lésinera pas sur les subtilités telles que «N'oublie pas que c'est moi qui te nourris».

Si votre père marque beaucoup de points, vous n'ignorez pas que ses déclarations, qui ont influencé votre éducation, se sont gravées dans votre cerveau comme des commandements de Dieu. Voici à quoi ressemblent peut-être ces commandements:

I.   Je suis ton père et je passe avant quiconque.
II. C'est moi qui commande.
III. Mes besoins et mes désirs passent avant tout.
IV. On me doit respect et gratitude.
V.   Obéis, sinon…

Le «sinon» peut varier avec l'âge de l'enfant: «Sinon, tu auras la fessée, tu auras une râclée, je ne t'adresserai plus la parole, tu resteras enfermé dans ta chambre, je couperai ton allocation, je te mettrai à la porte, je te déshériterai, etc.» Les commandements, eux, restent les mêmes. Ils pâlissent un peu quand l'enfant devient adulte, mais ils s'effacent rarement complètement.

Si vous avez ou avez eu un père despote, vous devez non seulement prendre conscience du scénario que vous jouez ensemble, mais aussi découvrir le type de rapport au monde que cette relation a entraîné. *Votre attitude dépend de votre décision soit de l'affronter, soit de capituler, soit de l'imiter.*

Le duel

Si vous avez opté pour l'affrontement, vous êtes sûrement devenu un pugiliste expert. Votre enfance et votre adolescence ont sans doute été marquées par une suite de défis, de joutes et de duels. Vous le défiiez, il vous punissait. Vous étiez contrit ou apaisé, dégonflé ou boudeur. Puis vous le défiiez à nouveau. Parfois, la bagarre n'était pas exempte de violence. Il arrivait qu'elle soit à sens unique («Je vais t'en faire voir, moi») ou qu'elle soit à double sens («À mon tour de t'en montrer»). Un respect rancunier est peut-être né de ces luttes. Ou bien, votre colère et votre haine d'adolescent se sont transformées avec le temps en froideur et en éloignement.

Que dire de votre attitude face au reste du monde, en particulier face aux êtres et aux choses que vous identifiez à votre père parce qu'ils sont là pour vous dire quoi faire: enseignants, superviseurs, patrons, règlements et lois? Les défiez-vous aussi? Livrez-vous le même combat dans une autre arène? Le cas échéant, vos enfants à vous sont-ils rebelles? En avez-vous assez d'être révolté sans motif?

Si vous êtes une femme, défiez-vous aussi les autres hommes de votre vie? Affrontez-vous votre amoureux ou votre mari comme si, par ses attentes affectives, ses désirs sexuels, sa foi en votre générosité, il exigeait de vous la renonciation à votre individualité et à votre autonomie? Êtes-vous à la recherche d'un homme doux, affectueux, tendre et compréhensif, puis le rejetez-vous quand il se présente parce que vous le trouvez raseur et que

vous préférez livrer la guerre à un salaud? Vous ai-je entendu dire
que vous n'aviez plus de problèmes avec votre tyran de père?

D'autres femmes choisissent une autre voie. Pour s'assurer de
ne plus jamais subir la tyrannie d'un père despote, elles recherchent un homme sans velléités de domination. Mais elles le trouveront bien vite inapte, soit qu'il l'est vraiment, soit qu'il semble
l'être si elles le comparent à leur père. Ainsi, quand une de ces
femmes semble dire: «Je ne supporterai jamais un tyran comme
mon père. Je vais trouver un homme qui me traitera avec gentillesse et respect», sa phrase pourrait bientôt signifier: «Mon mari
est passif et faible, pas du tout fort et viril comme mon père.» En
d'autres termes, lorsqu'une femme dont le père fut un despote se
croit supérieure à son homme, elle s'arrange pour que personne
ne vienne détrôner son père. C'est semer le vent.

Je capitule

Si vous avez choisi de capituler devant lui, votre problème est
d'une autre nature. Votre capitulation a cependant été difficile à
éviter, car si le père despote en avait décidé ainsi, il connaissait
très bien le moyen de parvenir à ses fins. J'ai relaté plus tôt l'histoire de cette femme forcée par son père à balayer sa chambre
douze fois; il vérifiait attentivement son travail chaque fois, l'obli-
geant à recommencer s'il trouvait le moindre brin de poussière.
Elle était pressée de s'en aller, mais il la menaçait de l'empêcher
de sortir si elle refusait de lui obéir.

Un homme m'a dit que, lorsqu'il était enfant, son père le provo-
quait jusqu'à ce qu'il se mette en colère. Tandis qu'il battait l'air de
ses petits poings, son père le maintenait à bout de bras en riant, la
paume de la main appuyée contre son visage. Au bout de quelque
temps, l'enfant éclatait en sanglots de fatigue et d'humiliation. Son
père le prenait alors dans ses bras pour le réconforter.

J'imagine sans peine la frustration et la rage que ces personnes ont connues, mais je suis aussi sensible aux désespérants sentiments de futilité et d'inaptitude que doit éprouver l'enfant dont
la vie est remplie d'incidents de ce genre. La capitulation est fréquente. Que papa soit le maître. Après tout, papa est puissant,
papa a raison. La femme terrorisée qui disait avoir balayé sa

chambre douze fois et qui me parla d'autres incidents, dont certains furent marqués par la violence, ne manifestait aucune tendresse envers son père mais m'assurait qu'elle «l'admirait et le respectait». Et puisqu'elle lui était soumise, elle pouvait toujours compter sur lui quand la vie était difficile. Lorsque la provocation est punie et la capitulation récompensée, le dos se voûte, le regard s'oriente vers le sol, les pieds sont moins solidement plantés en terre qu'ils ne le devraient.

Cette attitude n'est pas réservée aux rapports avec le père. Si vous avez beaucoup renoncé devant lui à ce que vous êtes, il y a peu de chances que vous soyez plus ferme dans d'autres circonstances de votre vie, sinon dans vos fantasmes ou avec votre chien. Et encore. Votre capitulation vous a libéré du terrorisme paternel, mais c'est vous qui en portez le carcan.

Je connais de nombreuses personnes qui croient avoir affronté leur père despote alors qu'en réalité elles ont capitulé devant lui. Prenons, par exemple, ces nombreux jeunes, intelligents, des garçons pour la plupart, dont on dit qu'ils manquent d'ambition. Depuis toujours on dit qu'ils «pourraient faire mieux». Le père et les modèles d'autorité que sont l'école et ses exigences leur ont demandé de «bien faire», mais ils se sont vite aperçus que «bien faire» signifiait «faire ce que nous attendons de vous». Décidés à préserver leur individualité, ils ont refusé cet assujettissement. La passivité a été leur arme. Ils ont échoué en classe, ils se sont fait recaler, ils ont décroché. Certains d'entre eux ont pu de la sorte préserver leur indépendance. Mais trop nombreux sont les autres qui n'ont pas su ainsi développer leurs facultés intellectuelles et acquérir l'instruction, les connaissances et les aptitudes grâce auxquelles ils auraient pu jouir d'une réelle autonomie face à leurs parents. Ils se sont affaiblis par défi, et ils sont demeurés faibles. Il faut donc se demander si la provocation était leur seule motivation ou si autre chose les poussait vers la défaite et la capitulation. Prenons, à titre d'exemple éloquent, ces jeunes, généralement des garçons, qui vont jusqu'au bout de la provocation, qui abandonnent leurs études, qui font une fugue, qui mènent une vie de bohême. Un jour, s'apercevant qu'ils n'ont aucune autre formation, ils acceptent de travailler dans l'entreprise familiale. La stratégie est parfaite: les guerres, le départ, le retour, la capitulation, l'enterrement du passé. Qui peut dire si ce dénouement n'avait pas été planifié de longue date par le père et par ce côté du rejeton qui a envie de capituler devant lui?

Loué soit le Seigneur

Il se peut que ce ne soit ni la provocation intrépide ni la lâche capitulation qui vous ait permis de régler vos rapports avec votre père despote, mais que vous ayez plutôt choisi de vous laisser convaincre. «Si vous ne pouvez pas avoir le dessus, rangez-vous de son côté» est une philosophie viable dans une relation avec un père despote. Un général a besoin de colonels, un patron, d'assistants, un tyran, d'émules et d'admirateurs.

Se ranger du côté d'un tel père offre de nombreux avantages. Premièrement, contrairement à ce qui se passe si vous le défiez, vous ne subissez aucun châtiment: il ne vous bat pas ni ne vous punit en aucune façon. Deuxièmement, vous ne devenez pas non plus inapte et obtus comme c'est souvent le cas si vous capitulez. Après tout, l'identification de l'enfant au père n'est-elle pas l'une des conditions d'hygiène mentale essentielles au développement normal d'un enfant, en particulier d'un fils? Eh bien, non, pas exactement. La différence réside dans la cause d'une telle identification. L'amour et le respect sont de meilleures raisons de s'identifier que la peur. Lorsque, dans sa relation avec un père despote, l'enfant n'est ni conciliant ni servile, mais qu'il tourne autour de lui pareil à un satellite, qu'il l'admire et l'imite, la peur n'est pas la seule responsable de ce type de rapport. Dans bien des cas, l'enfant aura appris que le père sanctionne chez lui les qualités qui lui ressemblent le plus. Par conséquent, il récompensera l'enfant agressif, égoïste et dominateur (dans la mesure où celui-ci ne conteste pas l'autorité paternelle). J'ai vu des pères autoritaires fermer les yeux quand leur enfant faisait l'école buissonnière, et même se réjouir en cachette de ce qu'il avait cassé les carreaux des fenêtres de l'école ou tabassé un camarade. Quand un père tyrannique encourage l'enfant qui cherche à se mettre en avant, il l'incite à s'identifier à lui plutôt qu'à la révolte ou à la soumission. Si vous avez opté pour cette voie, vous avez évité les dangers de la lutte, vous ne vous êtes pas lâchement rendu et vous connaissez une certaine sécurité. Mais vous en payez quand même le prix.

Pourtant, vous n'êtes sans doute pas aussi proche de votre père que vous le souhaitez depuis toujours. Sous l'apparente complicité, vous sentez quelque chose de vaguement irréel, de pas tout à fait juste, d'un peu faux, de pas vraiment chaleureux ou harmonieux. Et même si vous n'avez pas capitulé devant lui, vous êtes conscient d'une légère note de mépris dans son attitude, qui vous amène à vous demander s'il voit votre alliance du même œil que vous.

Mais les moments les plus troublants sont ceux où vous ne savez plus très bien qui parle par votre voix; vous vous demandez si les mots que vous prononcez sont les vôtres ou les siens, si la mélodie vous appartient. Vous vous écoutez parler à vos amis, ou pire, à vos propres enfants, et ce sont ses phrases à lui que vous entendez, son ton de voix. Qu'arrive-t-il quand vous voulez prononcer des mots différents des siens? Sa réaction vous effraie-t-elle encore? Avez-vous si peur que vous réintégrez aussitôt son camp en vous persuadant qu'il souhaite pour vous ce que vous désirez pour vous-même?

Les hommes ainsi alliés à leur père connaissent souvent de grandes difficultés dans leurs relations amoureuses. Leur lien le plus fort est un lien entre hommes, c'est celui qu'ils ont avec leur père, un lien davantage construit sur le pouvoir et la peur que sur la tendresse. Si vous êtes l'allié de votre père despote, vous voulez probablement qu'une femme sache garder sa place, et sans doute ne supportez-vous pas qu'elle veuille être traitée en égale. Mais à notre époque de féminisme, elle ne manquera pas de vous faire la vie dure si vous jouez au tyran avec elle.

Qui a peur du gros méchant loup?

Si, pour mettre fin à cette ritournelle, il faut d'abord déceler l'enfant en vos parents, comment peut-on découvrir l'enfant enfoui dans un adulte imposant qui occupe depuis toujours une position d'autorité? Paul, un jeune homme qui avait passé sa vie à s'efforcer d'une part, de faire plaisir à son père, et d'autre part, à se ficher complètement de lui faire plaisir ou non, était de retour à la maison à l'occasion de son premier congé universitaire. À table, son père s'enquit de ses études. Paul parla brièvement de ses cours et de ses collègues, puis il raconta, avec un apparent détachement mais sans pouvoir cacher entièrement son plaisir, comment, un soir qu'il était allé au club d'échecs de l'université, il avait joué une partie avec un type qui se trouvait là.

«Ce fut une partie intéressante, mais j'ai gagné sans trop de mal. J'ai su ensuite que j'avais battu le capitaine de l'équipe d'échecs de l'université!»

Après une longue pause, son père marmonna: «Tu parles d'un capitaine.»

Il s'agissait là d'une des nombreuses fois où le père de Paul, qui avait totalement ignoré son fils quand il était petit, l'écrasait et le dépréciait. Il disait à sa femme: «Quand il sera assez vieux pour parler et pour penser, je m'occuperai de lui.» S'occuper de lui signifiait apparemment le démolir. Cette fois encore, la blessure n'était pas nouvelle, mais Paul en fut aussi atterré que de coutume, car il espérait toujours fermement que ce serait différent. Son père dirait peut-être enfin «Fantastique!» ou «Fabuleux!», ou bien il se tairait en arborant un sourire rempli de fierté. Paul jouait son rôle à lui: persister à vouloir gagner l'approbation de son père et s'y efforcer comme si sa valeur en tant qu'homme en dépendait. Il s'affaissa comme d'habitude sous le coup que lui porta son père, mais en racontant cette histoire en thérapie, il devint fou de rage à la pensée de l'homme qui s'acharnait ainsi à le castrer. Il tonitrua, relata nombre d'incidents similaires et savoura pleinement sa colère.

Quand sa fureur se fut apaisée, le thérapeute dit: «Racontez cette histoire encore une fois.» Paul s'exécuta, mais sans émotion aucune. Tout semblait terne. Le thérapeute dit: «Encore.» Paul se mit à raconter à nouveau son histoire et, au moment de dire: «Tu parles d'un capitaine», il éclata de rire et le thérapeute aussi. Les deux hommes étaient assis l'un en face de l'autre et riaient aux larmes. L'arrogance du père, jusque-là source de peur, de douleur et de rage, montrait son vrai jour pompeux, ridicule et absurde.

C'est ce nouveau point de vue qui nous aidera à comprendre le père tyrannique et à lui faire face plus efficacement qu'en l'affrontant, en capitulant ou en se rangeant dans son camp. Car ce nouveau point de vue nous permet de découvrir l'enfant enfoui dans le père et, du coup, le petit garçon qui se cache derrière le tonnerre et les éclairs ne nous terrorise plus.

Après tout, qu'est-ce qui pousse un homme adulte, intelligent et instruit à considérer son fils comme sa propriété? Qu'est-ce qui le pousse à promulguer des lois et des règlements aussi puérils et égocentriques? Certes pas son moi adulte ni le parent responsable en lui. Approchez-vous. Ne voyez-vous pas là-bas, tout au fond, appuyé contre le trône, un petit garçon en salopette, coiffé d'une couronne trop grande qui lui tombe sur les yeux et tenant un rouleau à pâte en guise de sceptre dans la main? L'entendez-vous dire de sa voix haut perchée: «N'oubliez pas qui commande ici!»? On n'aime pas toujours voir l'enfant dans le père tyrannique ni aucune des faiblesses de ce dernier, car on veut admirer sa puissance, même si elle est destructrice. On éprouve une certaine sécurité devant une telle force et l'on fait en sorte que les faiblesses et la vulnérabilité qu'elle cache ne soient perçues par personne. Une jeune femme me dit comment les larmes lui montèrent aux yeux quand elle vit son père, un homme dont elle détestait le despotisme, perdre tout contrôle dans une situation délicate et se transformer devant elle en un petit garçon maladroit, apeuré et inepte. Elle se surprit à souhaiter qu'il réintègre au plus tôt son uniforme de tyran.

Si vous osez regarder l'enfant qui se cache derrière votre père despote, vous pourrez peut-être oser davantage et découvrir, avec compassion, les raisons qui en ont fait pendant si longtemps un enfant gâté. Était-il trop bichonné? Ou bien le prenait-on si peu au sérieux qu'il devait crier pour qu'on s'occupe de lui? Était-il apprécié des autres enfants ou bien les bousculait-il pour obtenir ce qu'il voulait? Est-il vraiment puissant ou, comme le Magicien d'Oz, est-ce un homme ordinaire qui, dissimulé derrière un rideau, fait la grosse voix?

En découvrant le petit garçon peu sûr de lui, frustré et fâché derrière votre père, vous réagirez de façon plus réaliste. Cela ne signifie pas que vous devrez le mépriser ou lui manquer de respect. En fait, vous l'apprécierez sans doute davantage si vous voyez ses côtés humains sous leur vrai jour. Cela ne signifie pas non plus que vous ne deviez pas prendre son autorité au sérieux car, tout petit garçon qu'il soit, il peut avoir la poigne que lui donnent son expérience, sa sagesse, son argent, sa situation et son savoir-faire. Mais son pouvoir sur vous n'est pas de la même nature. Ce serait davantage un pouvoir issu de son aptitude à vous terroriser. Si vous vous rendez compte que le petit garçon en vous a peur d'un autre petit garçon, soit le petit garçon en lui, il n'y a aucune raison pour que votre «petit garçon» n'affronte pas son «petit garçon». Une fois que votre «petit garçon» aura dit son fait au «petit garçon» qui vous menace du poing, l'adulte en vous pourra enfin prendre sa propre vie en main.

J'ai fait ce que j'ai voulu

Plusieurs années après que notre joueur d'échecs eut été démoli par le «Tu parles d'un capitaine!» proféré par son père, et après que son amour-propre eut été grandement rehaussé grâce à la thérapie et à plusieurs expériences positives, le dialogue suivant eut lieu entre Paul et son père à l'occasion d'un autre congé universitaire.

«J'ai décidé de ne pas faire mon droit.

— Tu as décidé quoi?» Son père lui lança un regard furieux. Le jeune homme sentit la peur familière lui tordre l'estomac. Il regarda son père et vit qu'il avait vieilli; il paraissait plus mince, plus petit. Sa peur disparut.

«J'ai décidé de ne pas m'inscrire à la faculté de droit. C'est un domaine qui ne me convient pas.

— Qui ne te convient pas! Et pourquoi donc? Tes cours préparatoires t'auront servi à quoi?

— Je croyais vouloir devenir avocat. Maintenant je sais que ça ne m'intéresse pas.

— Et tu vas devenir quoi? Un vaurien?

— J'aimerais être professeur d'anglais.

— C'est ce que je dis. Un vaurien.

— Papa, tu veux bien me passer le sel?

— Quoi?

— Tu me passes le sel, s'il te plaît?»

Le père lui tendit la salière. Paul assaisonna son repas en silence. Son père cessa de manger et laissa tomber sa fourchette dans l'assiette.

«Des professeurs d'anglais, ça court les rues. J'ai un diplômé en anglais qui travaille pour moi. Il répond au courrier. Nous l'appelons "le prof".

— Tu parles d'un prof, marmonna Paul.

— Pardon?

— Rien.

— Si tu devenais avocat, je te fournirais plus de boulot que n'en ont la plupart des avocats après dix ans de pratique.

— Je sais. J'ai beaucoup réfléchi. Et je sais combien sont rares les postes dans l'enseignement. Mais c'est réellement ça que je veux, et je pense que je serai très compétent. Et si je devais ne pas réussir, eh bien, on verra.

— Qui va payer la note pour cette bêtise?

— Je me suis dit que tu ne voudrais pas payer mes études dans ce domaine-là. Tu voulais que je fasse mon droit. Alors, si tu préfères, je vais interrompre mes études pendant un an après avoir reçu mon diplôme, travailler et mettre un peu d'argent de côté, et ensuite, je travaillerai à temps partiel tout en poursuivant mes études.

— Travailler! Mais qu'est-ce que tu sais faire?

— Je trouverai bien quelque chose.»

Son père n'a rien payé, et Paul a trouvé du travail. En constatant que Paul réussirait malgré tout, le père, inquiet, sentit qu'il perdait son pouvoir sur lui. Il lui offrit une allocation, il lui proposa un travail plus lucratif dans son entreprise, il voulut lui acheter une voiture pour l'aider à se rendre au travail, etc. Mais Paul appréciait maintenant son autonomie et il refusa poliment. Il reprit ses études l'automne suivant en en supportant seul tous les frais. Puis il reparla d'argent à son père.

«Papa, je peux subvenir à mes besoins en travaillant environ vingt heures par semaine. Mais si je ne travaillais pas, je pourrais m'inscrire à d'autres cours, commencer plus tôt ma thèse et la terminer aussi plus tôt. D'une façon ou d'une autre, c'est très bien, mais si tu acceptais de me prêter un peu d'argent, je l'apprécierais.

— D'accord, je te donnerai de l'argent.

— C'est un prêt que je te demande.

— Je ne prête pas d'argent à mon fils.

— Je veux un prêt ou rien.

— De quoi as-tu peur? Que si je te donne de l'argent je croirai que tu m'appartiens?»

Paul sourit. Son père soupira.

«D'accord, d'accord. Un prêt.»

Le fond de l'histoire est que Paul fit preuve d'autonomie. Il n'engagea pas une lutte sévère et provocante, ce qui aurait été un moyen détourné de rechercher non pas sa propre liberté mais la capitulation de son père. Il ne supplia pas son père et n'entama pas de négociations avec lui comme si ce dernier pouvait lui faire cadeau de son indépendance. Il coupa le cordon avec assurance et sans maladresse, ce qui n'incita pas son père à définir seul encore une fois les règles du jeu. Simplement, pour ses désirs et ses besoins, Paul fut son propre maître.

Il est parfois plus facile d'interrompre un rapport de soumission, comme celui de Paul, qu'une relation de défi. Si vous avez un père écrasant, vous avez peut-être l'impression que tout est perdu dès l'instant où vous le laissez avoir le dessus, ne serait-ce qu'une fois. Vous estimez essentiel de ne jamais reconnaître sa force ou suivre ses conseils. Puisque chaque victoire que vous lui concéderiez vous ramènerait à votre enfance et vous rappellerait l'impuissance qui était vôtre quand il vous dépréciait et vous dominait, vous évitez à tout prix que cela se produise. Cela m'apparut clairement quand je connus Charles, un jeune chirurgien en orthopédie qui menait depuis toujours une lutte de pouvoir avec son père, un fermier. Au centre de beaucoup de leurs disputes, il y avait la volonté du père que Charles travaille de longues heures aux champs, et le ressentiment de Charles devant la façon tyrannique dont il traitait sa femme. Avec le temps, une distance s'installa entre le père et le fils, sauf pour ces occasions où ils mesuraient leur force physique en luttant au poignet, en bûchant du bois, en soulevant des poids ou en jouant au baseball. Le père gagnait invariablement et en faisait des gorges chaudes. Quand Charles décida de s'inscrire à l'université, son père accepta de mauvaise grâce, à la demande de sa mère, d'en payer le coût. Un jour que Charles vint en visite, sa voiture s'embourba dans un fossé. Le père vint le tirer de là avec sa propre voiture, et lui demanda cinq dollars pour sa peine. Quelques mois plus tard, le père enlisa sa voiture dans le même fossé. Charles vint à son aide et lui demanda dix dollars «parce qu'on est dimanche». Cette anecdote rend bien compte de leur relation.

Quand j'ai fait la connaissance de Charles, il était père à son tour et il avait du succès dans sa profession, mais il venait en thérapie surtout parce qu'il se trouvait toujours mêlé à des luttes de pouvoir avec la direction de l'hôpital où il travaillait. Plusieurs collègues l'avaient prévenu du fait que son attitude tranchante et rebelle face à l'autorité nuisait à sa carrière, mais il n'arrivait pas à modifier son comportement. Il avait peu de contacts avec son père, mais il parlait souvent de lui pendant nos séances avec amertume et rancœur. Un jour, Charles se montra furieux contre son père qui venait tout juste de l'inviter chez lui pour dîner. Pour Charles, l'invitation était avant tout un ordre. Je lui demandai de se lever, de prétendre que son père se tenait en face de lui, et de lui exprimer tout son ressentiment. Charles s'exécuta volontiers.

«Je te déteste depuis toujours. Quand j'étais petit, dans la cuisine en train de parler avec maman, ou dans ma chambre en train de jouer avec un camarade, dès que tu rentrais des champs, tu crispais tout le monde. Nous sentions tous le danger que tu apportais avec toi, et tout plaisir cessait. Tu n'étais pas à la maison depuis deux minutes que déjà tu trouvais une raison de critiquer ou de crier. Tu chicanais maman si le repas n'était pas prêt à temps. Tu jetais mes amis à la porte quand tu voulais la paix, même si nous ne faisions pas de bruit. Tu trouvais une tâche pour moi juste pour me donner quelque chose à faire. Tu détestais ça quand j'avais de bonnes notes et quand je voulais devenir médecin et quitter ta maudite ferme. Tu ne discutais jamais avec moi de ce qui m'intéressait. J'avais de la peine, et puis je me suis dit, va au diable, et je suis devenu ton ennemi. Je m'imaginais meilleur que toi en tout, et le jour de mes quinze ans, quand nous avons lancé des pierres dans le ruisseau et que je pouvais les lancer plus loin que toi, ce jour-là fut le plus beau jour de ma vie, mais toi, tu te taisais et tu ne me regardais même pas. Je voulais vraiment que tu sois fier de moi, mais j'ai dû me contenter de ta défaite. J'y ai pris plaisir. Et maintenant, tu veux te rapprocher, surtout depuis la mort de maman; maintenant tu m'invites et tu me demandes de te parler de mon travail. Pourquoi? Parce que tu es seul? Parce que tu veux une part de mon succès? Tout à coup, tu t'aperçois que je suis ton fils et que tu peux t'en vanter. Eh bien, zut, papa. C'est trop tard. Beaucoup trop tard.»

J'interrompis Charles pour lui signaler qu'il avait parlé tout ce temps en levant le menton, comme si son père avait été beaucoup plus grand que lui. Charles mesurait un mètre quatre-vingt sept. Je voulus connaître la taille de son père.

«Environ un mètre soixante-dix.»

De toute évidence, il se sentait comme un petit garçon devant son père, et c'est ce petit garçon qui s'exprimait. Pour modifier ce point de vue, je demandai à Charles de monter sur une chaise, de regarder son père de haut, de voir en lui une personne plus petite, et de poursuivre son monologue. Charles commença par dire qu'il ne monterait pas sur une chaise simplement pour me faire plaisir, puis il s'interrompit et grimpa dessus.

«Comme je disais, c'est trop tard, papa. Tu as toujours été contre moi, tu as toujours voulu me dominer et...» Sa voix se tut. Il pencha la tête vers son «père» sans rien dire pendant de longues minutes. «Dieu que tu es petit! Je n'avais jamais remarqué combien tu es petit. Et tu vieillis beaucoup aussi, non? Si je ne lève pas la tête vers toi, je vois bien le petit bonhomme peu sûr de lui, bûcheur, dominateur et fragile que tu as été. Je vois aussi que tu n'es pas bête. Tu avais raison de me conseiller de ne pas acheter cette maison il y a trois ans, et je suis content de ne pas l'avoir achetée, mais j'ai bien failli le faire, simplement pour te contredire. Je t'ai tellement détesté. Pourtant tu es tout petit et tout tremblant. Je vois bien le petit garçon effrayé et inapte qui joue les forts. Je vois le petit garçon qui tape du pied quand il n'a pas ce qu'il désire.»

Charles soupira et regarda son «père» longuement. «Allons, papa, pas de panique. Tu deviens vieux et faible et tu as peur qu'il ne reste plus de toi que ce petit garçon apeuré. Alors tu voudrais t'appuyer un peu sur moi et te revaloriser à travers moi. D'accord. Vu d'ici, ça me va. D'en bas, du point de vue de l'enfant que je suis, ça n'allait pas, car tu me fais encore peur et je te déteste. Mais d'ici, tu n'es plus le même. Je pourrais même te serrer dans mes bras. À bien y penser, non, je ne suis pas encore prêt pour ça. Mais je pourrais t'appeler ce soir pour savoir si tu te tires d'affaire et pour te dire comment moi je vais. Et j'accepterai peut-être ton invitation à dîner.»

Charles descendit de la chaise. «Voyons à quoi cela ressemble vu d'ici, voyons quel effet cela me fait de ne pas te regarder de haut comme si j'étais ton père, et de ne pas lever la tête vers toi en tant que fils. Je te regarde droit dans les yeux.» Charles resta longtemps silencieux en regardant intensément devant lui. «D'homme à homme, ça va. Si je n'ai pas peur de toi, si je n'ai pas à te dire quel salaud tu étais parfois, ça va. Ouais, je vais te téléphoner ce soir.»

Quand Charles fut en mesure de comprendre que c'était l'enfant en lui qui réagissait à son père et que c'était l'enfant en son père qu'il détestait, son hostilité envers lui n'eut plus aucun sens, puisque son père ne lui faisait plus de mal. Charles était un adulte capable de prendre la situation en main si son père tentait de le dominer. D'ailleurs, Charles pouvait apprécier d'homme à homme les nombreuses qualités de son père. Il put alors constater dans les faits ce qu'il n'avait jusque-là compris qu'en théorie, qu'il se mettait tout aussi hostilement en opposition avec la direction de l'hôpital pour les mêmes raisons injustifiées. Son attitude, tant avec son père qu'avec les directeurs de l'hôpital, ne changea pas immédiatement pour autant, mais Charles s'était engagé dans la bonne voie.

Mettre fin à la valse hésitation avec un père autoritaire que l'on admire et que l'on cherche à imiter n'est pas chose facile. Denise, une jeune femme de dix-neuf ans, s'était modelée à l'image de son père au point de s'identifier presque complètement à lui. Elle était d'abord et avant tout sa fille, et fort satisfaite de son état jusqu'à ce que quelques amis, surtout des jeunes hommes, le lui fassent remarquer et lui fassent part de leur irritation. Certaines relations étroites ne survécurent pas à ces mises au point. Denise en fut troublée et commença à remettre en question sa relation avec son père. Elle était heureuse de partager une certaine exclusivité avec lui, mais elle en vint à se demander ce qu'il lui en coûtait. Denise jouait très bien au tennis. En analysant son jeu sur le court, elle démonta assez bien les rouages de sa personnalité. Elle s'aperçut que, tout en étant clairement supérieure à son père au tennis, elle perdait toujours. Elle se débrouillait pour ne pas gagner, comme si le seul moyen pour elle d'avoir part à la puissance et à la gloire du père était de l'aider à les préserver, quitte à y perdre des plumes. Quand nous avons abordé ce sujet en thérapie, elle fut saisie du désir violent de gagner au tennis pour prouver qu'elle ne se faisait pas valoir uniquement à travers lui. Nerveuse et soucieuse de gagner, elle serra son adversaire de trop près, commit beaucoup d'erreurs et fut battue à plates coutures. La fois suivante, sa détermination lui fit serrer les mâchoires à s'en faire mal et son jeu fut tendu et contraint.

«J'étais terriblement frustrée, me dit-elle. Puis, je me suis aperçue tout à coup qu'au lieu d'avoir peur de le battre ou d'être décidée à le battre, je pouvais aussi simplement m'amuser. Je vis la belle journée que nous avions, ensoleillée mais pas trop chaude, les oiseaux chantaient à tue-tête et c'était très agréable. Je me mis à jouer pour le simple plaisir de jouer et de partager ce plaisir avec mon père. Mes mouvements étaient souples, je frappais bien la balle. Je jouais intelligemment. J'ai gagné sans peine.»

Cette expérience de Denise sur le court de tennis lui servit de modèle dans sa nouvelle relation avec son père. Elle s'aperçut qu'elle ne serait ni libre ni autonome si elle persistait à alimenter le besoin qu'avait son moi enfant d'être le miroir de son père et si elle luttait pour acculer le moi enfant autoritaire de son père à la défaite. Ces deux comportements plaçaient son père au centre de sa vie. Elle fixa donc d'abord son attention sur ses propres sentiments, ses propres qualités, ses propres expériences, avant de les partager avec son père dans une relation d'égale à égal. Son attitude le déconcerta un peu au début, comme sa première victoire au tennis (maintenant, il ne pouvait plus lui dire: «Tu as du chemin à faire pour battre ton vieux père»), mais il en vint avec le temps à apprécier sa sérénité et sa franchise.

Qu'il s'agisse de Paul exprimant ouvertement son indépendance, de Charles devenant un ami presque paternel pour l'enfant autoritaire en son père, ou de Denise, qui vit avec le sien une relation d'égale à égal, tous ont mis fin à une vieille ritournelle avec l'enfant-père despote et dominateur, ouvrant ainsi la porte à une nouvelle façon de communiquer.

Si vous faites taire la rengaine de soumission, de défi ou d'admiration qui vous lie à votre père et que lui persiste à jouer les dictateurs, il pourrait vous rejeter. Ou bien il vous respectera malgré lui. Il pourrait même apprécier votre autonomie qui est, après tout, une caractéristique très attrayante.

Le risque est bien réel.

Mais songez à votre autre option.

6

COMME ON CONNAÎT SES SAINTS,
ON LES HONORE

À certains d'entre nous qui ne s'en sont pas encore remis, Dieu a octroyé des saints pour parents.

Il n'est pas nécessaire aux parents d'être portés sur la religion pour agir en tant que prêtres, ministres, rabbins ou gourous; il leur suffit de détenir la vérité absolue en tout. La canonisation ne requiert plus ensuite que la rencontre d'un certain nombre de critères. Ils doivent vous faire la morale et prêcher à qui veut les entendre. Ils doivent montrer combien ils ont souffert, combien tout a été si difficile pour eux, notamment vous élever. Ils doivent être des gens respectables: femme au foyer, parent, pourvoyeur, vendeur, contremaître, instituteur, millionnaire, président de l'Association des parents et maîtres, bref tout ce qui leur conférera une certaine stature. Enfin, ils doivent démontrer comment professer ces vérités a contribué à l'élévation morale d'autrui, en particulier de leurs rejetons. Tout cela étant acquis, ils n'ont plus qu'à pencher la tête juste ce qu'il faut pour que leur scintillante auréole vous cache les réalités autres que les leurs.

Les parents ont, entre autres responsabilités, celle d'inculquer à leurs enfants des valeurs morales. En sont-ils sanctifiés pour

autant? Pas du tout. Les parents «moyens» vous aident à développer votre jugement et à faire des choix. Les saints vous imposent
des règles de conduite toutes faites.

Les parents moyens vous enseignent à aborder vos décisions
avec souplesse, en ayant toujours une vue d'ensemble du problème. Les saints vous enferment dans un intransigeant carcan
d'obligations et d'interdictions.

Les parents moyens vous enseignent que décider ce qu'il convient de faire, quelle attitude sera la plus efficace, la plus juste, la
plus valorisante n'est pas toujours facile. Les saints vous montrent
un côté noir et un côté blanc sans aucune zone grise (en fait,
l'expression «parents moyens» est inacceptable pour un saint; il
n'y a que de bons parents et de mauvais parents).

Des parents moyens vous enseignent à discerner les petites
des grandes questions de la vie, à établir une hiérarchie de ce qui
compte. Pour les saints, tout est grave: un lit défait ou une malheureuse combinaison de couleurs sont aussi révoltants qu'un
chèque sans provisions.

Des parents moyens reconnaissent vos différences, ils savent
que vous avez des besoins propres et une vision personnelle du
monde qui orientent vos choix. Les saints vous assimilent à eux et
croient que vous devez vivre votre vie selon leurs principes et
leurs points de vue.

Des parents moyens sont disposés à admettre avoir pris ce
qu'on leur montrait pour de l'argent comptant quand ils étaient
jeunes, et à remettre ces valeurs en question. Les saints ne se
rendent pas compte que les règles de conduite qu'ils s'imposent,
leurs peurs et leurs préjugés ne sont pas dans l'ordre des choses,
mais bien un catéchisme de l'enfance.

Les parents moyens s'efforcent d'énoncer les raisonnements
et les expériences qui modèlent leurs convictions morales et leur
respect des convenances. Les saints font se raccorder leurs
injonctions à une plus haute autorité telle que Dieu, l'Église,
l'Évangile, un idéal, des impératifs historiques, les qu'en-dira-t-on,
etc.

Enfin, là où les parents moyens se servent de mots ordinaires pour communiquer et transmettre de l'information, les
saints en font des traits acérés qui culpabilisent et terrorisent.

Le vocabulaire courant sert à commander, déprécier, rétrécir le point de vue, limiter les choix, imposer une règle de conduite. Voilà pourquoi il m'apparaît nécessaire, avant de poursuivre, de proposer ici une brève étude sémantique de la sainteté.

Glossaire des expressions et des mots saints

CORRECTEMENT — comme dans «Fais correctement».

Vous devez toujours vous comporter d'une manière particulière que vos parents connaissent dans le détail. Faites toujours les choses correctement et vous serez de ceux qu'ils respectent.

Exemples: «Voici comment on met *correctement* la table.» «Ne peux-tu jamais faire *correctement* les choses?»

COUPABLE — comme dans «J'espère que tu te sens coupable».

Vous avez gravement désobéi à un ordre que vos parents vous avaient donné pour vous faire respecter les convenances, la volonté de Dieu, la tradition, etc. Vous devriez éprouver du dégoût pour vous-même et du remords. Avouez votre faute et repentez-vous.

Exemples: «J'espère que tu te sens *coupable* de ne pas avoir téléphoné à ton père quand il était malade.» «J'espère que tu te sens *coupable* de laisser tes enfants aller dehors sans tricot de laine par un temps pareil.» «J'espère que tu te sens *coupable* de sortir avec un homme marié.»

DEMAIN — comme dans «Tu dois penser à demain».

Veut parfois dire: «Planifie.» Mais on peut aussi traduire par: «Ne t'amuse pas aujourd'hui; c'est péché et cela m'effraie. Vis toujours pour le futur, comme ça tu ne vivras jamais pleinement dans le présent. Et je m'inquiéterai moins.»

Exemples: «Si tu ne penses pas à *demain,* tu auras de quoi t'inquiéter *demain.*» «Si tu ne songes qu'à t'amuser, qu'en sera-t-il de *demain?*»

DE NOS JOURS — comme dans «Les gens ne savent plus vivre de nos jours».

Cela signifie que la moralité n'a plus cours. «Certaines des choses que les gens (toi) font de nos jours, moi, j'ai appris que c'était *mal*; par conséquent, ces gens (toi) sont *méchants*.

Exemples: «Les jeunes ne respectent plus rien *de nos jours.*» «Le patriotisme, *de nos jours,* ça n'existe plus.»

DIEU — comme dans «Le bon Dieu...», «C'est la volonté de Dieu».

L'expression est souvent utilisée dans le simple but d'exprimer sa foi en une puissance supérieure ou dans l'Esprit saint. Mais les parents sanctifiés peuvent aussi se servir de Dieu pour transformer leurs désirs en la volonté d'une autorité divine et toute puissante.

Exemples: «*Le bon Dieu* veut que tu aies des enfants.» «Tu seras puni par *le bon Dieu* si tu es méchant avec tes parents.» «*Le bon Dieu* n'aime pas les menteurs.» «*Le bon Dieu* le sait quand tu fais quelque chose de mal.» «Ne sois pas amer. *C'est la volonté de Dieu.*»

DOIT — comme dans «Tu dois», «On doit».

C'est un ordre ferme, donné sans détour. Parent de «il faut» en beaucoup plus direct. Le sous-entendu est clair: «Tu as intérêt à... ou gare à toi.»

Exemples: «Tu *dois* toujours faire ton lit avant de quitter la maison.» «On ne *doit* pas annuler un rendez-vous.»

GENS (LES) — comme dans «Qu'est-ce que les gens vont dire?» «Les gens vont jaser».

«Le monde est plein de gens, et j'ai bien peur que ces gens, que nous les connaissions ou non, seront déçus de moi. Je veux que tu aies peur que les gens ne te désapprouvent parce que, puisque nous sommes liés, s'ils te désapprouvent, ils me désapprouveront aussi.»

Variation: «Les gens bien». Non seulement nous jugent-ils, mais encore faut-il que vous les imitiez, car ils sont en haut de l'échelle des valeurs de vos parents.

Variation: Comme dans «On ne peut se fier aux gens». Notez le paradoxe: les parents les plus soucieux de l'opinion et du respect d'autrui sont souvent ceux qui croient qu'on ne peut jamais se fier aux autres.

Exemples: «Si tu pars en voyage avec lui, tu sais ce que *les gens* vont penser.» «Seuls *les gens biens* descendent à cet hôtel.» «Ne parle jamais de tes problèmes à *ces gens-là.*»

GENTIL — comme dans «Sois gentil», «Ça, c'est être un gentil garçon».

Cela signifie seulement qu'on est content de ce que vous faites. Persistez et l'on vous sourira toujours.

Variation: «Il est gentil» représente une personne que vos parents approuvent. Imitez-la et ils seront heureux.

Exemples: «Sois *gentil,* et ne m'embête pas.» «Regarde comme Marie est *gentille* et tranquille.»

HONTE — comme dans «Tu devrais avoir honte», «J'ai honte».

«À cause de ce que tu as fait, je me sens comme une larve ou un ver; j'ai honte (ou: moi, j'aurais honte d'avoir fait cela), et j'espère que tu as envie de te cacher maintenant que tout le monde te regarde. En fait, si tu disparaissais, les gens arrêteraient de me regarder.»

Exemples: «Tu devrais avoir *honte* de t'habiller comme ça.» «Ça m'a fait *honte* que tu n'adresses la parole à personne à la réception.» «J'ai eu *honte* que toute l'attention se soit concentrée sur toi à la réception.»

IL FAUT — comme dans «Il faut que tu fasses, que tu penses, que tu croies, etc.».

En réalité, cela signifie «Je veux que tu fasses ceci ou cela.» Mais ce désir a beaucoup plus d'effet si on l'habille du «il faut». Il cesse d'être une préférence personnelle ou un préjugé pour devenir une injonction, une règle morale.

Exemples: «Il *faut* toujours aimer ses parents.» «Il *faut* que tu ailles rendre visite à tante Hélène.»

INGRAT — comme dans «Tu es ingrat».

Signifie en général «Après tout ce que j'ai fait pour toi, tu devrais te sentir affreusement coupable: 1) de ne pas l'apprécier;

2) de m'en demander davantage; 3) de mettre mes intentions en cause.»

Exemple: «J'ai passé la journée à ranger ta chambre et à la nettoyer. Comment peux-tu être aussi *ingrat?*»

JAMAIS — comme dans «Nous... jamais», «Je... jamais», ou «Jamais!».

«Nous... jamais» renvoie à un comportement qui dépasse trop les bornes pour être un jour le vôtre.

«Je... jamais» est dit avec fierté par le parent qui vous annonce avoir banni de son répertoire l'idée même d'une telle aberration.

«Jamais!» est l'impératif suprême, la négation éternelle. Violer ce «Jamais!» peut vous faire perdre l'amour et le respect de vos parents — au moins un certain temps.

Exemples: «On ne parle *jamais* la bouche pleine.» «Je ne fais *jamais* d'emplettes dans les boutiques de luxe (ou populaires).» «On ne lave *jamais* son linge sale en public!» «N'épouse *jamais* un Noir (un Blanc, un Chinois, un Arabe, un juif, un gentil, un sans-le-sou)!»

MAL — comme dans «C'est mal», «Tu as mal agi».

Ce mot désigne les comportements que vos parents jugent incorrects, inappropriés, cruels ou scandaleux. Ils s'attendent à ce que vous receviez leur jugement comme une parole d'Évangile. Si vous agissez «mal», ou doutez du fait que «mal» agir aura des conséquences graves, vous êtes «méchant».

Exemples: «C'est *mal* de sortir quand ton enfant est malade.» «Tu as tellement *mal* agi que cela ne vaut même pas la peine d'en parler.»

MÉCHANT — comme dans «C'est méchant», «Tu es méchant».

Vos parents veulent vous convaincre que vous violez gravement un tabou («c'est méchant») et qu'agir ainsi fait de vous quelqu'un de terrible («tu es méchant»). En fait, cela signifie: «Je n'aime pas ce que tu fais.»

Variation: «Il est méchant»: ne l'imite pas, sans quoi c'est toi que je regarderai avec colère et désapprobation.

Exemples: «C'est *méchant* d'être plus proche de ton ami que de tes parents.» «Jamais je n'aurais cru que mon propre enfant puisse être aussi *méchant.*» «Il est *méchant* et il a une mauvaise influence sur toi.»

Mieux — comme dans «Fais de ton mieux».

«Fais de ton mieux» signifie que, même si le saint n'attend rien de moins que la perfection, il veut bien admettre vos limites pourvu que vous fassiez toujours tout votre possible.

Exemple: «Je ne m'attends pas à ce que tu sois premier de classe du moment que tu *fais de ton mieux.*»

Ne devrais pas — comme dans «Tu ne devrais pas faire ça».

Traduction: «Si tu fais ça, ça m'inquiétera et ça me blessera, parce que je n'aimerai pas ça, et peut-être même que les gens n'aimeront pas ça. Et si les gens n'aiment pas ce que tu fais, ils risquent de ne pas m'aimer non plus.»

Exemples: «Tu *ne devrais pas* porter une robe aussi courte.» «Tu *ne devrais pas* voyager seule.» «Tu *ne devrais pas* refuser un emploi aussi lucratif.»

Nous — comme dans «Nous ne... jamais», «Nous ne...».

Il n'y a pas le moindre écart entre maman (ou papa) et vous. Vous faites partie d'eux à l'égal d'une cheville, d'un pouce ou d'une mâchoire. Et «nous» devons toujours faire ce que «nous» sommes censés faire.

Exemples: «*Nous* ne laissons jamais de vaisselle dans l'évier.» «*Nous* allons cesser ces enfantillages.» «*Nous* ne parlons jamais à des étrangers.»

On — comme dans «On ne fait pas...», «On doit».

«On» sous-entend ici que vous devez obéir à certaines règles tout à fait arbitraires qui ne sont pas le produit des convictions de vos parents, de leurs pensées, de leurs inhibitions. Cela laisse fort peu de place à votre personnalité, n'est-ce pas?

Exemples: «*On* ne va pas dans des lieux pareils.» «*On* ne porte pas de telles chaussures avec une robe comme celle-là.» «*On* ne crie pas comme ça après ses parents.» «*On* doit avoir des enfants.»

ON DIT — comme dans «On dit que…».

Expression voisine de «les gens» mais plus mystérieuse et plus universelle, comme si toute la science des convenances y était concentrée. En réalité, elle signifie: «Voici ce que j'aimerais que tu croies ou fasses, mais tu refuseras si cela vient de moi. Cependant, si j'arrive à te persuader que tout le monde est de mon avis ou que moi, je me range à l'avis de la majorité, mes paroles auront sans doute plus de poids.»

Exemples: «*On dit* que les robes se portent plus longues cette année.» «*On dit* que les hommes ne respecteront jamais une femme facile.»

PÉCHÉ — comme dans «C'est péché».

C'est pire que «mal» ou «méchant». Ici, c'est bien plus que des tabous culturels ou des convenances sociales que vous violez, c'est la volonté même de Dieu telle que la comprennent et l'interprètent vos parents. La seule bonne réaction est la *culpabilité*.

Exemples: «C'est *péché* de gaspiller de la nourriture.» «C'est *péché* de partir en week-end avec un homme.» «C'est *péché* de jouer avec ton corps.»

RAISON — comme dans «J'ai raison».

«J'ai raison» veut dire que «comparé à toi ou à qui que ce soit d'autre, j'ai des connaissances précises et une intuition infaillible qui me permettent de savoir ce qu'il faut faire mieux que quiconque.»

Variation: «J'ai raison» est habituellement synonyme de «fin de la discussion».

Exemples: «Achète le manteau plus épais, c'est mieux. Crois-moi, j'ai *raison*.» «Cela ne sert à rien de discuter, je sais que j'ai *raison*.»

REMERCIER — comme dans «Tu devrais remercier le bon Dieu», «Nous devrions remercier le bon Dieu».

«Tu devrais remercier le bon Dieu» veut dire «N'en demande pas trop à la vie ou à moi, parce qu'il y a des personnes plus mal en point que toi dans le monde (moi, par exemple). Alors, au lieu de te fâcher, au lieu d'être déçu ou exigeant, tu devrais remercier le bon Dieu pour ce que tu as et pour ce que j'ai fait pour toi.»

«Nous devrions remercier le bon Dieu» signifie «Tu vois comme je me résigne? Pourquoi pas toi?»

Exemples: «D'accord, tu boites. Mais tu devrais *remercier* le bon Dieu de pouvoir marcher.» «Pourquoi veux-tu retourner travailler? Tu devrais *remercier* le bon Dieu d'avoir un mari qui gagne si bien sa vie.» «Elle n'a pas souffert; nous devrions en *remercier* le bon Dieu.»

SALE — comme dans «C'est sale», «Tu es sale».

«Ce que tu dis ou fais me révolte et me donne la nausée et je puis t'assurer que mes parents auraient réagi comme moi si j'avais fait la même chose, ce qui prouve qu'il y a quelque chose de sale et de dégoûtant dans ce comportement.»

Exemples: «À t'entendre parler de sexe sans aucune retenue je me sens *sale*.» «Ne te décrotte pas le nez; c'est *sale*.» «C'est un vieux cochon *sale*.»

STUPIDE — comme dans «Ne sois pas stupide», «C'est stupide».

Chaque chose que vous faites par plaisir, tout ce qui est frivole ou qui vous fera «perdre» votre temps, c'est-à-dire chaque chose que vous faites contre la volonté de vos parents sans que la transgression soit assez grave pour être qualifiée de scandaleuse ou de honteuse, est «stupide». Synonyme de «ridicule» et de «puéril».

Exemples: «Assister à un match de hockey est une *stupide* perte de temps.» «C'est *stupide* de payer une robe aussi cher.»

TOUJOURS — comme dans «Nous... toujours», «On... toujours».

«Nous... toujours» annonce une loi qui régit la vie de vos parents et qui régira la vôtre à jamais, sans exception, sans «peut-être» et sans «parfois». C'est une loi immuable.

Variation: «Tu... toujours» indique que depuis toujours et pour toujours, vous faites un gâchis de tout.

Exemples: «On devrait *toujours* être poli.» «Nous devons *toujours* veiller à ce qu'on n'abuse pas de nous.» «Ma maison est *toujours* impeccable.» «J'ai *toujours* l'air de bonne humeur.» «Tu vises *toujours* la loi du moindre effort.»

Honte et scandale dans la famille

Peu de spécialistes de la psychologie de réaction sont aussi doués que les saints quand il s'agit de modeler le comportement d'une personne au moyen de récompenses et de punitions. Dès que l'enfant est en âge de comprendre, le système sémantique de la sainteté, composé de louanges et de condamnations intrinsèques, fixe l'étendue de ses comportements admissibles. En fait, récompenses et punitions ne tracent pas uniquement les limites des comportements admissibles de l'enfant, mais aussi celles de ses comportements concevables. Il ne suffit pas de dire que le saint impose ses valeurs par l'approbation ou la désapprobation puisque, délibérément ou non, tous les parents le font. Les parents en odeur de sainteté ne culpabilisent pas leurs enfants comme le font les parents martyrs et ils ne les terrorisent pas comme le font les parents tyranniques. La *honte* est ce qu'ils cherchent à leur inculquer. L'enfant croit avoir fait quelque chose d'impensable, quelque chose qui dépasse les bornes. Il a profondément déçu ses parents, donc ceux-ci le punissent non pas en lui retirant leur amour, mais en lui retirant leur *respect*. Le respect donné ou perdu est une arme extrêmement efficace. Nous avons besoin de savoir que nos parents nous estiment en tant qu'êtres humains, qu'ils ne se contentent pas de nous aimer parce que nous sommes leurs enfants. Nous avons besoin de savoir qu'ils nous *apprécient*. Les parents en odeur de sainteté nous font savoir que, si nous ne leur obéissons pas, ils nous aimeront quand même, car c'est leur *devoir* de parents, mais qu'ils ne nous *apprécieront* pas. Et ça, c'est épouvantable.

Ajoutons que la personnalité même du saint, la vertu qu'il exsude, devient très tôt un modèle pour l'enfant. Puisque les personnes que fréquentent ses parents, leurs amis et les autres membres de la famille partagent en général leur façon de penser, l'enfant peut se trouver dans l'impossibilité de découvrir qu'existent d'autres valeurs et d'autres comportements.

Ce n'est pas forcément le cas

À l'occasion de rencontres avec des personnes dont le point de vue diffère de celui de ses saints parents, l'enfant mettra en doute les valeurs de ces derniers. Cette confrontation peut quelquefois entrer en conflit avec les enseignements que l'enfant a reçus, comme lorsque l'un des deux parents est en désaccord avec l'autre. Parfois, l'opposition provient d'un autre membre de la famille, d'un ami, d'un parent d'un ami, d'un enseignant, bref de quiconque propose des substituts à l'enfant. Il arrive souvent que l'enfant repousse ces autres possibilités car elles comportent le risque d'être désapprouvé par le saint et de perdre son respect. L'enfant dira à propos de ces idées nouvelles que c'est «mal», «mauvais», «péché», et il les rejettera. Parfois, il les refusera simplement parce qu'elles lui sont si étrangères qu'il est incapable de les concevoir. De nombreuses personnes conservent tout au long de leur vie ce premier système de valeurs sans jamais le remettre en question et en acceptent les conséquences heureuses ou malheureuses inévitables.

D'habitude, l'enfant ne doute pas de ces interdictions sacrées tant que, devenu adulte, il n'a pas douloureusement pris conscience du fait que les valeurs qui régissent sa vie freinent ses ambitions et sa liberté, sèment le désordre dans ce qu'il estime lui convenir, ou portent ses nouveaux amis à le rejeter à cause de son intransigeance.

Vivre dans la contrainte de valeurs aussi oppressantes et suffocantes peut aller jusqu'à entraîner des malaises physiques tels que maux de tête, problèmes respiratoires, épuisement, spasmes musculaires. Ces conséquences sont illustrées par la vieille plaisanterie à propos du médecin qui dit à un patient qui ne fume pas, ne boit pas et ne sort pas avec les filles que ses maux de tête sont causés par une auréole trop serrée.

Cette contrainte s'accompagne habituellement de colère chez la personne impuissante à remplacer de telles interdictions par des valeurs qui favoriseraient son épanouissement.

Être soi-même

Si l'un de vos parents est un saint, votre souffrance (à condition que vous ne vous apitoyiez pas sur votre sort) et votre courroux (à condition que vous ne sortiez pas stérilement de vos gonds) peuvent entraîner une réévaluation des lois et règlements qu'on a placardés à l'entrée de votre cerveau. Vous devez examiner chaque interdiction douloureuse à la lumière d'un attribut que vous ignorez peut-être posséder: votre sagesse. Vous avez acquis de la sagesse chaque fois que la cause et l'effet des comportements humains vous sont apparus. Vous n'avez sans doute pas tenu compte des données qui ne concordaient pas avec les préceptes les plus sévères de vos parents, mais ces données existent, et vous devez commencer à vous fier à vos propres sentiments et examiner rationnellement vos règles de conduite. Voici quelques questions qui peuvent mobiliser votre sagesse:

Pourquoi respecter cette interdiction?
Mon comportement est-il rationnel à mes yeux ou bien est-il uniquement le reflet de ce que l'on m'a inculqué?
Quelles seront les *conséquences* de mon obéissance à ce précepte?
Quelles seront les conséquences si je désobéis à ce précepte?
Si je modifie mon échelle des valeurs, est-ce que quelqu'un en souffrira? Est-ce que moi j'en souffrirai?
Si je modifie mon échelle des valeurs, ma vie y gagnera-t-elle ou y perdra-t-elle?
Est-ce que j'agis uniquement par rébellion, ou pour me venger sur mes parents des blessures qu'ils m'ont infligées, ou bien cette transformation est-elle essentielle à mon épanouissement?
Dans quelle mesure mes parents désapprouveront-ils ce changement? Puis-je supporter leur désapprobation? Puis-je susciter leur adhésion?

Si vous sondez un précepte parental spécifique au moyen de ces questions, vous pourriez en conclure qu'il ne fait plus aucun sens, qu'il vous étouffe, et que vous pourriez l'enfreindre sans faire de mal à personne. Ne serait-ce pas merveilleux que vous puissiez aussitôt le jeter par-dessus bord et vivre autrement? Hélas, l'idée même de mettre fin à l'ancien scénario suffit à vous précipiter dans l'angoisse. Pour gagner le respect de vos saints parents, vous avez réglé votre pas sur le rythme de leur marche militaire. La cadence ne laisse aucune place à l'improvisation. Le moindre changement de tempo ou de direction peut entraîner la perte de ce respect. L'un de vos parents, dont l'opinion qu'il (ou elle) a de vous vous importe plus que vous n'êtes prêt à l'admettre, peut cesser de vous apprécier si vous changez les pas. Le résultat peut être un sentiment de nullité si douloureux que, pour recouvrer l'acceptation perdue, vous reviendrez à l'ancienne danse.

Ma maman m'a dit

Pour être en mesure de transformer votre vie, il peut être utile de l'analyser en fonction de l'enfant en vous et de son interaction avec l'enfant en vos parents. Percevoir l'enfant qu'héberge la mère ou le père vertueux est parfois difficile, car l'importance de leur rôle de législateurs leur confère à vos yeux la supériorité et l'éternelle autorité parentale. Mais c'est l'enfant qui ne grandit pas en eux qui parle avec leurs cordes vocales, c'est lui qui formule les préceptes. Avez-vous déjà vu un enfant de cinq ou six ans dire à un camarade en train de faire quelque chose de défendu ou de téméraire: «Ne fais pas ça! Ma maman m'a dit qu'on ne doit jamais toucher à ça! Je vais dire à ta maman que tu as fait quelque chose de mal.» La voix de l'enfant justicier exprime la désapprobation, l'angoisse, l'horreur même. Quelqu'un désobéit à un ordre des parents! Pire, quelqu'un enfreint une loi universelle! C'est mal, c'est péché, c'est terrifiant. Il faut empêcher que cela ne se produise.

Écoutez maintenant les paroles de vos vertueux parents justiciers et législateurs. La voix est sévère, les propos ne comportent aucun «ma maman m'a dit», mais le message n'est-il pas le même que celui de l'enfant qui réprimande son camarade? *Le parent qui est un modèle de vertu reproduit le modèle de vertu qui lui a été transmis par ses propres parents,* comme si l'amplificateur de son cerveau rejouait avec fidélité un enregistrement magnétique de l'original. (En fait, ce n'est qu'à moitié vrai: l'«original» en question peut être un amalgame de nombreux originaux remontant à plusieurs générations.) Le petit enfant en vos parents qui fut le réceptacle de tous ces préceptes les a emmagasinés sans les remettre en question, puis vous les a transmis sans jamais les examiner à la lumière de sa rationalité. Voilà pourquoi plus vos parents sont vertueux, plus ils obéissent à leurs propres parents. La justesse du précepte n'est pas ici en cause. Ce qui compte est que le précepte en question vous est venu, appuyé par un énorme sens moral, des parents de vos parents sans que jamais ceux-ci ne l'aient passé au crible de leur discernement. Si vous-même ne le rationalisez pas, vous ne serez rien de plus qu'un relais qu'il empruntera pour passer à vos propres enfants.

Sois sage, ma fille

Je songe ici aux cas de deux jeunes femmes que j'ai traitées et qui illustrent bien que la justesse de la leçon n'est pas ici en cause, car chacune d'elle reçut de ses saints parents des commandements radicalement opposés.

Karine fut élevée dans une petite ville. Sa mère, une femme morne et vertueuse, avait la rue Principale pour tout horizon. L'église était au centre de la vie sociale et religieuse de la famille. Son père, souvent absent, avait sans doute fui l'ascétisme de sa femme. Le silence stoïque avec lequel elle supportait cette absence amplifiait sa vertu. Elle imposait à Karine de nombreuses règles de conduite.

Ne te salis jamais.
Tu ne dois pas parler à tes aînés ni à tes supérieurs avant qu'ils ne t'aient eux-mêmes adressé la parole.
Sois toujours polie.
Souris.
Porte des jupes à plis et des souliers vernis, car c'est ce qu'on porte.
Tu dois t'arranger pour plaire aux garçons, mais tu ne dois pas permettre qu'ils te touchent.
Tu dois réussir en classe, mais pas trop. C$^+$ est suffisant.
Les filles ne devraient pas aller à l'université à moins qu'elles ne veuillent absolument devenir institutrices ou infirmières.
Les filles devraient travailler comme secrétaires. C'est un travail de femme et une occasion de rencontrer des hommes bons à marier.

Il faut se marier au plus tôt avec un homme qui gagne bien sa vie.

Tu devrais avoir des enfants le plus tôt possible après le mariage.

Pour Karine, suivre ces préceptes allait de soi, sauf sur le plan de ses résultats scolaires, qui approchaient plus souvent le B^+, et sur le plan de la maternité. Karine n'eut pas d'enfant, car peu de temps après s'être mariée, à dix-neuf ans, à un homme qui gagnait bien sa vie, elle sombra dans une dépression; son mari la quitta et le mariage fut annulé. Quand elle entreprit une psycho-thérapie à l'âge de vingt-trois ans, elle était abattue et indifférente; elle travaillait comme secrétaire juridique et s'occupait de la tenue de livres dans le petit cabinet d'une avocate; elle partageait un appartement sombre avec une ancienne camarade de classe.

Il fallut à Karine un certain temps pour se rendre compte que sa dépression venait du fait qu'elle adoptait aveuglément un mode de vie qui ne correspondait nullement à ses besoins, et que son indifférence apparente masquait la rage qu'elle éprouvait secrètement à subir cette contrainte. Nous commençâmes par soumettre ses règles de conduite à une analyse rationnelle, en sachant pertinemment que le plus difficile restait à faire.

L'autre jeune femme s'appelle Amy. À sa première visite, Amy était si tendue que j'ai bien cru qu'elle casserait quand elle passa de la salle d'attente à mon bureau. Elle s'efforçait de paraître détendue, mais, assise en face de moi, elle ressemblait à un poing fermé. Elle souffrait de plus en plus souvent de maux de tête, de spasmes du côlon, de maux de dos et d'autres malaises. Son médecin lui avait suggéré de me consulter. Amy avait obtenu un doctorat en psychologie expérimentale à l'âge de vingt-quatre ans et elle avait publié plusieurs articles importants. Elle vivait seule dans un appartement terrasse, elle était célibataire, mais avait deux amants de longue date. L'un d'eux, un homme marié de vingt ans son aîné, ne l'aimait pas et la maltraitait. L'autre était un jeune historien de la faculté, qui l'aimait et qu'elle maltraitait. Elle menait une vie palpitante, active et riche en accomplissements, mais pauvre en loisirs et dépourvue de satisfaction et d'amour.

Le saint législateur de la famille était son père. Ancien ingénieur, il avait perdu un poste important au gouvernement quand on avait découvert ses engagements politiques de gauche remontant à l'époque où il était étudiant à l'université. Il se recycla dans l'immeuble et fit beaucoup d'argent. La mère d'Amy était une femme insipide et ricaneuse. Elle vouait à son mari une vénération d'esclave et incitait Amy à faire de même. Le père édictait ses lois en peu de mots et d'un ton froid, mais, aux yeux d'Amy, c'était un homme sage, presque un saint, et elle ne doutait jamais de la justesse de ses principes.

Les enfants sont des créatures déraisonnables, irresponsables et dépendantes. Par conséquent, il te faut mûrir vite.
Ne sois jamais volage ni frivole.
Rien n'est plus important que la réussite intellectuelle.
Perdre son temps est le plus grave des péchés.
La perfection en tout est ce qu'il y a de mieux.
Ne dépends jamais de personne à moins que tu ne puisses absolument l'éviter.
L'amour romantique est la pire dépendance qui soit.
Ne te marie jamais, sauf à un homme sérieux, brillant et accompli.

Je n'avais jamais rencontré de jeune femme aussi résolue, aussi vive et ambitieuse. Amy se disait satisfaite de sa vie, si seulement elle n'avait pas eu tous ces malaises. Quand elle commença à voir qu'elle obéissait strictement aux ordres de son père tout en se vantant d'être indépendante et autonome, elle en fut bouleversée. Elle constatait la contradiction contenue dans ce précepte: «Fais ce que je te dis et sois autonome.» Elle se mit à remettre en question les règles qu'on lui avait transmises et vit que plusieurs d'entre elles n'avaient pas de sens et la brimaient dans ses goûts. Quand ses premières tentatives pour les rejeter échouèrent, elle n'arriva pas à croire à cet échec: après tout, n'avait-elle pas été entraînée à réussir à la perfection dans toutes ses entreprises? Elle éprouva longtemps un sentiment d'impuissance, elle pleurait et elle était confuse. Elle commença à prendre conscience de l'énorme travail qui l'attendait si elle voulait mettre un terme au scénario qu'elle jouait avec son père, car rien n'était plus éprouvant pour elle que la pensée de perdre l'admiration et la fierté qu'il lui manifestait. Si elle rendait visite à ses parents et qu'elle ne voulait pas passer la fin de semaine à rédiger encore un autre article ou à jouer au scrabble ou au jacquet, si elle préférait s'allonger au bord de la piscine en écoutant de la musique rock, elle apercevait bientôt le regard méprisant de son père et s'en trouvait aussi blessée qu'à trois ans, quand son père lui tournait le dos si elle voulait jouer dans le sable au lieu d'apprendre à compter. Pour justifier son envie de se reposer, elle prétextait un malaise, tactique qui encourageait ses malaises à revenir. Elle eut de plus en plus conscience du fait qu'elle était prise au piège.

Si l'on compare leurs principes, la mère vertueuse de Karine et le père vertueux d'Amy semblent vivre sur deux planètes différentes. Pourtant, leurs filles étaient toutes deux régies par des préceptes qui leur avaient été transmis sans condition par le moi enfant de leurs parents comme s'il s'était agi de lois universelles. Chacune des deux femmes obéissait à ces préceptes par crainte de perdre le respect de son vertueux parent — celui-ci étant à la fois la copie enregistrée de ses propres géniteurs et le parent lui-même, c'est-à-dire le père ou la mère qui vit maintenant, qui respire et qui juge.

Que fait-on d'un enfant qui croit avoir réponse à tout parce que son papa ou sa maman l'a assuré que c'était le cas? Les enseignants font constamment face à ce problème. Ils pourraient bien sûr se contenter de dire à l'enfant qu'on lui a enseigné des balivernes et qu'il doit maintenant apprendre autre chose, mais ils ont pour responsabilité d'élargir les horizons de l'enfant et de lui ouvrir d'autres avenues sans lui donner l'impression que ses parents ont tort. Amener l'enfant à croire que ses parents ont tort menace sa sécurité. En outre, c'est un jugement de valeur qui vient s'ajouter à tous ceux qui le gouvernent. L'enseignant ne doit pas inciter l'enfant à faire ce qui est défendu ou «mal», mais l'aider à apprécier la justesse et la valeur de comportements différents des siens plutôt que de rejeter les personnes qui ne suivent pas les préceptes de vertu de ses parents. Il s'agit donc d'exposer l'enfant à d'autres possibilités, de lui montrer que les gens ne sont pas méchants parce qu'ils ont des règles de conduite différentes, de l'amener à réfléchir sur les conséquences réelles de tels «mauvais» comportements, de lui faire comprendre que le point de vue de ses parents n'est qu'un point de vue parmi tant d'autres. Si on l'amène ainsi à accepter d'autres choix, on peut espérer qu'il sera un jour capable d'user de discernement dans ses propres règles de conduite.

Il en va de même lorsqu'il s'agit de faire face au moi enfant moralisateur de vos parents. Vous pouvez soit leur dire tout simplement: «Fichez-moi la paix. Dorénavant, c'est comme ça, et si ça ne vous convient pas, salut.» Mais cette approche catégorique n'est habituellement pas nécessaire. Du reste, comme le risque existe que l'enfant moralisateur en vos parents ait du mal à accepter cette solution, elle peut se révéler coûteuse. La rupture ne serait sans doute que rarement totale, mais vous pourriez fort bien limiter vos conversations à leurs petits malaises et aux derniers décès. Vous les effaceriez de votre vie, et cette attitude intolérante et inévitable viendrait briser un attachement somme toute important. Vous ne sauriez pas avec certitude si vos choix reflètent votre libération ou une déclaration de guerre, et vous pourriez ainsi faire naître des emportements et des soupçons qui resserreraient le lien néfaste entre votre moi enfant révolté et leur moi enfant moralisateur. Plus important encore, vous risqueriez de perdre l'occasion d'apprécier vos différences et, comme le dit Rilke, d'aimer l'espace entre vous. Ceci peut arriver si une bouffée soudaine de compréhension et de compassion vous montre l'enfant à l'intérieur de vos parents. Je connais une femme qui en voulait beaucoup à sa mère de toujours insister sur «ils» — «ce qu'*ils* portent», «ce qu'*ils* vont penser», etc. Un jour qu'elle en parlait avec sa sœur, elles se souvinrent que leur mère était l'aînée d'une famille d'immigrants européens pauvres, perdus et désorientés. Au moment de leur arrivée en Amérique, elle était le seul membre de la famille qui baragouinait l'anglais; on l'envoyait dehors pour voir comment *ils* (les Américains) vivaient, comment *ils* se vêtaient, ce qu'*ils* pensaient. C'était un réflexe de survie; il persista. Quand les deux sœurs purent voir en leur mère une petite fille craintive envoyée en éclaireur dans un monde nouveau pour elle, elles acceptèrent ses «ils» avec beaucoup plus de tolérance.

Une solution plus sympathique et plus efficace consiste à vous efforcer de montrer à l'enfant dans vos parents que d'autres avenues existent. Faites comprendre à vos parents que les autres façons de vivre, qui, selon eux, sont barbares ou scandaleuses, sont valables pour autrui parce qu'autrui n'est ni lui ni elle, pas plus que vous ne l'êtes. Dites-leur clairement que vous ne souhaitez nullement les amener à modifier leurs règles de conduite puisqu'elles leur conviennent. Cependant, dites-leur aussi que vous n'attendez pas qu'ils approuvent vos décisions, mais que vous apprécieriez qu'ils continuent de vous respecter même lorsque vos décisions ne correspondent pas à leur idée de ce qui est bien.

Pas plus que le vôtre, vous ne sauriez gommer l'enfant moralisateur de vos parents, avec ses interdictions, ses règlements et ses préjugés. Il est gravé dans les neurones: «Ma maman m'a dit...!» Tenter de le transformer ou de nier son existence provoquera une réaction hostile. En revanche, vous réussirez peut-être à l'ouvrir à d'autres points de vue si, au lieu de le changer, vous lui répétez: «Vous et moi sommes différents; je vous respecte et j'aimerais que vous me respectiez.» Si vous constatez que votre vie est plus enrichissante et plus heureuse depuis que vous prenez vos propres décisions, c'est donc que ces décisions vous conviennent. Mais sachez que cette évidence pourrait être menaçante pour le parent vertueux. En réaction, il se peut qu'il ignore les transformations qui ont lieu ou qu'il les minimise, même pendant une longue période, avant d'être capable d'accepter les faits et de vous accepter, vous.

Les deux femmes dont nous parlions plus tôt montrent combien il peut être difficile de faire accepter par vos saints parents votre façon de vivre en rupture avec leurs règles de conduite. Amy, la jeune femme tendue, professeure de psychologie expérimentale, décida de prendre des vacances au Club Méditerranée de la Martinique. Cela peut sembler anodin, mais pour Amy il s'agissait d'un défi aussi grand que le fut pour l'homme la conquête de l'espace. S'étendre sur le sable, nue peut-être, ne rien faire d'autre que se reposer et laisser le soleil caresser sa peau, nager, faire de la plongée sous-marine pour le simple plaisir, danser et faire l'amour sous les étoiles plutôt que visiter les cathédrales et les musées d'Europe ou les merveilles de la nature et de l'histoire américaine, tout cela était d'un hédonisme frivole qui dépassait les bornes. Elle prit son courage à deux mains pour le dire à son père; il réagit avec mépris.

«Pas la peine de nous écrire.

— Ce sera à moi de décider de vous écrire ou non, répondit-elle. Mais ce sera à vous de décider de lire mes lettres ou non.»

Il grommela et s'enferma dans son bureau. Malgré la tension qu'elle ressentit, comme toujours dans de telles circonstances, et contrairement à son habitude, elle ne l'y suivit pas.

Une fois en Martinique, elle commença à se détendre. Elle s'inscrivit à des classes de yoga et fit de l'exercice; elle s'étendit au soleil; elle nagea. Elle sentit la tension quitter ses muscles, ses mouvements acquérant plus de souplesse. Elle fit la connaissance d'un homme, Henri, et eut pour la première fois de sa vie l'impression d'être réellement amoureuse. Ils parlaient sans fin, riaient beaucoup, faisaient l'amour au soleil et sous la lune; elle s'abandonna complètement. Mais quand elle vit que c'était sans doute plus qu'une amourette de vacances, et qu'en raison des sentiments qu'elle éprouvait la relation allait sans doute se poursuivre à son retour chez elle, elle eut peur. En effet, Henri n'était pas le genre d'homme que son père aurait voulu pour elle. Il était fort, fiable et affectueux, mais il n'était ni avocat ni médecin, ni scientifique ni écrivain, il n'exerçait aucune profession libérale. Henri était propriétaire d'une boutique de cadeaux, une boutique raffinée qui faisait d'excellentes affaires, mais le père d'Amy lui avait fait savoir depuis longtemps qu'il tenait les boutiquiers pour des poids plumes. Bien qu'Henri ait été un homme intelligent et cultivé, ce n'était pas un intellectuel tel que son père l'entendait. Elle avait adressé quelques cartes postales à son père et à sa mère, mais trois jours avant son retour, elle écrivit une lettre à son père.

Cher papa,
Cette lettre te parviendra sans doute après mon retour, mais je voulais tout de même te dire que ces vacances sont les plus belles de ma vie. Je voulais aussi te dire que j'ai rencontré un homme très bien, très affectueux, et qu'il se pourrait bien que

je sois amoureuse de lui. Cependant, je n'ai pas perdu la tête (je te ressemble trop, je suis trop rationnelle pour ça), et je compte bien prendre tout mon temps pour voir comment la relation évolue. Je sais que tu n'approuvais pas cette destination de vacances et que cet homme, Henri, ne te plaira pas non plus, du moins au début. Mais je crois que tu seras content d'apprendre que je suis heureuse. Nous nous ressemblons beaucoup, toi et moi, papa, mais nous sommes aussi très différents et mes besoins ne sont pas les tiens. J'espère que tu ne m'en voudras pas pour ces divergences, car je t'aime et te respecte beaucoup, et je ne voudrais pas perdre l'intimité que nous partageons depuis toujours simplement parce que je me découvre aujourd'hui des façons très personnelles d'aimer la vie.

À bientôt.

Affectueusement,
Amy

Le père d'Amy évita de lui parler au téléphone pendant les deux premières semaines de son retour au pays, bien qu'Amy ait demandé à lui parler à chacune de ses conversations avec sa mère. Ce fut un dur moment à passer pour Amy. Quand elle vit que son père ne la respectait plus et la rejetait, la panique s'empara d'elle. La thérapie donna lieu à de nombreux dialogues fictifs entre Amy et son père. Lors de ces exercices de Gestalt, Amy s'adressait à son père, assis, pour ainsi dire, sur une chaise vide placée en face de la sienne. Puis elle changeait de chaise et, assumant le rôle du père, elle répondait à son intervention. Puis elle reprenait sa place, et ainsi de suite. Il lui arrivait de se mettre à pleurer et de supplier son père de lui parler et de l'aimer encore. En d'autres occasions, elle se mettait en colère contre lui et elle était transportée de rage. Habituellement, les conversations prenaient fin sans que son père ait changé d'attitude et Amy concluait par quelque chose commme: «D'accord, papa. Tu ne veux pas, et c'est dommage. Cela m'attriste. Mais je vais réussir quand même sans toi parce que je ne suis pas une mauvaise personne. Je suis quelqu'un de bien et j'ai de la peine que tu ne puisses pas t'en rendre compte.»

Elle cessa de demander à parler à son père au téléphone, mais elle dit néanmoins à sa mère un jour: «Je t'en prie, dis à papa qu'il arrête ses enfantillages.» Quelques jours plus tard, elle recevait un coup de fil de lui: «Maman et moi avons des billets pour l'opéra, samedi, et nous ne pouvons pas y aller. Est-ce que toi et Henri les voulez?»

— Bien sûr. Merci, papa.

— Pourquoi ne pas venir dîner à la maison avant?»

Karine, l'autre femme dont nous avons parlé, avait fréquenté l'université pendant deux ans avant son mariage et elle suivait des cours du soir pour obtenir son diplôme tout en travaillant le jour comme secrétaire juridique. Bien que sachant de quel poids ils l'auraient ainsi déchargée, ses parents ne lui offrirent pas de l'aider financièrement. En fait, ils ne s'intéressaient jamais à ses études. Si elle-même leur en parlait, ils ne réagissaient pas, de sorte que, bientôt, le sujet fut exclu de leurs conversations. Elle les informa tout de même qu'elle avait obtenu son diplôme, mais son père ne put s'absenter de son travail pour assister à la collation des grades, et sa mère devait absolument prendre part à un déjeuner de paroissiens. Karine s'y rendit donc seule. Elle ressentit une vague impression de honte. Était-ce en raison de l'étroitesse d'esprit de ses parents ou bien les anciens scrupules récurrents qui se manifestaient chaque fois qu'elle ne se conformait pas aux attentes de sa mère étaient-ils revenus? Son remords était si grand qu'elle n'avait pas prévenu ses parents de son intention de devenir avocate ni de son inscription à la faculté de droit pour l'automne suivant.

Lorsque Karine annonça enfin la nouvelle à sa mère, elle y mit tout l'enthousiasme qu'elle ressentait vraiment. Sa mère en fut abasourdie.

«Serais-tu devenue folle?

— Qu'y a-t-il de dément à vouloir devenir avocate?

— Nous n'aurons jamais de petits-enfants.

— Où est le rapport? L'examen du barreau n'est pas assorti d'une ligature de trompes.

— Karine, tu ne dois pas parler comme ça. Je me suis efforcée de t'enseigner qu'il y a des choses que les femmes bien doivent faire et d'autres qu'elles ne doivent pas faire. Une femme bien n'est pas un homme.

— Un bon avocat peut être un homme ou une femme.»

La mère de Karine ne leva plus les yeux sur sa fille. Elle venait de lui faire comprendre qu'elle ne méritait plus son respect. Elle ajouta: «J'espère que ça te passera bientôt. D'ici-là, ce n'est pas la peine d'en discuter.

— Oh non! maman. Pas encore. Tu n'as pas voulu que nous parlions de mes doutes à propos de Pierre avant notre mariage, et tu n'es pas venue me voir à l'appartement où j'habite depuis que lui et moi sommes séparés, parce que tu penses que je devrais revenir vivre ici. Quand j'ai entrepris une thérapie, tu m'as dit que tu ne voulais pas en discuter et tu m'as demandé de n'en parler à personne. Pendant mes années d'études, tu t'es comportée comme si je n'allais pas à l'université et maintenant tu vas faire semblant que je ne fais pas mon droit. Maman, ne vois-tu pas que, bientôt, nous n'aurons plus rien à nous dire?

— Tu m'écoutais quand tu étais plus jeune, répondit sa mère, plus attristée que fâchée.

— Je t'écoutais parce que tu avais souvent raison et que j'ignorais qu'il puisse exister des points de vue différents du tien. Il y en a.

— Ce sont des points de vue diaboliques.

— Oh! maman!»

Karine était sur le point de renoncer, mais elle fit une dernière tentative.

«Ce ne sont pas des points de vue diaboliques, ce sont simplement des points de vue auxquels tu n'es pas habituée et avec lesquels tu n'es pas d'accord. Si cela te convient, tant mieux. J'admire ta fidélité à toi-même et à tes convictions. Mais moi, je veux autre chose dans la vie, j'ai des convictions différentes et je dois, moi aussi, leur être fidèle.

— Qui t'a donc influencée?

— Pas le diable, en tout cas. Mes professeurs, mon patron, mon intérêt pour le droit. Mon thérapeute.»

Sa mère fit une grimace.

«Je me suis surtout influencée moi-même.»

Il y eut un long silence.

«Écoute, maman. Je ne m'attends pas à ce que tu m'approuves. Et je vais faire ce que je veux, que tu l'approuves ou non, et tu ne peux rien y changer. C'est à toi de décider si nous resterons amies, si nous pourrons nous parler vraiment ou bien si nous nous éloignerons l'une de l'autre jusqu'à ce que nous n'ayons plus rien à nous dire. Quant à moi, j'aimerais que nous restions amies.

«Avocate. Que vont dire mes amis?»

La mère de Karine mit du temps à accepter la profession de sa fille ainsi que d'autres aspects de sa vie, mais Karine se montra inflexible dans sa volonté de ne pas user de faux-fuyants avec sa mère à propos de sa façon de vivre. Il arriva plusieurs fois à sa mère de devenir froide et distante, mais Karine, consciente du fait que c'était le moi enfant et moralisateur de sa mère qui s'exprimait alors, attendait patiemment la fin de l'orage. Peu à peu, la mère de Karine sut apprécier la transformation de sa fille et vit la fascinante jeune femme qu'elle devenait. Un jour que les deux femmes magasinaient pour des vêtements, il se produisit un événement marquant. D'abord, Karine n'entendit aucun des grommellements habituels de sa mère quand elle acheta des vêtements qui ne dissimulaient pas ses rondeurs. Ensuite, la mère de Karine elle-même acheta, pour la première fois de sa vie, un survêtement ajusté. Enfin, elles se rendirent toutes deux dans un musée, ce que sa mère n'avait pas fait depuis l'école. Tandis qu'elles cassaient la croûte à la cafétéria, Karine vit que les yeux de sa mère pétillaient. Elle avait parlé de tout avec sa fille, même de sexe, en dépit de la rougeur qui lui montait aux joues. Elle avait parlé de l'ignorance dans laquelle on l'avait maintenue, et voulut savoir si elle avait eu tort de ne pas s'abandonner davantage. Elle osa se demander s'il en était encore temps. Karine lui parla de son propre épanouissement sexuel et des problèmes qu'elle rencontrait.

Au moment de se quitter, elle dit à sa fille: «Karine, ce fut une bien belle journée.

— Pour moi aussi.

— Qui sait, je ne suis peut-être pas trop vieille pour apprendre des choses nouvelles?»

Alors, sans doute est-ce possible d'enseigner à un vieux saint à faire de nouveaux pas. Ou en tout cas, à accepter que vous en fassiez.

7

JE NE SAIS PAS COMMENT L'AIMER

À la première séance de thérapie de Leana, je lui demandai quel était son premier souvenir.

«C'est facile, répondit-elle. Quand j'avais trois ans, mes parents et moi faisions une traversée du pays en voiture. Nous nous étions arrêtés pour prendre de l'essence et pour casser la croûte. Tandis que je cueillais des marguerites au bord de la chaussée, ils partirent sans moi! Je criais et courais pour les rattraper, mais la voiture ne s'arrêta pas! L'employé de la station-service me rassura comme il put, puis il appela la police. On retrouva mes parents qui, tout ce temps, croyaient que je me trouvais sur la banquette arrière! Je n'oublierai jamais l'horreur ressentie à voir disparaître la voiture, persuadée qu'ils avaient décidé de m'abandonner pour ne jamais revenir.

Lors d'une séance de thérapie, David me relata un rêve qu'il venait de faire, rêve qu'il faisait depuis l'âge de cinq ans et qui transposait à peine un incident survenu à cette époque. Le rêve était le suivant:

David est au parc d'attractions en compagnie de ses parents et de ses frères aînés. Pendant qu'il fait avec ces derniers un tour de montagnes russes ultrarapides et étourdissantes, il commence à se sentir mal. Il se met à crier qu'on arrête pour le laisser descendre. Il a beau hurler, personne ne l'entend. Finalement, le train ralentit et s'arrête. Ses frères sautent à bas du wagon. Quant à lui, il en sort à quatre pattes. Ses frères courent vers les parents qui les attendent tandis que lui chancelle sur ses jambes molles en vomissant partout. Ses parents ne le voient pas et s'éloignent avec ses frères. Il cherche à les rattraper, mais la tête lui tourne et il tombe. Il essaie de crier. Rien d'autre que du vomi ne sort de sa bouche, un flot continu qui inonde le sol où il gît, paralysé de terreur.

L'importance du premier souvenir de Leana et du rêve récurrent de David tient au fait qu'ils représentent leur perception de cette part de leurs parents qui ne les aimait pas ou ne voulait pas d'eux. Nous avons tous eu des expériences ou des rêves similaires. Nous avons tous des parents qui, à un moment ou à un autre, ne nous aiment pas ou ne veulent pas de nous. Mais pour certains, comme ce fut le cas de Leana et de David, l'expérience du rejet dont ils sont l'objet s'est gravée en eux au point de les convaincre qu'ils ne comptent pas, qu'ils ne sont ni aimables ni désirables.

Certains parents dissimulent si peu leur absence d'affection pour leurs enfants que ces derniers ne peuvent que s'en rendre compte. Ce défaut d'amour est présent depuis toujours, c'est une réalité visible, parfois brutale. L'enfant qui grandit dans cette ambiance finit par l'accepter comme allant de soi, finit même par croire qu'il en est ainsi pour tout le monde.

Si vos parents ne cachaient pas leur manque d'affection pour vous, s'ils ne vous en donnaient que le strict minimum auquel ils se sentaient contraints, vous vous rappelez sans doute votre surprise à constater l'affection que d'autres enfants recevaient de leurs parents. Vous les avez peut-être enviés au départ, puis avez jugé avec cynisme que tout ça n'était que de l'hypocrisie, du mélo d'émissions de télé. Je me souviens d'une conversation avec un garçon de douze ans dont le père, trop égoïste pour consacrer du temps à son fils, était toujours absent.

«Ça ne me faisait rien, parce que je croyais que tous les pères étaient comme lui, même si parfois j'aurais souhaité qu'il soit différent. J'aimais regarder une émission de télé comme *The Courtship of Eddie's Father.* Des liens très chaleureux unissaient Eddie à son père, et je me souviens d'avoir pensé "quelle niaiserie mielleuse", mais je ne manquais jamais un épisode. Puis, observant mon entourage, je vis que certains de mes camarades étaient vraiment très proches de leur père. Cela m'enragea et me rendit triste, alors je voulus me convaincre qu'ils jouaient la comédie, mais encore aujourd'hui, je rage et j'ai de la peine.»

Même si vous avez accepté le peu d'affection de vos parents en vous disant «c'est comme ça pour tout le monde» ou «c'est comme ça pour moi», la découverte est douloureuse mais elle a le mérite d'être claire. Il est beaucoup plus fréquent que le rejet soit dissimulé sous une montagne d'expressions affectueuses de pacotille. L'écart entre ce qu'un enfant ressent d'instinct comme étant la vérité et les expressions d'affection qui lui sont adressées peut le désorienter et créer une confusion accentuant son drame de ne pas être aimé[12]. Les parents qui s'efforcent désespérément de se cacher à eux-mêmes et à leur enfant qu'ils ne l'aiment pas ont à leur disposition, parfois à leur insu, tout un répertoire de stratégies de dissimulation et de distraction dont le style varie selon leur personnalité.

---

12. Il faut aussi s'assurer qu'un parent peu affectueux l'est réellement ou qu'on a voulu nous le représenter ainsi. Un jeune homme relatait à son thérapeute un événement qui eut lieu quand il avait deux ans. Son père lui donnait son bain. Sa mère, en entrant dans la pièce, aperçut la fenêtre ouverte et en fit le reproche à son mari. «Ma mère dit que j'en ai presque attrapé une pneumonie. Voilà combien mon père m'aimait.

— Il vous donnait votre bain, dit le thérapeute.

— Oui, je sais. Et il avait laissé la fenêtre ouverte.

— Il vous donnait votre bain, répéta-t-il.

— Oui. Et il a bien failli me tuer.

— Il vous donnait votre bain.»

Peu à peu, le jeune homme entendit ce que lui disait le thérapeute. Il ne s'était jamais permis de songer à autre chose qu'à la fenêtre ouverte, il n'avait jamais pensé au simple fait que son père lui donnait un bain, puisque sa mère lui avait dit depuis toujours qu'il ne l'aimait pas et n'avait jamais rien fait pour lui. Il se remémora dès lors plusieurs événements concernant son père (ses parents avaient divorcé quand il était encore très jeune) qui le révélaient sous un jour beaucoup plus paternel qu'il ne l'avait cru jusque-là.

Je ne pense qu'à toi

Un des déguisements les plus fréquents du manque d'affection est l'expression «C'est pour ton bien». Punitions et privations doivent contribuer à vous apprendre vos leçons, car vos parents vous aiment et veulent que vous vous comportiez comme il faut. Parfois, la froideur est décelable dans le fait que le parent, dans un but formatif, refuse d'exprimer de l'affection à l'enfant ou lui refuse carrément sa présence. (Je songe ici à un homme qui, étant enfant, fut contraint de prendre ses repas dans la cuisine avec les domestiques tant qu'il n'aurait pas acquis des manières irréprochables à table. Outre d'exquises manières, il apprit de cette expérience parmi tant d'autres qu'on l'apprécierait pour la façon dont il ferait certaines choses spécifiques plutôt que pour lui-même.) Une tactique similaire consiste à vous laisser seul souvent et à ne pas s'occuper de vous parce qu'on vous aime et que l'on veut vous voir devenir indépendant et autonome. Ou bien, au contraire, on vous emmène partout avec ou sans précautions et que vous le vouliez ou non, toujours parce qu'on vous aime et que l'on souhaite vous ouvrir à de nouvelles expériences. (Un homme rêvait qu'il était un vieux manteau attendant que l'Armée du Salut vienne le cueillir. Il se souvint que ses parents l'amenaient partout dans des soirées et l'installaient pour dormir sur le tas de manteaux empilés sur le lit.) Selon eux, le fait de ne pas savoir ce qui se passe dans votre vie ou de ne pas se préoccuper de ce que vous ressentez signifie qu'ils vous aiment et qu'ils vous estiment capable de prendre votre vie en main. De même, s'ils insistent pour connaître toutes vos pensées et contrôler chaque détail de votre vie, ce n'est pas parce qu'ils ne supportent pas que vous soyez indépendant, mais bien parce qu'ils vous aiment et veulent vous éduquer convenablement.

La montagne d'affection factice qui cache une vallée d'émotions stériles se compose d'innombrables manifestations d'amour. Un père ou une mère qui ne peut ou ne veut aimer vraiment son enfant peut, en revanche, aimer sincèrement son *rôle* de parent et le jouer avec enthousiasme, sans toutefois être en mesure de satisfaire les besoins spécifiques de sa progéniture. Beaucoup de parents ont, à un moment ou à un autre, réveillé leur bébé pour l'exhiber avec fierté, mais quand ce geste égoïste se répète sans égard pour les besoins de l'enfant, celui-ci ne peut pas se sentir vraiment aimé même si ses parents sont convaincus de l'adorer. (Voir, dans le chapitre 2, la section sur les situations sans issue et les messages à double sens.) Il en va de même des mères obnubi-lées par leur grossesse et leur accouchement au point de ne pas déceler les caractéristiques et les besoins particuliers de leur bébé une fois qu'il est au monde.

Je répète que je ne vise pas ici tous ceux dont les parents ont, un jour ou l'autre, été moins aimants que d'habitude, incapables de les comprendre, sans empathie ou qui, simplement, se mon-traient agacés par leur présence. C'est là un comportement occa-sionnel extrêmement répandu. Je songe plutôt ici aux personnes qui soupçonnent leurs parents d'être fondamentalement incapa-bles d'aimer, ou qui en sont sûres. Qui sont les parents froids? Comment le deviennent-ils?

Parmi les parents incapables d'aimer, on trouve ceux qui n'ont jamais voulu d'enfants, ou qui n'en voulaient pas au moment de la naissance, et dont les sentiments n'ont pas été modifiés par leur venue. On met des enfants au monde pour plu-sieurs raisons; cependant le désir d'en avoir, de s'en occuper, de les aimer et de les voir s'épanouir n'est pas le plus fréquent. Par-fois, on met un enfant au monde parce qu'on n'a pas su com-ment empêcher la grossesse; par accident; pour sauver un mau-vais mariage; parce que l'un des deux conjoints le désire; pour faire plaisir aux grands-parents; parce que c'est le rôle des gens mariés. Dans de telles situations, il arrive souvent que le parent souhaite vraiment désirer l'enfant et que sa venue suffise à déclencher ses sentiments d'amour. Mais parfois, le refus initial du parent persiste et l'affection n'arrive pas à prendre forme. Si ce fut votre cas, la partie était déjà faussée, et contre vous, quand vous flottiez dans le liquide amniotique tout en vous demandant si vous alliez devenir une fille ou un garçon.

Vos parents se le demandaient peut-être aussi. Il y en a parmi vous que leurs parents ont rejetés parce qu'ils ont pris un mauvais virage génétique: ils voulaient un bébé de tel sexe, vous êtes né de l'autre. Le potentiel affectif de certains parents peut être très affecté par ce détail. Dans le même ordre d'idées, il faut vous demander qui vous symbolisez à leurs yeux: sans doute pas vous. J'ai vu, par exemple, des pères transférer sur leur fils la haine et la rivalité persistantes qui avaient entaché leur relation avec leur propre père et qu'ils n'avaient toujours pas résolues. J'ai vu des mères transférer sur leurs enfants la peur et la colère que leur inspirait leur propre mère trop dominatrice ou trop couveuse, et leur tenir rigueur d'avoir besoin d'elle et même d'exister. Vous symbolisez peut-être l'un des parents de votre mère ou de votre père, ou son propre moi qu'il ou qu'elle méprise, ou Arthur, le frère haï, ou Alice, l'insupportable sœur. Vous représentez peut-être tout ce que l'un de vos parents déteste chez l'autre, ou encore symbolisez-vous pour les deux ensemble le lien indissoluble d'un mariage dont ils voudraient se libérer. Quoi qu'il en soit, si vous êtes à leurs yeux une représentation négative de quelque chose ou de quelqu'un, l'ombre de ce symbole glisse entre eux et vous et refroidit leur amour.

Le motif le plus vraisemblable de la froideur d'un parent est qu'il est trop préoccupé de lui-même pour s'inquiéter de vous. Autrement dit, votre parent est peut-être *narcissique* et, comme tous les êtres narcissiques, incapable d'aimer. Tout en étant persuadés d'être de bons, d'affectueux parents, les parents narcissiques n'ont aucune idée de ce qu'est l'amour. Les personnes narcissiques sont de plusieurs types, mais elles ont quelques traits en commun. Par exemple:

1) Le monde et l'humanité sont un prolongement d'eux-mêmes et tous doivent agir selon leur désir. Je ne dis pas qu'ils souhaiteraient que les autres obéissent à leur volonté — nous souhaiterions tous cela; je dis qu'ils s'y attendent tellement que toute dérogation les déroute et les outrage. Les autres font partie d'eux au même titre qu'un bras ou une jambe. Si vous vouliez vous gratter le nez et que votre main refuse de vous obéir, vous en seriez étonné, terrifié, frustré et furieux. Ce sont ces sentiments qu'éprouve la personne narcissique quand vous ne respectez pas ses désirs réels ou imaginés. Si vous aviez un parent narcissique, vous avez entendu des phrases telles que:

«Mais tu dois avoir du temps à me consacrer; j'habite à côté.»
«Tu n'es pas sincère quand tu dis que tu n'as pas envie de m'accompagner au magasin; bien sûr que tu en as envie.»

«Tu ne peux pas faire des projets pour ce jour-là; je n'ai pas encore décidé quand nous célébrerons ton anniversaire.»
«Tes amis peuvent attendre; c'est tout le temps que j'ai pour que nous parlions de cela.»

Remarquez l'emploi du point-virgule. Il indique que les deux segments de phrase ont beau être aboutés par la personne narcissique, ils sont sans lien réel entre eux. La seule chose qui les relie est la logique égocentrique de l'idée que la personne narcissique se fait de la réalité. Et comme les choses, pas seulement les êtres, n'existent que pour elles, les personnes narcissiques diront encore:

«Regarde un peu cet arbre qui a poussé sur la pelouse; il a poussé pour moi.»

Puisque les autres sont des prolongements d'eux-mêmes, la frontière entre les êtres narcissiques et les autres sont parfois si floues que toutes les identités sont confondues.
Vous avez déjà entendu des phrases telles que:

«Je ne pourrai pas me regarder dans le miroir si tu portes une chemise rose.»
«Tu n'apprendras jamais à skier; je manque totalement de coordination.»
«Mais bien sûr que tu aimes les tomates; j'adore les tomates.»
«J'ai jeté toutes tes vieilles affiches; tu ne devais plus vouloir les conserver.»
«Tu ne crois certainement pas en Dieu (à l'astrologie, au communisme, aux facultés extrasensorielles, au capitalisme, etc.); ce sont de telles balivernes.»

Un effet de cette confusion des frontières est que le parent non seulement ne peut pas reconnaître votre individualité, mais encore ne peut pas mesurer l'influence qu'il a sur vous. Par exemple, il vous offrira un cadeau, ne remarquera pas votre étonnement ou votre déception et s'exclamera: «Je savais que tu l'aimerais!» Vous vous sentirez confus, vous vous convaincrez presque d'aimer le cadeau reçu, car, après tout, vous êtes censé

l'aimer. La confusion peut être si grande que vous ne pouvez plus
faire de distinction entre vos sentiments et les siens. Une femme
me disait avoir servi du yogourt à Simon, le jeune fils d'une amie.
Simon le savourait. Quand sa mère entra dans la pièce et vit ce
qu'il mangeait, elle dit: «Mon petit Simon déteste le yogourt.»
Simon le recracha subitement.

2) Les personnes narcissiques sont souvent désorientées
quand elles se rendent compte qu'on a besoin d'elles. Le monde
est fait pour que les autres s'occupent d'elles, et si l'inverse se
produit, elles sont outragées et confuses. Ainsi, leurs enfants qui
dépendent totalement d'elles à la naissance et dont les besoins
continuent de se manifester par la suite manquent de chance.
(Parfois, si le parent voit en son enfant un prolongement de lui-
même avec des besoins similaires, l'enfant verra ses besoins satisfaits dans une certaine mesure, mais, bien entendu, il devra rester
en-deçà de ces limites communes et ne pas développer son individualité.) Les besoins légitimes de l'enfant sont alors perçus
comme des intrusions, des exigences contraignantes auxquelles le
parent réagit avec colère.

«Ce n'est pas le moment de tomber malade; je dois sortir ce
soir.»
«Non, tu ne peux pas inviter tes amis. C'est une maison ici,
pas un club social.»
«Je ne veux pas que tu ailles à cette fête. On s'attendra à ce
que tu rendes la politesse et ça ne me sourit pas du tout.»
«Comment peux-tu décider de te marier en décembre quand
tu sais que je vais toujours en Floride à ce moment-là?»

Outre le fait que la personne narcissique croit que l'univers
tourne autour de ses besoins, elle est dépourvue de tout sens de
la *réciprocité,* du donnant, donnant. *Ce qu'elle veut lui est dû;
ce que vous voulez est déraisonnable.* Il peut être extrêmement
frustrant d'attendre d'une personne narcissique un échange réciproque de sentiments et de petits services. En fait, ces personnes
sont souvent convaincues qu'elles ont tout donné à la relation
sans jamais rien recevoir en retour.

«As-tu jamais fait une chose pour moi, une seule? C'est avec mon argent que tu vis. Je me coupe en quatre pour le gagner, et toi, tu ne fais rien.»

«Ça m'est égal que tu aies lavé ma voiture. Je ne vais pas me lever cinq minutes plus tôt pour t'accompagner là-bas.»

3) Les personnes narcissiques sont en général très soucieuses de leur corps. Quand cette préoccupation concerne leur apparence, elles consacrent énormément de temps, d'effort et d'argent à la parure, à l'exercice, au régime amaigrissant, au tonus musculaire, aux parfums, aux vêtements. C'est l'aspect du narcissisme qui rejoint le plus la légende de Narcisse amoureux de son propre reflet. Les autres sont le miroir de leur perfection.

«J'ai hurlé et exigé que la coiffeuse refasse ma mise en plis trois fois avant que j'en sois satisfaite.»

«Je sais que nous devons de l'argent au pédiatre et à l'épicier, mais il me faut absolument ce tailleur Pierre Cardin. Quand je le porte, je me sens comme une millionnaire.»

«Je ne vais pas manger ça! On dirait que tu fais tout pour que je grossisse.»

«Si tu veux que je sois prête à huit heures, laisse-moi seule dès cinq heures pour que j'aie le temps de me maquiller et de m'habiller.»

Les personnes narcissiques s'inquiètent aussi de l'apparence et de la beauté de leur maison et de leurs biens, de votre apparence physique ou de la décoration de votre chambre ou de votre demeure.

«J'ai jeté ton vieux jean; je ne veux pas que mon fils ait l'air d'un clochard.»

«Je sais que tu voulais une chambre à coucher rose, mais ce n'est pas la mode cette année.»

«Comment peux-tu inviter des gens à déjeuner et leur donner des serviettes de table en papier?»

«Je n'écoute pratiquement jamais de musique, mais ce qui compte, c'est que je possède la chaîne stéréo la plus sophistiquée qui soit.»

Souvent, le souci du corps ne se limite pas à l'apparence, mais englobe le bon et le mauvais état de l'organisme. Dans ces cas-là, la personne narcissique se préoccupe de ses selles, elle est à l'affût du moindre bobo et de toute sensation étrange, elle est terrifiée et fascinée par tous ses malaises. L'hypocondrie est souvent le fruit du narcissisme. En outre, l'hypocondriaque ressent le besoin pressant de maintenir les autres au courant de ses symptômes et de leur faire partager son anxiété à propos de sa santé physique et mentale. Il consacre beaucoup de temps, d'efforts et d'argent au diagnostic, aux soins, aux médicaments, ainsi qu'à choyer et à observer son corps. Comme il s'inquiète aussi du corps de ses enfants, qu'il voit comme un prolongement du sien, ceux-ci deviennent fréquemment hypocondriaques à leur tour. J'ai souvent vu les rejetons adultes de tels parents obéir à leurs commandements par peur de la culpabilité qu'ils éprouveraient si leurs parents perpétuellement à l'agonie devaient vraiment mourir avant qu'ils aient eu le temps de regagner leur adhésion.

«Je traîne un mal de tête depuis trois jours, et je *sais* que ce n'est pas un mal de tête ordinaire. La douleur est toujours au même endroit, comme si quelque chose était en train de pousser là.»

«J'ai examiné mes selles et elles m'ont paru très noires, alors j'ai pensé qu'il valait mieux que je consulte un médecin.»

«Quand on me mettra en terre, tu finiras bien par admettre que j'étais malade.»

«Laisse-moi. Si je n'ai pas mes huit heures de sommeil, j'attrape tous les microbes.»

4) En dépit de leur volonté d'être attrayantes et désirables, les personnes narcissiques peuvent se désintéresser du sexe, sauf comme mode d'expression même de leur narcissisme. Parfois, elles recherchent avidement le sexe comme preuve de leur habileté à séduire et à conquérir, mais elles demeurent indifférentes à la tendresse et à la sensualité, car la personne narcissique trouve difficiles le partage et l'altruisme que la sexualité requiert. Par conséquent, elle accorde souvent la priorité à ses autres besoins en reportant le sexe au bas de la liste.

«Tu sais que je n'aime pas faire l'amour quand j'ai pris trop de poids.»

«Pas ce soir. J'ai une réunion importante demain et je veux être en forme.»

«C'est toujours quand toi tu veux qu'il faudrait que nous fassions l'amour» (à traduire par «je ne ferai pas l'amour quand toi tu en as envie, car cela équivaudrait à m'abandonner à toi»).

L'enfant a beau ne pas être au courant de ces conversations sur l'oreiller, mais, si une atmosphère générale d'absence d'intérêt pour le sexe, ou de rejet du sexe ou d'intérêt excessif pour le sexe prévaut, il remarquera l'ordre de ces priorités. Il pourra aussi les percevoir dans les remarques qu'on lui adressera directement.

«Non, je ne peux pas jouer avec toi maintenant; je viens de m'habiller pour sortir.»

«Méfie-toi des femmes. Elles te séduisent, et la première chose que tu sais, c'est qu'elles te conduisent par le bout du nez.»

«On peut dire que ta maman a des talents cachés» (dit en lui tapotant les fesses).

«Tu ne dois céder aux avances d'un homme qu'à la condition d'en retirer quelque avantage.»

5) Les personnes narcissiques mentent avec facilité et sans s'en rendre compte. Elles déforment la réalité pour l'ajuster à leurs besoins et croient à la vérité de ce qu'elles disent. Par exemple, elles peuvent se montrer d'accord avec le reste de la famille en ce qui concerne les projets de vacances, et dire plus tard: «Nous faisons toujours ce que tu veux. Moi, je n'ai jamais dit que je souhaitais venir ici.» Elles réarrangeront l'événement passé pour qu'il ne ressemble pas à un mensonge. Ou bien, leur façon de raisonner fera qu'à leurs yeux le mensonge n'en est pas un. («J'ai dit que j'avais des invités ce soir? Oui, c'est vrai, mais ils se sont décommandés.» C'est sans doute complètement faux, mais cela aura servi à vous empêcher d'inviter vos amis.)

6) La conséquence de tout ceci — se croire le centre de l'univers, ne pas voir l'effet de leurs actes sur autrui, être déroutées quand les autres ont besoin d'elles, ne pas être capables de réciprocité, se soucier à l'excès de leur apparence et de leur santé, mentir sans en être vraiment conscientes — est qu'il est difficile sinon impossible pour les personnes narcissiques (selon l'importance de leur narcissisme) d'avoir des relations étroites et intimes avec d'autres personnes. Si l'un de vos parents était une personne narcissique, il lui a été difficile d'être très près de vous. Il y a peut-être eu entre vous une fausse intimité, le rapprochement venant du fait que vous faisiez partie de lui ou d'elle et qu'il ou elle s'efforçait de jouer à la perfection son rôle de parent, mais ce rapport ne tenait pas compte de ce qui constituait votre individualité.

La froideur des parents a toujours pour effet d'ébranler l'estime de soi, mais cet ébranlement varie selon que la froideur en question provient du père ou de la mère. La mère a surtout un rôle nourricier qui exige d'elle une extrême sensibilité aux besoins particuliers et toujours changeants de l'enfant. Lorsque cette sensibilité est présente, lorsque la mère est compétente, qu'elle est la mère «moyenne» dont parle Winnicott, l'enfant surmonte les sentiments négatifs qu'il nourrit envers lui-même parce qu'il est impuissant et inapte à survivre ou à affronter seul le monde, dès lors qu'il se sent soutenu par sa mère. Quant à ses sentiments positifs — vitalité, enthousiasme, curiosité et ambition —, ils sont développés. Si la mère n'est pas assez compétente pour combler les lacunes dans le développement de son enfant, tous les sentiments négatifs de ce dernier s'en trouvent exacerbés tandis que ses bons sentiments subissent des dommages. Si votre mère n'était pas aimante, vous ne vous aimez sans doute pas vous-même. Vous doutez de votre adresse, de vos aptitudes, de votre valeur. Vous vous demandez peut-être sérieusement quelle est votre raison de vivre. Vous êtes sans doute timide, vous ne savez pas vous faire valoir, vous vous trouvez peu désirable et vous avez l'impression d'être de trop. Il se peut que vous vous efforciez de n'en rien laisser paraître en devenant agressif, exigeant et même narcissique, mais vous savez néanmoins qu'il y a une faille profonde dans l'estime que vous avez de vous-même, ce qui vous rend très vulnérable à tout indice de désapprobation ou de rejet. Votre enthousiasme et votre goût de vivre se manifestent sans doute à l'occasion, mais ils peuvent très facilement se transformer en langueur et en désespoir. L'influence qu'a pu avoir une mère narcissique sur l'évolution de votre personnalité dépend de la façon dont vous aurez su transformer en sentiments positifs les sentiments négatifs qu'elle vous inculquait.

Une mère narcissique aura sur son enfant une influence différente selon qu'il est un garçon ou une fille. Si vous êtes le fils d'une mère narcissique, son insensibilité à vos besoins vous a sans doute tragiquement porté à faire ce qu'il fallait pour vous attirer son affection, comme s'il y avait quelque chose à faire («Je vais t'aimer comme personne encore ne t'a aimée, quoi qu'il arrive»). Pire, vous agissez probablement de même avec les autres femmes. La littérature est remplie d'histoires de ce genre: l'homme qui, pour conquérir une femme fière, belle et indifférente, escaladera des montagnes de verre, terrassera le dragon, se sacrifiera, ira en quête d'un trésor inestimable et, s'il le faut, se détruira dans le but d'obtenir les faveurs de sa belle. D'autre part, vous avez peut-être choisi d'imiter l'égocentrisme et la toute-puissance de votre mère pour réussir à vous sentir bien; vous avez adopté plusieurs de ses traits caractéristiques, y compris ce qui fait sa féminité, de telle sorte qu'aujourd'hui, vous êtes à vos propres yeux et aux yeux d'autrui une caricature efféminée de votre mère. Ou bien, vous cherchez à dominer votre mère en abusant des femmes et en les blessant. Vous avez probablement renoncé à être aimé d'une femme et vous vous dites: «Je vais m'en inventer une exprès pour moi.»

Si vous êtes la fille d'une mère narcissique, son insensibilité à vos besoins vous pousse sans doute à lui chercher une remplaçante, tant dans vos rapports avec les hommes que dans vos rapports avec les femmes. Vous redevenez une petite fille en présence des unes et des autres. Le narcissisme de la mère peut aussi être cause d'homosexualité féminine. Vous avez peut-être opté pour une autre solution (d'autant plus que les filles sont portées à voir en leur mère un modèle à imiter) qui consiste à vous identifier au narcissisme de votre mère, à devenir le prolongement d'elle-même que, de toute façon, vous avez toujours été à ses yeux. Vous êtes donc sa poupée Barbie ou sa petite princesse, puisque c'est dans ces rôles que vous vous sentiez bien. Si le narcissisme de votre mère donnait lieu à de l'hypocondrie et faisait d'elle le centre de l'univers et sa plus grande victime, vous prenez sans doute sa relève en faisant en sorte que le monde tourne autour de vos anxiétés.

Que vous soyez le fils ou la fille d'une mère narcissique, elle a fait de vous une personne assoiffée d'amour et d'attention, et les efforts que vous déployez pour en recevoir ou pour nier que vous puissiez en avoir besoin dominent votre vie.

La situation est très différente lorsque le parent peu affectueux est le père. Le rôle du père (voir le chapitre 4) consiste à aider l'enfant à reconnaître et à explorer le monde extérieur, à sortir des jupes de sa mère et de la cuisine familiale, à desserrer ces liens avec la mère qui risquent d'entraver son évolution et le développement de sa personnalité. Un père compétent, un père moyen fera en sorte que son enfant ait accès à un autre monde que celui de la mère. Il pourra être pour lui un guide et une source de courage lors de sa découverte de territoires nouveaux[13].

---

13. Je suis conscient de la nature sexiste de ces descriptions des rôles respectifs du père et de la mère. Je sais aussi qu'on est plus compétent comme parent lorsqu'on possède les qualités de l'un *et* de l'autre, lorsqu'on peut à la fois prendre soin de l'enfant et se montrer «extrêmement sensible à ses besoins particuliers et sans cesse changeants», et être pour lui «un guide et une source de courage lors de sa découverte de nouveaux territoires». Je suis en outre d'avis qu'un enfant élevé par des parents qui n'assument pas les deux responsabilités acquiert une vision faussée et des êtres et de son propre rôle. Il n'en demeure pas moins que, dans la famille nucléaire actuelle et en dépit des transformations considérables qu'a connues la société, la situation la plus courante est celle où la satisfaction des besoins les plus primaires de l'enfant et son tout premier lien d'intimité et de dépendance lui viennent de sa mère, tandis que le père, en général moins présent que la mère, représentera davantage le monde extérieur. Je ne dis pas qu'une situation est préférable à l'autre, je ne prétends pas qu'il faille en changer, et je ne parle pas des conséquences de tel ou tel changement (bien que les transformations qui affectent aujourd'hui la famille traditionnelle nous éclaireront sous peu à ce sujet); je sais seulement que, puisque c'est *habituellement* le cas, l'effet sur l'enfant sera différent si le manque d'affection lui vient de sa mère ou de son père.

Si votre père ne s'est pas préoccupé de vous outre mesure, plusieurs indices ont dû vous le révéler. D'une part, il n'était peut-être pas souvent à la maison (il est en général plus facile pour un père narcissique que pour une mère narcissique de s'absenter souvent de la maison). Vous ne le voyiez sans doute que le soir, avant de vous endormir, ou un petit moment en fin de semaine, et parfois pas du tout pendant de longues périodes[14]. Peut-être encore était-il beaucoup à la maison, mais en ce qui vous concerne, il aurait aussi bien pu se trouver à des années-lumières. Quand vous étiez enfant, tenter de l'arracher assez longtemps à sa télé pour qu'il joue avec vous, l'inciter à sortir de son atelier ou à se lever de son bureau pour qu'il vous lance un ballon, réussir à écourter sa sieste pour qu'il vous aide à faire vos devoirs, ou simplement obtenir de lui qu'il s'assoie et bavarde avec vous peut avoir été si vain que vous en avez conclu que le jeu n'en valait pas la chandelle et avez choisi d'abandonner votre père à son orbite lointaine.

Outre la corrosion de l'estime de soi que peut occasionner le manque d'amour provenant d'une personne qui occupe une place importante dans les premières années de l'enfance, l'un des effets de l'absence du père est la difficulté qu'éprouvera l'enfant, s'il n'y est pas encouragé, à se détacher du champ magnétique maternel. Peut-être n'avez-vous pas encore réussi, ou bien vos efforts visant à réduire vos liens de dépendance avec la mère se sont-ils soldés par une violente rupture. Le ressentiment que des années de vaines tentatives pour gagner l'amour de votre père vous font éprouver envers lui, vous a peut-être rendu cynique et incapable d'aimer.

En général, les fils d'un père narcissique en seront affectés autrement que les filles. Si votre père non seulement était égocentrique mais encore vous dépréciait toujours (une combinaison

---

14. L'absence du père n'est pas en soi une preuve de son manque d'affection pour vous. Son travail, les circonstances, son incapacité à supporter la présence de votre mère peuvent l'avoir tenu éloigné de la maison. S'il se débrouillait pour vous emmener avec lui ou pour être en votre compagnie dans les moments où il était à la maison, vous pourriez en déduire qu'il vous aimait même s'il était souvent absent. La réponse vous sera dictée par le type de rapport que vous aviez ensemble et par votre intuition.

fréquente et castratrice), vous êtes à même de constater que cela a émoussé votre caractère et vous a rendu passif dans la poursuite de vos ambitions. Mais peut-être avez-vous aussi décidé il y a longtemps de prévenir cette impuissance en adoptant le narcissisme de votre père, en l'imitant. Si c'est le cas, vous éprouvez de la difficulté à vous rapprocher des autres, à vous identifier à eux, ou à facilement vous mettre en frais pour eux. Peut-être ressentez-vous cela comme un défaut ou n'êtes-vous conscient du problème uniquement parce qu'on vous en fait le reproche.

Si votre père ne pensait qu'à lui et n'avait pas de temps à vous consacrer, il n'en avait sans doute pas davantage à consacrer à votre mère, ce qui signifie que votre mère était (est), elle, plus disponible pour vous. L'attachement qui en a résulté était probablement trop fort, mais il est plus probable que vous ayez combattu votre complexe d'Œdipe par l'agressivité et la colère. Si vous vous efforcez parallèlement de rompre les liens de dépendance qui vous attachent à votre mère, la combinaison de ces deux facteurs peut détruire toute possibilité d'entente entre vous et elle. Si, en outre, vous avez assimilé le narcissisme de votre père, vous ressentez très probablement le besoin de séduire et de manipuler les femmes, et vous excellez à ces exercices.

Les pères narcissiques sèment en leurs filles des doutes profonds quant à leur aptitude à se faire aimer d'un homme, car l'homme le plus important de leur vie était si épris de lui-même qu'il n'avait plus d'affection à leur donner. Si vous êtes la fille d'un père narcissique, vous vous êtes peut-être détachée des hommes et liée ouvertement ou émotionnellement à votre mère. Ou encore vous vous efforcez, quitte à vous détruire, d'être le genre de femme qui lui plaît — quel que soit ce genre de femme — dans votre tentative désespérée d'être aimée de lui. Vos rapports avec les autres hommes en sont peut-être devenus masochistes: vous êtes très attirée par un homme narcissique et vous vous acharnez en vain à découvrir comment cet homme incapable d'amour pourrait finir par vous aimer. Vous êtes attirée par les hommes narcissiques, car vous aimeriez leur ressembler en étant sûre de vous, détachée de tout, imbue de vous-même. Cependant, parce que vous n'en avez pas le courage, vous vous contentez de vous identifier à eux, parfois à votre détriment. (J'ai souvent vu cela se produire, par exemple quand une femme, après s'être soumise à un ou plusieurs hommes qui abusaient d'elle, trouve la force de rompre le cycle et, renversant les rôles, abuse de cet homme ou du prochain homme dans sa vie, avec une violence égale à celle qu'elle a subie. Elle ne se contente pas de prendre sa revanche, elle exprime son désir secret d'être puissante, de dominer son père et de le forcer à quémander son affection.) Sylvia Plath exagérait sans doute quand elle déclarait que «*Toute* femme aime un jour un fasciste», mais si votre père était narcissique, le risque est grand que vous adoriez des hommes très épris d'eux-mêmes et que vous soyez toujours engagée dans des relations où vous faites pratiquement toutes les concessions. Vous finissez sans doute par croire que c'est de l'amour et fredonnez des romances telles que: «Mon légionnaire», «C'est mon homme» ou «Mon mec à moi».

Mettre fin au scénario qui vous lie à des parents non affectueux peut sembler encore plus douloureux que le perpétuer, car vous devez pour cela admettre de très dures vérités, dont le fait que vos parents ne vous aiment pas. Certains d'entre vous ont peut-être déjà admis cela, d'autres n'en ont pas encore été capables. Il le faut pourtant; il faut que vous vous disiez: «Ma mère (mes parents ou mon père) ne m'a pas aimé», puis que vous laissiez ces paroles faire leur effet en vous amenant à admettre ouvertement ce que vous avez toujours su intuitivement.

Ensuite, il vous faut reconnaître que ce manque d'amour vous a convaincu de votre nullité. L'estime de soi d'un individu provient en grande partie de l'estime que ses parents ont pour lui dans sa plus tendre enfance et même avant. Si vous aviez le sentiment d'être rejeté par vos parents, vous en êtes sans doute venu à croire que vous n'étiez pas digne d'être aimé de quiconque. Il vous faut affronter cette certitude avant de pouvoir lui apporter un correctif.

Le troisième fait à admettre est que le manque d'amour de vos parents a affecté votre propre aptitude à aimer. Ceci est quasi inévitable. Je ne veux pas dire que vous ne savez pas être affectueux de temps à autre, mais que votre aptitude à aimer connaît certaines limites parce qu'au moins un de vos parents ne vous a pas appris ce qu'est l'amour et parce qu'il y a en vous un vide, un manque, qui complique les choses. On peut difficilement nourrir autrui quand on a faim soi-même. Il peut arriver que vous pensiez aimer plus que vous n'aimez en réalité, car vous comblez quelqu'un d'amour comme vous auriez voulu en être vous-même comblé, sans vous rendre compte que ce n'est pas ce que l'autre personne désire. Par exemple, vous faites une promenade en barque avec votre fils chaque dimanche sans voir que cela lui déplaît; il vous accompagne quand même, car il a découvert que votre compagnie lui est acquise à vos seules conditions. Ou bien, vous êtes une femme mariée qui croit inspirer de l'amour en entretenant sa maison et en faisant sa lessive, mais qui éprouve de la difficulté à donner à son mari les caresses qu'il souhaitait. Ce sont là quelques-unes des lacunes affectives qu'il vous serait utile de découvrir en vous, mais pour les voir, vous devez cesser de vous laisser aveugler par votre narcissisme.

Enfin, vous devez être conscient des scénarios spécifiques que vous jouez avec vos parents peu affectueux, qui ont pour fonction de garder vivants les sentiments négatifs que vous ressentiez envers vous-même tout en vous donnant l'impression de vous rassurer. La plupart sont des variations sur quelques thèmes majeurs que voici:

À cœur vaillant, rien d'impossible — Vous vous efforcez de tirer de l'huile d'un mur, le mur étant l'un de vos parents ou toute autre personne à qui vous espérez soutirer de l'affection.

Heureux comme un roi, heureux grâce à toi — Vous cherchez à vous sentir bien dans votre peau en vous joignant à l'un de vos parents dans une entreprise d'adoration mutuelle ou de narcissisme à deux. Mais ce bonheur est fragile, car il est fait du narcissisme de vos parents et non pas d'une juste appréciation de vous-même. Vous êtes vulnérable et vous vous fâchez facilement quand les autres ne vous voient pas sous le même jour, ou qu'ils ne se comportent pas comme s'ils étaient des prolongements de vous-même.

Il faut faire cavalier seul — Vous abandonnez tout espoir d'être aimé de vos parents ou de qui que ce soit d'autre et percevez toute intimité comme une menace ou un piège.

Vous donnez corps à votre certitude de ne pas être aimable en devenant une sorte de taupe, de porc-épic ou de mouffette, bref, en adoptant une personnalité désagréable qui maintient les autres à distance.

À martyr, martyr et demi — Vous prenant de plus en plus pour une victime, vous accusez vos parents de ne pas vous aimer et vous tentez de leur extorquer des marques vraies ou fausses d'affection. Vous ne réussirez à prélever cette «taxe» que sur des parents qui se culpabilisent parce qu'ils ne vous aiment pas, mais vous la percevrez tant qu'ils seront d'accord pour la payer. Quant à vous, vous devrez vous assurer que votre vie est une perpétuelle vallée de larmes si vous voulez être un martyr authentique muni d'un permis valide d'extorsion.

Une fois que vous aurez pris conscience de tous ces sentiments douloureux et de ces vaines mises en scène, et que vous aurez compris quel prix vous payez, vous devrez vous poser une question très importante: si je n'ai pas eu de mes parents l'amour dont j'avais besoin, si cette lacune a émoussé l'estime que j'ai de moi et influencé mes rapports avec autrui, est-il possible de réparer une aussi fondamentale avarie? Ne serait-il pas préférable de me maintenir dans une illusion de bien-être et de continuer à croire que je découvrirai un jour une façon de me faire aimer de mes parents?

Ce manque d'amour laisse toujours des traces, mais la blessure peut guérir et entraîner un renouveau. Il vaut la peine de renoncer aux scénarios qui vous ont permis de survivre à cette lacune, car il existe de meilleures façons de se sentir bien dans sa peau. En remplaçant les anciens scénarios par des comportements plus authentiques, *vous devez absolument accepter que le manque d'amour de vos parents les décrit eux, et non pas vous. En d'autres termes, le fait qu'ils ne vous aimaient pas révèle leur inaptitude à aimer et non pas votre inaptitude à être aimé.* Il est de toute première importance que vous perceviez le moi enfant de vos parents, car ce moi enfant, en occupant une trop grande place en eux, les a empêchés de vous aimer. Si votre mère ou votre père vous a voulu pour plaire à ses parents

ou à son conjoint, à sa conjointe ou à la société, c'était son moi
enfant qui, s'efforçant de correspondre à l'enfant idéal cherchant
l'approbation ou évitant le rejet, avait pris la décision de vous
mettre au monde. Vous avez alors été conçu par un enfant, et un
enfant ne saurait que *jouer* au papa et à la maman.

Si l'on ne vous a pas aimé en raison de la personne que vous
symbolisez plutôt qu'en raison de la personne que vous êtes, vous
devez chercher à savoir qui vous remplacez. Si vous ouvrez les
yeux, vous trouverez des tas d'indices. À qui vous comparait votre
parent peu affectueux? Selon lui ou elle, à qui vos traits ou vos
gestes faisaient-ils songer? Quelle est la personne qui lui inspire
des sentiments similaires à ceux qu'il ou elle éprouve envers
vous? S'agit-il d'un de ses parents? De l'autre personne du couple? D'un aspect de son moi qui lui déplaît? Si ce parent semble
montrer plus d'affection à votre enfant qu'à vous, qui cet enfant
représente-t-il? Si vous symbolisez quelqu'un de peu aimable,
avez-vous assumé le rôle de cette personne? Dans quelle mesure
avez-vous adopté le rôle qui vous est imposé par ce parent?

Si le manque d'amour de ce parent provient de son narcissisme, vous devez alors voir en lui l'enfant stoppé à ce stade de
son évolution où il s'est cru le centre de l'univers, où ses besoins
ont pris le pas sur ceux des autres. Ceci ne signifie pas que ses
parents l'ont aimé, mais plutôt qu'ils l'ont eux aussi mal aimé,
peut-être en le «gâtant» par de fausses marques d'affection. Il aura
développé des manques, il aura pris place sur le piédestal que ses
parents lui auront édifié, il ne se sera jamais suffisamment soucié
des autres et n'aura jamais appris à les voir autrement que
comme ses serviteurs. Son incapacité à vous aimer est une tragédie, mais vous n'y êtes pour rien.

Vous avez beau ne pas en être responsable, les blessures cau-
sées par le manque d'amour sont bien réelles. Comment guérir?
D'abord, en ne vous acharnant pas à rouvrir la plaie par des scénarios autodestructeurs. Vous avez vraiment besoin d'amour, mais
si vous vous donnez pour mission de vous faire aimer de vos
parents ou de toute autre personne qui ne vous aime pas, vous
ne ferez que vous enliser dans la certitude de n'être pas aimable.
Votre besoin d'amour est aussi réel que votre soif un jour de cani-
cule. Si vous avez vraiment soif, vous demandez un verre d'eau,

non pas un verre rempli de sable que vous espérez changer en eau. Il faut donc que vous cherchiez l'amour où il se trouve et que vous cessiez de l'attendre de ceux qui ne peuvent pas vous le donner.

Mais ceci ne représente qu'une partie de votre guérison. Le nœud de la question est: comment pouvez-vous commencer à vous aimer vous-même quand votre cerveau ne comporte aucun enregistrement vidéo d'amour parental qui puisse vous guider? En fait, contrairement à ce que nous venons de dire, votre cerveau recèle peut-être quand même un enregistrement de manifestations affectueuses. D'une part, même votre parent peu affectueux vous a sans doute aimé à certains moments et, d'autre part, votre autre parent vous aura aimé pour vrai, et il en va de même d'autres membres de la famille, de vos enseignants, de vos amis. Toutes ces personnes ont fourni des images d'affection à votre cerveau. Vous avez peut-être suffisamment d'amour en vous pour être en mesure d'en donner, mais vous n'avez pas encore appris à vous en donner à vous-même. Tâchez de remarquer quel comportement vous avez avec les personnes que vous aimez le plus — un ami, un amant ou une maîtresse, un époux ou une épouse, un enfant — et voyez s'il vous est possible d'avoir envers vous-même la même tendresse, la même tolérance et les mêmes attentions.

Voici un exercice très stimulant qui peut vous aider à devenir votre propre parent et à prendre soin de votre moi enfant. Songez à une photo de vous quand vous étiez enfant. Imaginez que cet enfant est debout dans un coin de la pièce. Pénétrez à l'intérieur de cet enfant et efforcez-vous de ressentir ce qu'il ressent. Puis dirigez-vous vers lui, prenez-le dans vos bras pour l'asseoir sur vos genoux et dites-lui tout ce que, selon vous, il veut entendre. Retenez l'exemple d'un homme d'une quarantaine d'années qui n'avait jamais été aimé de son père. Il assit son moi enfant sur ses genoux et lui dit: «Tu es un brave garçon. Tu es amusant, et tendre et sensible. Moi, je vais t'enseigner à être courageux et à te défendre, parce que tu auras besoin de beaucoup de force et de confiance en toi. Je vais te montrer à ne pas avoir peur d'aller chercher ce que tu souhaites. Je peux faire ça pour toi, car je t'aime, et je veux que tu sois courageux, capable et heureux.

Laisse-moi t'aimer.» En se parlant ainsi à lui-même comme s'il était un petit garçon assis sur ses propres genoux, il découvrait ce que son moi enfant avait désiré sans jamais l'obtenir de son père, et il apprenait comment se le donner à lui-même. Retenez aussi l'exemple d'une femme dans la trentaine, une femme déprimée, suicidaire, autodestructrice, rejetée par ses deux parents. Elle prit son moi enfant dans ses bras et lui dit en pleurant: «Oh! ma petite chérie! Tu es tellement gentille que je t'aime même quand tu es méchante. N'aie pas peur et ne sois pas timide. Sois forte et sûre de toi. Je vais te dire un secret: tu es la petite fille que j'ai toujours souhaité avoir, que j'ai toujours rêvé d'avoir, et je suis si heureuse que tu sois ici, bien vivante.» Elle se laissait ainsi aller à ressentir ce que l'enfant en elle voulait si désespérément sans l'avoir jamais reçu, et elle apprenait à prendre soin de cette petite fille, c'est-à-dire à prendre soin d'elle-même.

Il nous faut apprendre à nous substituer à nos parents. Il nous faut apprendre à être pour nous-mêmes un meilleur parent que nos parents ne l'ont été, apprendre à permettre aux autres de nous aimer comme nos parents n'ont pas su le faire. Il nous faut apprendre à voir dans l'affection qui nous est depuis toujours prodiguée un reflet de notre propre valeur.

8

UNIQUE AU MONDE

Chaque enfant qui vient au monde a non seulement besoin d'être nourri, protégé et gardé propre, mais il a également besoin de stimulation physique, c'est-à-dire d'étreintes et de caresses. Il a été abondamment démontré qu'un bébé privé de caresses sombre dans la dépression et le repli sur soi, il tombe malade et, dans des cas extrêmes, il peut même mourir. On sait aussi qu'un bébé qui reçoit suffisamment de marques physiques d'affection est plus heureux et satisfait, plus énergique et plus en forme.

Heureusement, la plupart des parents aiment tendrement leurs enfants et leur donnent des preuves physiques de cette tendresse. Le besoin qu'a l'enfant d'être caressé et le besoin qu'ont les parents de caresser l'enfant se répondent et constituent la base des premiers échanges affectifs. Bien que l'expression physique de l'affection diffère d'un parent à l'autre, la plupart prennent leur bébé dans leurs bras, le caressent, l'étreignent, le bercent et le chatouillent. Quand l'enfant grandit, les marques de tendresse ne cessent pas pour autant. Les parents prennent encore leurs enfants dans leurs bras, les assoient sur leurs genoux, les portent sur leurs épaules, luttent avec eux, les baignent, brossent leurs cheveux, les bordent, les étreignent et les embrassent. Les enfants continuent de croître, la tendresse est toujours présente, et le besoin de l'exprimer, quoique d'une manière différente, ne diminue pas, et il est à souhaiter que les parents continuent d'en donner des preuves. Une étreinte, un toucher, même le rituel du baiser de bonne nuit sont une partie importante de la relation parents-enfant. Tout cela signifie qu'il est naturel pour l'enfant et pour les parents d'éprouver ensemble le plaisir sensuel du contact physique et de le démontrer. Autrement dit, l'affection entre les parents et l'enfant comporte un aspect *sexualisé* parfaitement normal, naturel et sain. J'emploie ici le terme «sexualisé» pour indiquer qu'un certain degré d'excitation s'y mêle, un désir de prolongement de ce plaisir physique tant de la part de l'enfant que de celle des parents, et ce désir, je le répète, est normal, naturel et sain. Après tout, l'enfant est un être vivant en quête de plaisir et d'affection, susceptible de stimulation sexuelle. Quoi de plus normal que ressentir une telle stimulation au contact d'êtres qui lui sont le plus proches, auxquels il est le plus attaché, qu'il aime le plus et qui l'aiment? Quant aux parents, ils sont eux aussi des êtres vivants en quête de plaisir et d'affection, susceptibles de stimulation sexuelle. Que les parents ressentent un certain degré de stimulation sexuelle au cours des contacts qu'ils ont avec leurs enfants est naturel et fréquent (bien que beaucoup d'entre eux répriment ces émotions qu'ils croient malsaines ou même perverses).

La recherche de plaisir et de marques d'affection de l'enfant est souvent dirigée vers le parent du sexe opposé. C'est, selon Freud, le fondement du complexe d'Œdipe. Freud était conscient des dangers associés à ce phénomène généralisé. D'une part, à trois ans déjà, ou même plus jeune, l'enfant peut se sentir submergé par des émotions et des sensations si intenses qu'il est incapable de les comprendre, d'y faire face, de les satisfaire ou de les contrôler. D'autre part, le lien parent-enfant qui en résulte peut devenir si puissant qu'il démotivera l'enfant à s'ouvrir au monde. Enfin, Freud a constaté que le désir de l'enfant envers le parent du sexe opposé est possessif et exclusif. Le petit garçon veut que sa mère lui appartienne *totalement* et la petite fille veut que son père lui appartienne *totalement*. Cela signifie que l'enfant souhaite éliminer le rival (ou la rivale), représenté par le parent du même sexe, et qu'il nourrit par le fait même des désirs de mort envers cette personne. En raison de cette dangereuse et secrète concurrence, le petit garçon ou la petite fille a très peur de subir les terribles représailles du père ou de la mère. Idéalement, lorsque l'enfant, remarquant que le parent qu'il veut posséder ne souhaite pas connaître avec lui une relation de cette nature, constate la futilité de son désir, il se libère de son attirance œdipienne envers le parent du sexe opposé, trouve un apaisement à s'identifier au parent du même sexe plutôt que de lui faire concurrence, et devient apte, plus tard, à trouver son (sa) propre partenaire dans la vie. La capacité du parent à réagir de façon appropriée à la sensualité de son enfant est donc capitale, car, si naturels et compréhensibles que soient le désir sexuel de l'enfant pour son parent et celui du parent pour son enfant, aller *trop loin* dans l'expression de cette sensualité peut être destructeur.

Quand va-t-on «trop loin»? Le parent dont la convoitise est plus grande que son discernement de ce qui convient à l'enfant et de ce à quoi il peut faire face, va trop loin. Nourrir un enfant, c'est s'en occuper et veiller à son bien-être, mais quand le parent obéit plus à sa volonté de gorger l'enfant qu'aux besoins réels de celui-ci, ou quand un parent rassasie les fringales de l'enfant, notamment en lui donnant tous les bonbons qu'il demande, tout en étant conscient des conséquences néfastes de tels abus, il va «trop loin». En ce qui concerne les manifestations du désir et de la tendresse réciproques, le parent va «trop loin» quand, laissant sa passion ou son besoin d'affection avoir le dessus, il perd de vue l'écart entre prodiguer à l'enfant des caresses affectueuses et bienveillantes et assouvir son propre désir. Le parent va «trop loin» quand il ne voit plus que son comportement peut créer de la rivalité entre parents et éveiller chez l'enfant une peur telle des représailles qu'elle risque d'entraver la communication et l'affection entre lui et son parent du même sexe.

L'enfant ne saurait faire l'expérience avec l'un de ses parents d'un rapport sexualisé intense et manifeste sans en subir des conséquences néfastes. Par conséquent, l'un des devoirs les plus importants des parents consiste à discerner la ligne floue qui sépare le fait d'assouvir dans une certaine mesure les désirs sensuels de l'enfant et celui de l'aider à contrôler ces mêmes désirs, afin de ne pas se laisser confondre, terrifier et dominer par eux.

Le côté mûr et protecteur du parent sait faire cette distinction et se comporter pour répondre de façon optimale aux désirs de l'enfant tout en les contrôlant du mieux possible. Mais si le moi enfant du parent a pris le dessus, le parent se laissera guider par ses propres envies et par la propension de ce moi enfant à vouloir obtenir une gratification immédiate, sans retard ni limites, et sans souci des conséquences. Quand le côté puéril du parent se laisse emporter par l'ampleur de ces manifestations d'affection, d'intimité et de sexualité, l'équilibre psychologique de l'enfant est menacé. Cette situation entraîne souvent la participation passive du moi enfant de l'*autre* parent, qui encourage alors subtilement les jeux de séduction entre son époux (son épouse) et l'enfant, ou qui ne réagit pas aux circonstances d'une façon adéquate.

La petite fille à son papa

J'ai eu pour patiente une petite fille de dix ans, Judith, que l'on m'avait amenée parce qu'elle souffrait d'angoisse, de troubles du sommeil et de problèmes de concentration. Je m'entretins séparément avec chacun de ses parents, et je les rencontrai aussi ensemble. Son père, Ed, dirigeait une agence de publicité. C'était un homme énergique et vigoureux, qui me dit avoir toujours eu de forts appétits sexuels que sa femme ne comblait pas. Il avait eu plusieurs maîtresses. Il me décrivit son arrivée quotidienne à la maison: «J'avais toujours hâte de rentrer pour retrouver Judith. Je m'annonçais à grand bruit, Judith accourait vers moi dans le long corridor en criant: "papa! papa!" Je la prenais dans mes bras, je la lançais dans les airs et la rattrapais, et nous nous roulions par terre serrés l'un contre l'autre. Les choses ont changé, bien sûr, car elle est trop grande pour ces jeux et elle est aussi plus réservée, mais nous sommes encore physiquement très proches, et nous faisons une excursion tous les dimanches, juste nous deux. Ma femme déteste les excursions.»

Louise, la mère de Judith, était une femme tranquille, réservée et portée à l'introspection. Sans aller jusqu'à être introvertie ou asexuée, elle semblait perplexe et exclue de la relation étroite et turbulente qui unissait son mari et sa fille. Sous des dehors de couple heureux, le père et la mère de Judith n'avaient apparemment pas grand-chose à se dire. Toutes les composantes d'un Œdipe tourmenté se rencontraient, et j'étais porté à croire que les problèmes de Judith trouvaient là leur cause.

En quoi consiste un Œdipe tourmenté? Un père ne doit-il pas prodiguer des marques physiques d'affection à sa fille et passer du temps en sa compagnie? Bien sûr. C'est pour eux une communion merveilleuse et spéciale qui peut rassurer la petite fille sur sa valeur et sa capacité à éveiller des sentiments affectueux et qui l'amène à apprécier la compagnie des hommes. Mais dans le cas de Judith, ce contexte est bouleversant en raison de la nature sexuelle du jeu du père — qui semble compenser ses appétits excessifs en étant plus étroitement lié à sa fille Judith qu'à sa femme Louise («J'avais toujours hâte de rentrer pour retrouver *Judith*») — ajoutée à l'exclusion et à l'impuissance de la mère. En raison de cette structure familiale, Judith sent qu'elle peut l'emporter sur Louise, ce qui représente une terrible éventualité pour une enfant qui aime sa mère et qui dépend d'elle, ou bien que sa mère se vengera en l'attaquant ou en l'abandonnant, pensée qui lui inspire aussi une grande terreur.

Peu après le début de la thérapie de Judith, mon doute quant à l'origine œdipienne de ses angoisses fut confirmé. Ed devait se rendre à un congrès à Chicago et, Judith étant en congé de l'école, il l'emmena avec lui. Il s'amusèrent ferme, partagèrent une chambre d'hôtel, visitèrent le musée d'histoire naturelle, firent une promenade au bord du lac, mangèrent dans de bons restaurants et reprirent l'avion le lendemain. Peu après leur retour chez eux, dans la banlieue, Judith fut prise d'une terreur panique incontrôlable. Elle hurlait, jurait que des bombes atomiques allaient leur tomber sur la tête, que la chaudière allait exploser, que toutes sortes d'autres malheurs étaient imminents. Tout ce temps, elle ne supportait pas de perdre de vue sa mère, elle s'accrochait à elle et ne laissait pas son père l'approcher. Leur petite «lune de miel» avait exacerbé son désir, sa jalousie et ses sentiments de rivalité au point de transformer sa vie en un horrible cauchemar.

Il n'entre pas dans mon propos d'expliquer ici comment j'ai pu aider Judith, mais plutôt de montrer comment le moi enfant de ses parents avait contribué à son déséquilibre. À mesure que je connus mieux le père de Judith, j'appris à voir en lui un petit garçon convaincu de son peu d'importance et de sa médiocrité, qui avait tôt appris à combattre ces sentiments par des fanfaronnades sexuelles. Tout jeune, il plastronnait, surtout devant les filles. Devenu adolescent, il accumula conquête sur conquête dans le but de se valoriser. À l'âge adulte, il ressentit le besoin de perpétuer ces comportements, même face à sa fille, comme si le petit garçon peu sûr de lui qu'il hébergeait s'était écrié: «Regardez-moi, vous tous. Regarde-moi, Judith. Je suis fort, magnifique et viril. Sans doute m'en convaincras-tu si j'arrive à me faire aimer de toi.»

Louise, sa femme, était pour lui une représentation de la mère froide qu'il avait connue dans son enfance, une mère dont le narcissisme et l'égoïsme lui avaient inculqué le sens de sa médiocrité. L'hostilité de Ed, petit garçon, envers sa mère s'exprimait par son rejet de sa femme. Judith devint donc pour Ed une autre mère à séduire, et sa femme devint la mère qu'il méprisait. Mais notre pauvre Judith ignorait que son père adoré n'était qu'un vulnérable petit garçon. Elle le voyait sous l'aspect d'un homme fort, puissant et beau, et elle se faisait gloire des attentions qu'il lui prodiguait. Tout cela l'entraîna avec une déconcertante facilité dans un scénario où elle devint l'ingénue en perpétuelle adoration devant son prince charmant.

La pièce se jouait donc entre deux enfants, soit une petite fille idolâtre, sensuelle et possessive, et un petit garçon poseur et assoiffé d'amour. Ce jeu de séduction réciproque est la plus dangereuse des premières passions.

Et qu'en était-il de Louise, la mère de Judith? De toute évidence, il y avait en elle une petite fille ayant toujours douté de sa valeur et de sa compétence. Louise avait depuis longtemps perdu toute confiance en soi face à une mère fortement exigeante (la grand-mère de Judith), une femme dominatrice et possessive avec son mari (le grand-père de Judith). Le moi enfant de la mère de Judith se sentait toujours aussi indésirable, se comportait encore comme une ratée. En fait, c'est sa propre mère toute-puissante que le moi enfant de Louise voyait en Judith, et elle restait à l'écart, décontenancée, à regarder son mari et sa fille gambader ensemble.

aussi la concurrence, réelle ou imaginée, entre le parent et l'enfant de même sexe. Lorsqu'un parent joue un jeu de séduction avec l'enfant du sexe opposé, il éveillera inévitablement chez l'enfant des sentiments de crainte à l'endroit de son parent du même sexe, même si celui-ci ne se comporte pas comme un rival. En fait, ceci peut se produire même lorsque le parent de sexe opposé n'est pas *délibérément* séducteur. Je me souviens d'avoir traité un petit garçon appelé José. Au début de sa thérapie, le trouble de José était si profond qu'il paraissait mentalement déficient. Sa thérapie dura plusieurs années, mais à la fin, José était devenu un jeune homme spontané, heureux et vif. J'eus une dernière rencontre avec ses parents. Nous nous disions tous ravis des progrès de José. Puis, je dis au père: «Un seul problème persiste: la peur que vous inspirez à José. Je ne la comprends pas très bien, mais son état s'est amélioré et poursuivre la thérapie ne me paraît pas nécessaire.» Le père de José était un homme costaud, très grand et large d'épaules, un homme doux comme le sont souvent les hommes corpulents qui ne ressentent pas le besoin de prouver leur force. Il se tourna vers son épouse, une très jolie petite femme. Ils me confièrent alors une chose qu'ils ne m'avaient jamais dite depuis que je traitais José; ils étaient naturistes et ils passaient toutes leurs vacances d'été dans un camp de nudistes. En d'autres termes, José était souvent nu en compagnie de sa jolie maman, nue elle aussi, et de son père costaud et fort et nu. Les sentiments et les fantasmes qu'il éprouvait le conduisaient à nourrir un tel désir de se débarrasser de son père qu'il vivait dans l'obsession de sa vengeance. (À ceux qui pourraient prendre ces propos en dérision, car il sont d'avis que le corps humain est beau, et que, la nudité étant naturelle, elle devrait être une expérience libératrice, je dirai que leur point de vue ne tient pas compte de l'inconscient. Ne pourrais-je pas m'inquiéter de savoir pourquoi, en quatre ans de thérapie au cours de laquelle José a maintes fois décrit en détail ses vacances d'été, les jeux, la chasse aux grenouilles, les loisirs familiaux, pourquoi, dis-je, il n'a jamais cru utile de mentionner qu'en ces occasions tout le monde était nu? Et pourquoi ses parents, avec qui j'ai eu de nombreuses rencontres, ne me l'ont pas dit non plus, sauf à la toute fin et seulement lorsque je m'étonnai du fait que José avait encore peur de son père? Les préjugés de la société à l'endroit du naturisme incitent certes à la prudence quand il s'agit de mentionner ces choses. Mais plus que des préjugés sont en cause si l'on évite d'en parler pendant tant d'années à un psychothérapeute. Les parents de José devinaient confusément le trouble qu'éveillaient chez leur fils leurs habitudes naturistes sans pouvoir l'aider adéquatement à y faire face.)

Or, si la compétition peut éclater chez l'enfant seul, sans que le parent du même sexe agisse comme un rival, il n'est pas difficile de comprendre comment le complexe d'Œdipe peut s'intensifier lorsqu'il existe réellement une concurrence entre le parent et l'enfant de même sexe. Un parent qui, comme la reine dans *Blanche-neige,* éprouve le besoin de demander «Miroir, ô miroir, dis-moi qui est la plus belle (le plus beau)» peut être destructeur et terrifiant. Souvent, il repoussera l'enfant, il le précipitera même parfois dans les bras du parent du sexe opposé, tout comme Blanche-neige fut poussée entre les bras de sept petits vieillards. Mais le prince charmant ne vient pas toujours à la rescousse.

Il arrive que les efforts du parent pour empêcher tout lien d'intimité entre son enfant et le parent du même sexe soient couronnés de succès. Dans ce cas, le complexe d'Œdipe ne saurait se résoudre et l'enfant est sevré de la communion heureuse avec l'autre parent qui serait si essentielle à sa croissance. Le côté du parent qui fait dangereusement concurrence à son propre rejeton correspond au petit garçon ou à la petite fille qui se croit médiocre par rapport aux autres. Il est cet enfant insignifiant et nul s'il se compare à son père ou à sa mère gigantesque et habile, il est celui qui s'estime incapable de l'emporter sur sa propre progéniture mignonne et autoritaire.

L'enfant rival en vos parents ne s'est sans doute pas manifesté tant que vous n'avez pas commencé à fréquenter les garçons ou les filles. Votre parent du même sexe aura alors choisi ce moment pour critiquer et dénigrer vos premiers béguins. Affirmant agir pour votre bien, il ou elle peut s'être efforcé de saboter vos relations amoureuses, sous prétexte que votre ami(e) n'était pas à votre hauteur, ou que vous étiez trop jeune, etc. Comme c'est le cas pour madame Robinson et sa fille dans *Le Lauréat,* le parent rival cherchera à séduire l'amoureux ou l'amoureuse de sa fille ou de son fils.

S'il existe une rivalité entre vous et votre parent du même sexe, vous pouvez y voir la preuve que le moi enfant de ce parent est prisonnier de son complexe d'Œdipe et que vous représentez à ses yeux le parent rival du même sexe que lui.

J'ai donné mon cœur à papa

L'un des conflits œdipiens les plus difficiles à résoudre est celui où le parent du même sexe pousse l'enfant dans les bras du parent du sexe opposé, soit d'une manière active, soit passivement, par abdication. À l'extrême, l'inceste en est l'aboutissement. Je me souviens d'une femme dont la relation sexuelle avec son père s'était échelonnée sur plusieurs années. Elle avait pour mère une femme souffreteuse, déprimée, répandue en lamentations, en compagnie de qui ni le mari ni la fille ne se plaisaient. Quand je lui demandai comment elle s'était sentie, à l'adolescence, au début de sa liaison incestueuse avec son père, elle répondit: «Je me sentais bien. Après tout, je m'efforçais toujours de rendre la vie plus facile à ma mère en faisant la vaisselle et la lessive; c'était pour moi une autre façon de lui venir en aide.»

On voit encore ici que le moi enfant de la mère, craignant de gagner la guerre œdipienne contre sa propre mère, se rend et donne son mari en butin à sa fille. Nous apercevons aussi un père, dont le besoin de conquête et de possession de son moi enfant est si puissant qu'il l'emporte sur son discernement d'adulte et sur ses responsabilités paternelles.

Si vous vous apercevez que votre complexe d'Œdipe n'est pas encore résolu, le rapprochement, l'attention et l'intensité qui le composent vous donnent peut-être encore assez de plaisir pour que vous ne teniez pas à en changer. Vous vous dites peut-être: «Je sais bien qu'en théorie, ce n'est pas censé être bon pour moi, mais est-ce que cela peut vraiment me faire du mal?»

Un complexe d'Œdipe persistant peut nuire à vos relations avec vos parents et vous empêcher de vous détacher d'eux. Prenons l'exemple extrême de la jeune fille dont nous venons de parler qui eut une liaison sexuelle avec son père pour rendre service à sa mère. Elle finit par se marier, mais choisit un mari passif, incapable et ingénu, de sorte qu'elle put poursuivre sa liaison avec son père sans qu'il s'en aperçoive! Y a-t-il mariage plus futile, ou parents plus médiocres aux yeux de leurs propres enfants?

Cet exemple est sans doute trop extrême pour que vous puissiez vous y reconnaître. Voici cependant un autre cas, un peu inhabituel certes, mais assez semblable à certaines situations pour que vous y trouviez des points communs. Je reçus un jour un coup de téléphone d'une ancienne étudiante. Son amie intime venait de se marier, mais le couple traversait une crise d'une violence et d'une intensité telles qu'elle me demandait de les recevoir, elle et son mari. Je les fis venir à mon bureau après les heures habituelles de consultation, et nous travaillâmes jusque tard dans la nuit, car il s'agissait, en effet, d'une urgence. Ils étaient mariés depuis quelques mois à peine. Berthe était une femme de vingt ans, vive et jolie, dont le père, parti de rien, était devenu millionnaire. C'était un industriel dynamique, plein de charme et de volonté. Il avait toujours été un héros aux yeux de Berthe. Quant à Laurent, le mari de Berthe, c'était un jeune homme sans prétention qui venait de quitter le Peace Corps au moment de leur première rencontre. Il avait un diplôme de travailleur social et occupait un poste de conseiller familial dans un centre communautaire. Peu après leur mariage, Berthe se mit à s'emporter contre lui, de façon tout à fait irrationnelle et sans pouvoir déceler les motifs de sa rage. Elle l'abreuvait d'injures et lui lançait des objets par la tête. Au début, il en fut abasourdi et il tenta de la calmer, mais la veille, perdant lui aussi la tête, il l'avait battue. Un voisin avait prévenu la police et l'on dut conduire Berthe à l'hôpital avec un poignet cassé.

Ils étaient assis dans mon bureau, terriblement malheureux tous les deux, et impuissants devant des forces qu'ils n'arrivaient ni à dominer ni à comprendre. Lorsque Berthe parlait de son père, son visage s'illuminait; elle lui comparait alors Laurent avec mépris. Mais à mesure qu'elle entrait dans les détails au sujet de son père, il devint clair qu'il pouvait également être impitoyable, doté d'une conscience sociale déficiente et d'un sens de l'éthique assez douteux. Au bout d'un certain temps, je dis: «Berthe, est-il possible que vous ayez peur de reconnaître en votre mari un homme à bien des égards supérieur à votre père?» Elle sembla

frappée de stupeur, puis elle se mit à pleurer à chaudes larmes.
Laurent s'approcha d'elle et la prit dans ses bras. Au cours de la
conversation qui suivit, elle comprit qu'elle s'accrochait à son
père et voulait qu'il demeure l'homme de sa vie. Ainsi, chaque
fois que Laurent, grâce à ses vertus, menaçait de le remplacer
dans son cœur, elle devenait furieuse.

Cette situation est courante, quoique habituellement plus subtile. Il est difficile de vivre une relation amoureuse profonde avec
une personne de l'autre sexe *quand on est toujours fortement
lié au parent du sexe opposé*. Dans le même ordre d'idées, il est
difficile de vivre une relation heureuse et enrichissante avec une
personne de l'autre sexe *quand on se sent encore coupable de
triompher de son parent du même sexe*. Prenons pour exemple
David, un homme de vingt-huit ans, n'ayant à vrai dire jamais eu
de petite amie, c'est-à-dire d'autre petite amie que sa propre
mère. Le père de David était un homme passif et replié sur lui-
même. À l'heure des repas, assis à une extrémité de la longue
table, il se taisait; il ne remarquait jamais que David recevait les
meilleures portions et il ne participait pas aux conversations ani-
mées entre sa femme et son fils. Lorsque David eut dix-sept ans,
sa mère mourut à la suite d'une brève maladie. David en eut
beaucoup de chagrin et renonça à s'inscrire à une université éloignée de sa ville natale. Il demeura chez lui pour s'occuper d'un
père qui ne semblait pas y tenir. David fréquenta quelques jeunes
filles, mais dès qu'une relation devenait prometteuse et importante, il se retirait et y mettait fin. En y regardant de plus près, il
était clair que David restait fidèle à sa mère et était incapable d'un
engagement sérieux, certes, mais aussi que la culpabilité accumu-
lée à son insu pendant toutes les années où il s'était approprié
l'affection de sa mère au détriment de son père le rendait
aujourd'hui incapable d'avoir une femme dans sa vie alors qu'il
n'y en avait aucune dans la vie de son père. Il expiait sa victoire
sur son père en refusant d'être heureux. Le vainqueur d'un conflit
œdipien est souvent accablé de culpabilité. Si vous êtes ce vainqueur, sans doute faites-vous de l'autodestruction votre pénitence.

Comme c'est le cas pour David, il n'est pas rare que l'enfant
victime d'un complexe d'Œdipe non résolu s'attache au parent
du même sexe, situation qui peut parfois conduire à l'homosexua-

lité. Mais même lorsque cet attachement réactionnel au parent du même sexe n'a pas lieu, il arrive malheureusement trop souvent que l'enfant et le parent du sexe opposé s'éloignent l'un de l'autre, parfois violemment, parce que leur attirance réciproque éveille en eux des sentiments d'angoisse et de culpabilité. J'ai si souvent entendu des femmes dire: «Mon père et moi étions très proches, jusqu'à ce que j'entre en septième année. Tout à coup, il s'est éloigné de moi. Il me semble qu'à partir de ce moment, nous n'avons pas cessé de nous quereller.»

En y regardant de plus près, nous constatons que si le père s'est éloigné (ce qu'il n'a pas forcément fait), la jeune fille, elle, que ses hormones jetaient dans la puberté, fuyait l'intensité nouvelle de ses pulsions sexuelles. Certaines jeunes filles vont, à ce moment, se tourner vers les garçons et tomber amoureuses. D'autres, au contraire, reculeront avec une détermination telle que jamais elles ne se laisseront aller à une relation sérieuse avec un homme. J'ai aussi vu nombre de jeunes garçons rompre dès l'adolescence des liens jusque-là très étroits avec leur mère, non pas pour mettre fin de façon appropriée à leur Œdipe, mais par esprit de révolte. Cela fait, soit que, la substituant à leur insu à la mère, ils tombent follement amoureux d'une jeune fille qu'ils vénèrent et idolâtrent, soit qu'ils se montrent dorénavant cavaliers, cruels ou indifférents avec les femmes. Ce rejet du complexe d'Œdipe peut compromettre l'aptitude à aimer aussi gravement que le fait d'y céder jusqu'au bout.

Ces quelques exemples montrent comment la persistance de l'Œdipe peut non seulement gauchir vos rapports avec les autres, mais aussi bouleverser profondément vos rapports avec vos parents. Vous êtes toujours malencontreusement assis au sommet aigu d'un triangle. Votre attachement au parent du sexe opposé est un lien fait d'amour et de haine: vous détestez l'affection qui vous unit, car vous devinez que ce piège a nui à votre évolution et a entravé l'attachement à votre parent du même sexe. (La haine est parfois le mode d'expression de cet amour, surtout lorsque s'impose le besoin de le nier et d'en nier aussi l'aspect sexuel. Je me souviens d'un garçon de seize ans que je traitais parce qu'il avait souvent avec sa mère de violentes disputes. Il n'était pas rare qu'elle saisisse une lampe ou un quelconque objet lourd pour le frapper, ou bien qu'il l'attrape par le bras et l'entraîne par terre ou sur le lit, où ils se bagarraient jusqu'à l'épuisement, puis demeuraient là, immobiles, les vêtements en désordre, à retrouver leur souffle. L'analogie avec les gestes de l'amour est évidente, et la violence des protagonistes masque à peine leur profond attachement.)

Si votre Œdipe vous mène encore par le bout du nez, votre relation avec le parent du même sexe est sans aucun doute torturée. Vous triomphez? La culpabilité ne vous épargne pas et, en réaction, vous oscillez sans cesse de l'expiation à l'apaisement. Ou bien, vous méprisez le parent faible et inapte que vous avez vaincu. Il est impossible de bien communiquer et d'entretenir des liens étroits avec une personne dont vous triomphez avec culpabilité ou mépris. Si la victoire se fait attendre, si vous et votre parent de même sexe en êtes encore à déterminer lequel de vous triomphera de l'autre, songez un peu à l'absurdité de ce conflit, à sa futilité, et voyez comme il entrave votre évolution et dissipe vos énergies.

Certes (pour revenir à notre propos), le rapport œdipien avec le parent de l'autre sexe comporte de nombreux attraits. Triompher est exaltant. Mais le prix à payer ressemble au contrat à vie que vous auriez signé par inadvertance avec une école de danse sociale: toutes vos économies servent à vous procurer un hypothétique et futile bonheur. La personne qui prend conscience de son complexe d'Œdipe s'abandonne souvent à une violente colère contre le parent séducteur qui a profité de sa vulnérabilité d'enfant. Je me souviens de Tom, un jeune homme originaire d'une petite ville du Texas, venu étudier la musique à New York, à l'école Juilliard. C'était un garçon fort intéressant, un excellent violoncelliste, à la fois extraverti et introspectif. Il entreprit une thérapie parce qu'il s'inquiétait de sa propension à n'avoir que des liaisons amoureuses de courte durée. Son charme et sa beauté physique le rendaient très populaire auprès des femmes et il multipliait les aventures d'un soir. Il souhaitait ardemment vivre une relation sérieuse et durable avec une femme, mais dès qu'il en trouvait une qui lui plaisait vraiment, il prenait du recul, la quittait et se précipitait dans les bras d'une autre pour tenter d'oublier la première. En fouillant un peu, je découvris que la mère de Tom avait exercé sur lui une puissante séduction. Je le lui fis remarquer et j'attirai son attention sur les mille et une façons dont elle en avait fait son «petit mari» quand son père, un géologue, s'absentait pour des recherches sur le terrain. Au début, il nia cette interaction avec véhémence, mais en vint peu après à y réfléchir, non sans un certain scepticisme.

Tom rentra chez lui à l'occasion des vacances de Noël. À son retour, il s'assit en face de moi et me regarda longuement. Puis il dit: «Vous aviez diablement raison à propos de maman.» Il me raconta son arrivée à la maison, les étreintes, les baisers, le petit repas pour deux (son père était encore absent). «Tout cela semblait normal. Ma mère était heureuse de me voir. Mais ce soir-là, j'étais couché et je lisais quand ma mère, vêtue seulement d'une robe de nuit très courte, entra dans ma chambre et s'assit sur le bord du lit. Elle me questionna sur mes études et sur New York. Je n'arrivais pas à parler tellement j'étais tendu. Je repensais aux centaines de fois où elle avait agi de la sorte, et combien cela m'avait toujours troublé sans que je veuille me l'avouer. Je sentis la colère monter. Elle s'était tue et attendait que je dise quelque chose. Eh bien, j'ai dit quelque chose. J'ai dit: «Maman, ôte ton cul de là si tu ne veux pas que je te baise.» Elle s'est levée d'un bond en s'écriant: «Mais Tom, je suis ta mère!» Je l'ai regardée droit dans les yeux et j'ai dit: «Justement.»

À la suite de cet incident, même si ce fut très difficile, Tom et sa mère mirent fin définitivement à ce scénario. À un certain moment de sa thérapie, Tom put suffisamment se détacher de sa mère et se libérer de sa culpabilité envers son père pour s'engager dans une relation sérieuse avec une femme, relation qui dura très longtemps. Quant à ses rapports avec ses parents, ils prirent une forme plus convenable.

La colère qui, souvent, surgit au moment où vous vous rendez compte que l'on vous a séduit et qu'on a abusé de vous ne sert pas toujours autant vos intérêts qu'elle a servi ceux de Tom, car, la plupart du temps, l'enfant séducteur qu'héberge votre parent en est choqué et abasourdi, et il ne comprend pas de quoi vous parlez. En fait, le simple fait de vouloir amener vos parents à prendre conscience des rapports œdipiens qui vous unissent, et de vouloir les aider à comprendre ce qui se passe, se heurtera à beaucoup d'opposition de leur part, à moins qu'ils ne soient exceptionnellement larges d'idées. Il se peut qu'ils nient absolument une telle possibilité en s'appuyant sur la bonté et la raison de leur amour parental. Ne vous attendez donc pas à aller de l'avant en voulant tout expliquer à maman et papa. Le seul aspect positif de vos explications est que celles-ci vous aideront, vous, à voir plus clair. (C'est le plus grand avantage que Tom retira de sa démarche.) Le risque est grand, quand vous accusez ainsi vos parents avec colère, que vous évitiez de prendre conscience de votre propre rôle dans le scénario. Car, ici plus que jamais sans doute, le jeu se joue à deux (ou à trois)!

Si vous acceptez d'admettre que vous participez activement à un drame œdipien et que vous en payez le prix, vous aurez sans doute le courage d'y mettre un terme. Mais, comme nous l'avons vu, le désir d'arrêter, quoique essentiel, ne suffit pas. Il n'est jamais simple de renoncer à des comportements complexes qui sont gratifiants. Il n'est pas facile de subir le courroux des parents quand on cherche à mettre un terme à ce type de relations. Le complexe d'Œdipe, par définition, n'est pas simple. Mais je crois que vous mettrez fin plus facilement à votre scénario quand vous constaterez qu'il n'est ni romantique ni enrichissant. Comment pourrait-il l'être, en effet, puisqu'il s'agit *d'une mise en scène entre deux (ou trois) enfants qui manquent d'autonomie et d'assurance.* Plus vous percevrez les interactions entre le moi enfant de vos parents et le vôtre, moins vous les prendrez au sérieux.

Observez les agissements de votre parent séducteur. Imaginez-le ou imaginez-la en petit garçon ou en petite fille; essayez de voir l'enfant provocant ou prétentieux, pathétique ou autoritaire, fanfaron ou importun. Rendez-vous compte que ce n'est qu'un enfant déguisé en adulte. Et puis, observez-vous vous-même. Efforcez-vous de voir l'enfant en vous, l'enfant provocant, prétentieux, pathétique, autoritaire, fanfaron ou importun, et rendez-vous compte que ce n'est qu'un enfant qui joue à l'adulte. Imaginez ensuite ces enfants ensemble sur une scène de théâtre. Ils ont l'air ridicule? Sans doute. Mais les faits sont les faits.

Quand, prenant conscience de l'amourette entre vous et votre parent, vous êtes capable d'y mettre un terme, vous devez accepter que le parent délaissé se mette en colère si vous voulez éviter que votre relation ne s'en ressente gravement. Il est bon encore une fois de chercher à voir l'enfant en votre parent, l'enfant en colère qui souffre parce qu'il croit que vous ne l'aimez plus. Sa réaction est semblable à celle de l'enfant qui voit arriver à la maison un petit frère ou une petite sœur, ou à celle de l'enfant qui voit papa et maman partir en vacances sans lui. Un bon parent rassurera cet enfant, lui fera comprendre qu'il est aimé comme un enfant doit être aimé par ses parents, mais qu'il n'est pas question entre eux de rapports d'un autre type.

Je me souviens d'une patiente de dix-huit ans qui avait toujours été très proche de son père. Quand elle commença à fréquenter les garçons, il sembla qu'il lui cherchait toujours querelle juste avant un rendez-vous, ou qu'il se débrouillait pour lui imposer une corvée juste avant son départ. Un jour, après un tel incident, au moment où elle quittait la maison en compagnie du jeune homme qu'elle voyait depuis un certain temps, elle entendit son père murmurer en aparté: «C'est moi qui paie les factures et c'est elle qui s'amuse.»

Comme elle était en thérapie depuis quelque temps et que nous avions déjà abordé son complexe d'Œdipe, cette remarque ne l'étonna pas outre mesure. Elle avait du reste surmonté sa colère, et elle était parfaitement en mesure de voir son père sous les traits d'un petit garçon délaissé. Le lendemain, elle s'efforça d'être particulièrement affectueuse, d'une façon tout à fait filiale, tout en mentionnant ouvertement les qualités qui lui plaisaient chez son ami. Elle s'adresssait ainsi au petit garçon caché dans son père: «Je t'aime beaucoup filialement, mais j'aime mon ami d'une façon différente, comme une femme aime un homme. Et ces deux relations ne sont pas conflictuelles.» Avec le temps et à force d'insistance, son père put accepter avec grâce que leur mise en scène ait pris fin.

9

DE L'AIR! DE L'AIR!

«J'aime mes parents, c'est certain; ce que je déteste, c'est leur rendre visite. Voyez-vous, ce n'est pas eux que je déteste. *Je déteste la personne que je deviens en leur compagnie.* J'ai beau me dire que je ne répéterai pas les mêmes scénarios ridicules et exaspérants, à peine ai-je mis le pied dans la maison que je deviens l'objet d'une force qui me dépasse, et les vieux réflexes que je hais me reprennent.»

Pour donner une idée exacte de la variété des valses, ritournelles, scénarios et mises en scène qui se dansent, se chantent et se jouent entre parents et enfants, j'ai, tout au long de ce livre, caricaturé les mères martyres, les pères despotes, les saints, les parents narcissiques, etc. De tels classements servent la clarté et la compréhension, mais ils sont un peu simplistes à deux points de vue. D'une part, les parents sont des êtres complexes, combatifs et fervents, non pas des personnages de bande dessinée. Ils rassemblent de nombreux traits de caractère et correspondent rarement à un type unique (y a-t-il quelqu'un dont le père est tout ensemble martyr, despote, saint et veule?). D'autre part, ces ritournelles et ces scénarios se chantent et se jouent presque toujours à trois, jamais à deux. En d'autres termes, bien que j'aie mis l'emphase sur l'interaction entre une particularité du parent et une particularité de l'enfant, cette interaction a toujours lieu dans un dédale de comportements familiaux compliqués. La stabilité émotionnelle de la famille peut dépendre de votre participation à certaines rengaines ou à certaines mises en scène avec vos parents et peut-être aussi avec vos frères et sœurs.

La citation du début de ce chapitre, «les vieux réflexes que je hais me reprennent», est de Viviane, une femme de trente-neuf ans, mère de deux enfants inscrits à l'université, et depuis plusieurs années à la tête de sa propre petite entreprise. Elle décrivait sa réaction à un séjour chez ses parents la fin de semaine précédente. À la lumière de ses réactions et des observations de son psychothérapeute, elle se savait portée, en présence de ses parents, à régresser vers des comportements dont elle croyait s'être débarrassée avec le temps.

La mère de Viviane se considérait nettement comme le chef de famille, et elle ne s'en cachait pas. «Après tout, il faut bien que quelqu'un prenne les décisions, ici», disait-elle à l'adresse de son mari, qui restait assis devant la télévision en faisant la sourde oreille. Cette phrase, «Il faut bien que quelqu'un prenne les décisions, ici», Viviane l'entendait depuis sa plus tendre enfance, de même que «Je préfère m'en occuper moi-même que de lui demander de faire quoi que ce soit», «Tu as encore trop bu» (remarque dirigée vers le père), «Si j'avais les moyens de vous faire vivre toute seule, les enfants, je le quitterais», et «Vous devez respecter votre père».

Viviane se souvenait qu'étant petite elle avait vu son père tenir tête à sa mère avec fermeté. Elle devait avoir trois ou quatre ans. Une neige cotonneuse tombait du ciel gris et recouvrait les rues et les maisons. Son père désirait l'amener glisser en traîneau, mais sa mère lui répliquait qu'il n'était pas question que Viviane sorte avec cette neige. Son père insista, lui mit lui-même son habit de neige et sortit avec elle, abandonnant sa mère (qui avait refusé de les accompagner) à son humeur maussade. Ils passèrent des moments idylliques sur les pentes du parc voisin. Mais dans ses souvenirs plus récents, notamment ceux de l'époque qui suivit la naissance de sa sœur (elle-même avait alors presque cinq ans et son frère neuf ans), son père est un homme passif, vaincu, la plupart du temps replié sur lui-même, mais parfois sujet à de violentes colères. Elle constate à l'adolescence que la violence de son père naît de l'abus de l'alcool. Il s'en prend alors surtout à sa femme, mais il lui arrive aussi de s'emporter contre ses enfants.

Un réseau de réflexes prit naissance. Viviane devint l'alliée de sa mère, son bras droit, la deuxième adulte d'une famille dont les enfants étaient sa sœur, son frère et son père. Grâce à ce rôle qui lui apportait beaucoup de satisfaction, elle occupait un rang enviable dans la hiérarchie familiale et profitait de certains privilèges. Mais elle devait aussi en payer le prix, car elle devait maintenir entre son père et elle une barrière de condescendance et de mépris. Avec le temps, cette structure familiale connut de légers remaniements, mais les rôles de base restèrent essentiellement les mêmes. Sa sœur, une très belle fille, grognonne et obstinément intraitable, s'était enfuie de chez elle à dix-sept ans pour se marier et vivait maintenant à des milliers de kilomètres avec son troisième mari. Son frère, un décrocheur et un toxicomane, avait souvent de petits démêlés avec la justice et, même à trente ans, il lui arrivait encore d'occuper chez ses parents la même chambre du grenier qui était la sienne depuis l'enfance. Viviane avait épousé un camarade d'études qui, s'il ne manquait pas de panache, manquait en revanche de maturité et d'indépendance, et qui travaillait depuis toujours pour son oncle. Quant à Viviane, une fois que ses enfants furent d'âge scolaire, elle avait ouvert une boutique avec une amie, entreprise qui s'était par la suite révélée très fructueuse. Elle vivait à dix minutes de voiture de chez ses parents.

Des dépressions toujours plus fréquentes l'incitèrent, dans sa trentaine, à entreprendre une psychothérapie. En prenant conscience des modèles de comportements qu'elle avait avec ses parents (de même qu'avec son mari et ses enfants), elle décida de mettre fin aux vieilles ritournelles. Pour ce faire, et étant donné que son mari et elle voulaient emménager dans une maison plus petite depuis que les enfants volaient de leurs propres ailes, elle acheta une maison éloignée de celle de ses parents, dans une autre ville, et ouvrit une deuxième boutique. Elle s'attendait à des semonces de la part de sa mère, et cela se produisit. Sa mère désapprouva sa décision de toutes les façons possibles, toujours avec des entrées en matière telles que: «Ça ne me regarde pas,

mais...» et «Je ne veux pas me mêler de tes affaires, mais...»
Viviane n'attendait pas de réaction négative de la part de son
père. Selon elle, il s'en ficherait, peut-être même serait-il heureux
de voir s'éloigner l'alliée de sa femme (bien que Viviane ait tenté
d'abandonner ce rôle). Mais son père, un agent immobilier, lui dit
que la maison qu'elle convoitait était une mauvaise affaire et
qu'elle était trop éloignée. Il lui signala plusieurs maisons à vendre
dans les environs et lui offrit en dernier recours de payer le dépôt
sur une maison voisine de la leur. Son frère réagit en s'attirant
des ennuis avec la police. Sa sœur ne répondit à aucune des lettres lui relatant les événements.

Viviane sut résister à toutes les tentatives de ses parents pour
l'empêcher de déménager et fit, en thérapie, d'intéressantes
découvertes sur l'importance de son rôle dans le maintien de
l'équilibre familial. Elle vit que ses parents étaient terrifiés à l'idée
de se retrouver seuls ensemble. Sa mère craignait tant de perdre
le contrôle, elle avait si peur que son désir refoulé d'intimité masculine l'oblige à y renoncer, qu'elle s'était très tôt assuré le con-
cours de Viviane pour préserver son rang et refouler son mari
vers une inoffensive passivité. Son père, qu'effrayait à la fois sa
force et sa dépendance, s'accommoda de la situation, car elle lui
permettait d'être en sécurité dans sa faiblesse tout en occupant la
position stratégique de pôle négatif de la vie émotionnelle familiale. Les deux parents s'étaient efforcés en vain d'acculer de la
sorte la sœur de Viviane, mais les sentiments douloureux d'inexis-
tence qu'elle éprouvait à être la cadette la firent s'enfermer dans
le silence. Quant au frère de Viviane, en devenant délinquant, en
étant une source continuelle d'inquiétude pour ses parents, il les
empêchait de prendre conscience du besoin qu'ils avaient l'un de
l'autre, plus particulièrement après le mariage de Viviane.

Ça y est, je me suis encore fait avoir

À l'époque de son séjour chez ses parents, séjour qui lui avait
fait dire «je déteste la personne que je deviens en leur compagnie», Viviane habitait depuis un an dans sa nouvelle maison, la
succursale de sa boutique faisait d'excellentes affaires, son mari et
elle s'étaient beaucoup rapprochés, et son frère était une fois de

plus retourné vivre avec sa famille, dormant le jour et sortant la nuit. Le mari de Viviane devant passer la plus grande partie de ce dimanche à préparer une importante réunion d'affaires, elle en profita pour rendre visite à ses parents, ce qu'elle ne faisait plus que rarement. Elle avait hâte de mettre à profit sa nouvelle connaissance des réflexes familiaux pour éviter de tomber dans les mêmes vieilles habitudes. Elle se sentait bien au volant de la voiture et chantait en écoutant la radio. Mais comme elle approchait de chez elle, il se produisit quelque chose d'étrange. Elle se sentit d'abord légèrement mal à l'aise, puis vaguement anxieuse. Elle s'aperçut ensuite que des pensées et des images s'imposaient à son cerveau. Elle se vit entrer chez elle alors que son père était installé devant la télévision et elle s'entendit lui dire: «Comment peux-tu rester là à regarder la télé par une aussi belle journée?» Elle imagina que sa mère acquiesçait et haussait les épaules de dégoût. Dans une autre rêverie, sa mère et elle se trouvaient dans la cuisine, en train de casser du sucre sur le dos de son père. Viviane constata ce qui était en train de se produire et s'encouragea à ne pas céder à la vieille ritournelle, mais son malaise ne se dissipa pas.

Quand Viviane sonna chez ses parents, son père vint ouvrir. Ils s'embrassèrent et il lui dit qu'il la trouvait belle, puis il ajouta: «Ta mère va descendre dans une minute.

— Bien, répondit Viviane. Nous aurons l'occasion de bavarder avant qu'elle n'arrive.»

Son père parut surpris. Il dit: «Bien, bien. Viens regarder la fin de cette émission avec moi d'abord. Il n'y en a plus que pour une dizaine de minutes.»

Viviane s'apprêtait à dire quelque chose comme: «Est-ce bien nécessaire de toujours regarder la télévision?», mais elle se reprit et répondit: «Avec plaisir. Qu'est-ce que tu regardes?»

À son arrivée, la mère de Viviane les trouva tous deux assis sur le divan devant la télé. Elle salua sa fille et lui demanda de l'accompagner dans la cuisine pour faire du café. «Pas tout de suite, maman. Je regarde cette émission avec papa.» Sa mère ne dit rien, mais parut vaguement agacée en se rendant à la cuisine. Viviane eut une bouffée d'angoisse à se voir agir. Par le passé, elle aurait tout naturellement suivi sa mère. Mais cette angoisse ne l'empêchait pas de se sentir bien. Son père lui avait souri quand elle avait dit qu'elle voulait rester à ses côtés, mais il parut bientôt nerveux et dit: «Viviane, tu ferais mieux d'aller aider ta mère.

— Mais non, ça va. Elle peut très bien faire du café toute seule.

Ne sachant trop quoi faire dans les circonstances, son père se contenta de ronchonner.

«Aïe! s'écria sa mère, de la cuisine. Viviane, je me suis brûlée!»

Viviane allait se lever, quand elle dit: «Papa, maman s'est brûlée. Tu devrais aller t'en occuper.

— Elle t'a demandée, toi, répondit-il, sans quitter des yeux le téléviseur.

— Zut! marmonna Viviane.» Et elle se rendit dans la cuisine. «Montre-moi cette brûlure, dit-elle avec irritation.

— Ce n'est rien. Rien du tout. Pourquoi te mets-tu en colère?

— Pourquoi m'avoir appelée, *moi?* N'as-tu pas un mari?

— Lui? Depuis quand puis-je compter sur lui? Il m'a entendue dire que je m'étais brûlée, mais est-ce qu'il est accouru?»

Viviane répéta qu'elle l'avait appelée, elle, pas son mari, et sa mère renchérit. Cinq minutes plus tard, elles étaient toutes deux en grande conversation au sujet des lacunes du père. Quand elles revinrent dans le salon, il accepta d'éteindre la télévision pour qu'ils prennent tous ensemble le café, mais il ne fut plus bientôt que le spectateur muet de la conversation entre sa femme et sa fille. Le frère de Viviane arriva, vêtu d'une robe de chambre. «Salut, petite sœur», fit-il. Il se versa du café et remonta dans sa chambre. Bientôt, la mère de Viviane s'inquiéta de lui; son père s'immisça dans la conversation et dit qu'ils devraient le mettre à la porte et l'obliger à se débrouiller tout seul. Il accusa sa femme de le dorloter. Celle-ci répliqua qu'il se fichait de lui. Bien vite, Viviane s'entendit dire à son père: «Si tu avais été un meilleur modèle pour lui, il ne serait pas comme ça.» Elle avait beau faire appel à la psychanalyse, elle ne s'était pas moins replongée dans le bon vieux scénario. C'était plus fort qu'elle. Pendant les dernières heures de sa visite, elle en fut de plus en plus prisonnière. Quand elle quitta la maison de ses parents, elle se sentit vaincue et accablée.

Ce bref échange montre bien comment les familles se débrouillent pour que chacun garde la place qui lui a été assignée, et combien deux quelconques membres d'une même famille ont parfois du mal à communiquer seul à seul. Viviane et sa mère ne peuvent pas converser sans faire intervenir une troisième personne, par exemple le père ou le frère, ne serait-ce qu'en *parlant d'eux*[15]. En respectant la distribution existante, en jouant les rôles attendus, on évite l'intimité. Les membres de la famille agissent comme s'ils se connaissaient, alors qu'ils ne connaissent en réalité que le masque qu'ils se sont approprié. Quand Viviane renonça pour un temps à son personnage, son père et sa mère en restèrent perplexes, comme si cette femme, qui leur montrait pourtant ce qu'elle avait en elle de plus authentique, leur était soudainement devenue étrangère.

Les efforts de Viviane pour se démarquer de sa famille, en interrompant les ritournelles et les scénarios qui la retenaient prisonnière des schémas émotionnels familiaux, menacèrent beaucoup l'équilibre des forces, particulièrement chez ses parents. Quand elle avait voulu déménager, tant son père que sa mère l'avaient beaucoup pressée de ne pas s'éloigner. Ils l'avaient culpabilisée avec subtilité et avaient fait en sorte qu'elle se sente mal à l'aise à l'idée d'emménager dans une autre ville. Quand elle avait cherché à rompre le pacte qui la liait à sa mère contre son père, ce dernier l'avait lui-même fait rentrer dans le rang. C'est ainsi que réagissent habituellement les membres d'une même famille quand l'un d'eux, refusant une forme préétablie d'intimité familiale, affirme son individualité

Mais le point le plus intéressant est que, *avant* même d'arriver chez ses parents, *avant* même qu'ils aient pu la faire rentrer

---

15. Selon Murray Bowen, M.D., éminent historien et thérapeute de la famille, lorsqu'une tension existe entre deux personnes, celles-ci seront portées à faire intervenir un troisième sujet, directement ou par le biais de commérages. Pour en savoir plus sur ces «triangles», on aura avantage à consulter son article «anonyme» intitulé «Toward the Differentiation of a Self in One's Family», dans James L. Framo *et al., Family Interaction: A Dialogue Between Family Therapists and Family Researchers,* New York, Springer, 1972, pp. 111-166. Mes autres références aux travaux du docteur Bowen ont leur source dans le même article.

dans le rang, Viviane s'était sentie rappelée par ses anciens comportements. On aurait dit que la gravitation de la famille l'obligeait à maintenir son orbite. Je songe ici à l'expression du docteur Murray Bowen, «la masse indifférenciée de l'ego familial[16]». La première fois que j'entendis cette expression, j'imaginai une scène de science-fiction, l'image d'une énorme masse protoplasmique agitée de pulsations, une matière vivante composée de plusieurs êtres si bien fusionnés qu'on n'en pouvait apercevoir les limites, un organisme dont la force magnétique était telle que toutes ses parties convergeaient sans cesse vers le noyau. La force d'attraction de cette «masse indifférenciée de l'ego familial» est ce que Viviane avait ressenti dans sa voiture à l'approche de la maison de ses parents.

De quoi cette masse est-elle composée? Principalement du moi enfant dépendant de chaque membre de la famille, de la partie de chaque membre de la famille qui craint d'être rejetée, abandonnée ou punie et qui, par conséquent, trouve sa sécurité dans la fusion avec un ou plusieurs autres. Ce ne sont pas seulement leurs besoins respectifs qui fondent ensemble tous ces enfants effrayés et dépendants, mais aussi leurs croyances et leurs rituels communs, la certitude commune que les autres partagent leurs certitudes, les ritournelles chantées en chœur qui empêchent les particularités de l'un ou de l'autre de dissoudre la masse de l'ego familial. Toute tentative de l'un des membres pour se singulariser et pour affirmer son individualité est interprétée comme une menace à l'ensemble. Même le souhait non exprimé d'acquérir plus d'autonomie est une menace pour celui ou celle qui le formule. Les pulsions de la masse s'accélèrent, sa force d'attraction augmente et agit sur les émotions de la personne qui cherche à s'en libérer. Quoique les familles soient très différentes en nombre, en sujets, en convictions, en caractères, elles subissent toutes les effets de cette force d'attraction.

Certains mythes courants font partie de la grille de convictions qui garde intacte la masse de l'ego familial. Ce sont eux qui créent l'atmosphère au sein des différentes familles. En voici quelques-uns:

---

16. Murray Bowen, *op. cit.,* p. 121.

«Nous sommes une famille heureuse.»

«Nous serions une famille heureuse, si seulement... (maman n'était pas toujours déprimée, papa n'était pas toujours fâché, ma sœur n'était pas si rebelle, mon frère n'abusait pas des drogues, le bébé n'était pas chétif...).»

«Nous n'avons jamais eu de chance.»

«Nous nous aimons beaucoup.»

«Nous gardons toujours la tête haute même quand les temps sont durs.»

«Rien ne changera jamais ici.»

«Nous formons une famille très spéciale.»

Les mythes diffèrent, et, par conséquent, les familles diffèrent aussi, mais toutes ces fables familiales ont en commun la fonction d'aveugler ceux qui les adaptent aux réalités. La famille de Viviane croyait à un certain nombre de fables:

Maman ne souhaitait pas être chef de famille, mais ce rôle lui était imposé par la faiblesse de papa.

Papa avait toujours été inapte. Or, affligée d'un mari faible, maman avait dû chercher un bras droit et une alliée en la personne de Viviane.

Petite sœur était une mauvaise fille qui n'aidait pas sa mère et qui refusait de participer aux tensions et aux tragédies familiales.

Frérot était un être pitoyable. N'ayant pu se modeler sur un père robuste, il n'était pas responsable de ses actes.

Tout irait bien, si seulement papa voulait s'intéresser à ce qui se passe, prendre les choses en main et se montrer courageux.

Tant que Viviane croirait à ces mythes, elle refuserait d'admettre la soif de pouvoir de sa mère et son acharnement à le conserver. Elle refuserait de voir en son père un tissu de contradictions, un homme que sa force effrayait et qui abdiquait trop vite, mais qui combattait la soumission totale en se repliant sur lui-même et en cédant périodiquement à des fureurs éthyliques. Elle devrait s'empêcher de voir que la cause de la faiblesse de son frère était non pas l'absence d'une figure paternelle robuste, mais bien le désir, chez sa mère, de castrer et d'infantiliser les hommes en raison de la peur qu'ils lui inspiraient. Elle devrait ignorer le fait que sa sœur n'était pas une mauvaise fille, parce qu'elle ne pouvait être l'alliée de sa mère, puisque Viviane occupait déjà toute la place; parce qu'elle ne pouvait attirer sur elle l'attention de la famille en étant délinquante, puisque ce rôle avait été revendiqué par son frère; parce qu'elle ne pouvait pas davantage s'approcher de son père sans s'exposer seule et sans l'appui de ce dernier à la colère maternelle; parce qu'elle n'aurait su devenir l'amie de Viviane sans hériter une mère supplémentaire. Son instinct de conservation et le besoin de préserver son amour-propre l'avaient fait se retirer tout simplement de la scène familiale. En outre, Viviane devrait admettre qu'elle-même n'était pas une «bonne fille», mais une fille et une femme en quête d'approbation maternelle, effrayée des foudres de sa mère et terrorisée par son propre désir refoulé d'affection paternelle.

À mesure que sa vie et sa thérapie progressaient, les yeux de Viviane se dessillèrent et elle commença à percevoir les réalités derrière les mythes. Plus encore, elle en vint à comprendre que les forces d'attraction qui la gardaient au sein de la famille émanaient du moi enfant de chacun de ses membres.

Elle vit en sa mère une petite fille blessée et rejetée par un père égoïste et froid, une petite fille décidée à ne pas laisser son besoin d'amour paternel la soumettre dangereusement une fois de plus à la volonté masculine. Viviane comprit que cette petite fille, n'ayant jamais pu obtenir la complicité protectrice de sa propre mère, s'était efforcée de faire de Viviane une alliée sur qui elle pouvait compter, c'est-à-dire qu'elle en avait fait sa mère.

Elle vit en son père un petit garçon dominé pendant toute son enfance et son adolescence par une mère brutale, vulgaire et amère. Il s'était efforcé de préserver un peu de sa virilité et de son indépendance en passant presque tout son temps avec une bande de garçons. Il avait épousé la mère de Viviane quand il était encore très jeune. Il était très conscient de voir en elle une femme plus douce, plus affectueuse que sa propre mère, une femme qui pourrait combler son désir d'être materné.

Elle vit comment la petite fille qu'était sa mère, qui craignait que son désir d'être aimée d'un homme soit cause de soumission et d'abus, et comment le petit garçon qu'était son père, qui voulait à tout prix être materné, les avaient poussés à ce mariage entre une petite personne égoïste et autoritaire et une petite personne passive et inapte. Viviane put voir aussi combien la petite fille qu'était sa mère était déçue de n'avoir pas trouvé le père robuste et affectueux de ses rêves, et combien le petit garçon qu'était son père souffrait de n'avoir pas épousé la mère tendre et protectrice qu'il désirait depuis toujours. Elle vit deux enfants amers et trahis qui se cramponnaient l'un à l'autre comme ils pouvaient.

Elle vit comment elle-même, Viviane, était née dans ce décor avec le besoin de trouver auprès d'eux force et protection. Elle vit qu'elle était encore enfant quand elle comprit que, l'amour de sa mère étant fonction de son bonheur et de sa satisfaction, elle avait tout intérêt à la rendre contente de son sort en s'efforçant de prévenir et de combler ses désirs. Elle avait aussi su très jeune que maman n'appréciait pas que papa et Viviane soient proches. Elle sut en outre que, son père ayant intérêt à prévenir les colères de sa femme, il n'allait pas favoriser entre Viviane et lui des rapports d'intimité. Ainsi, la petite fille en Viviane avait accepté de devenir la mère de sa mère, la mère de son père et, plus tard, celle de son frère et de sa sœur. Elle comprit que cette situation entravait toute intimité entre elle et sa famille et qu'elle l'avait transférée dans son propre mariage, avec des conséquences quasi désastreuses.

Viviane mit à profit sa conscience de l'existence des mythes familiaux et de la fusion des rapports entre son moi enfant et les moi enfants de ses parents pour s'individualiser en dépit des obstacles. Quinconque a tenté de trouver sa propre identité a senti, à travers les réactions des membres de sa famille et les siennes, que s'exerçait une puissante force d'attraction. Si l'on tient compte du fait que chaque individu naît au sein d'un groupe restreint et cohérent dont il devient aussitôt dépendant pour une longue période, l'on constate qu'il est impossible de ne pas se laisser prendre au filet de complexes et puissantes émotions. Le docteur Murray Bowen a écrit que:

En théorie, la fusion émotionnelle est commune à tous les êtres, à l'exception de l'individu complètement différencié, c'est-à-dire l'individu qui n'est pas encore né. On n'est habituellement pas conscient de ce phénomène. Certaines personnes peuvent en prendre conscience en examinant davantage leur famille et en réagissant moins, tandis que d'autres s'y «fondent» au point de ne jamais pouvoir partager avec leurs parents des émotions objectives, de ne jamais pouvoir les apprécier tels qu'ils sont en réalité, sans les sous-estimer ou les surestimer. Certaines personnes vivent une fusion «sans douleur», tandis que d'autres en souffrent au point que leur haine ou une secrète hostilité (toutes deux sont preuves de fusion) les justifie d'éviter le contact avec leurs parents. En outre, une «fusion positive» fera que l'enfant trop attaché ne quittera jamais le nid. Enfin, il y a ceux qui croient avoir «aplani» les difficultés de la relation avec leurs parents, qui leur rendent de brèves visites officielles où rien n'est partagé, et qui interprètent cet éloignement comme un signe de maturité[17]...

Si la fusion émotionnelle est universellement répandue et inévitable, on peut se demander s'il est possible de jamais résister à la puissante force d'attraction de sa famille, s'il est possible de s'approcher de son champ magnétique sans perdre son autonomie, son indépendance et ces caractéristiques qui font de chacun un être différencié. Murray Bowen nous suggère la réponse lorsqu'il parle d'«examiner davantage sa famille et de réagir moins». Mais que doit-on examiner davantage au juste, et à quoi doit-on réagir moins? Comme dans le cas d'une valse hésitation ou d'un pas de deux, pour y mettre fin il faut avant tout se rendre compte que l'on danse. Vous serez peu porté à le faire tant que la situation ne vous paraîtra pas désagréable. Pour certains d'entre vous, les relations familiales sont clairement douloureuses, oppressantes, frustrantes ou déprimantes, tandis que d'autres devront d'abord remarquer si leur malaise, leur embarras, leur sentiment d'étouffement, ou encore leurs symptômes mineurs tels que maux de tête ou crampes d'estomac sont liés à leurs relations

---

17. Murray Bowen, *op. cit.*, p. 139.

familiales, avant d'éprouver le besoin de se pencher sur le fonctionnement de la machine. Si vous ne vous sentez pas bien dans votre peau, si vous n'aimez pas la personne que vous devenez en compagnie des vôtres, vous serez davantage porté à prendre du recul et à vous demander ce qui se passe.

Quand toute la famille entre dans la danse, comme c'est presque toujours le cas, le pas de deux devient vite un pas de trois, un quadrille, une ronde ou une évolution de corps de ballet. La chorégraphie se complique dès l'instant où le danseur n'est plus seul, et il devient difficile de s'extraire du groupe pour le regarder évoluer de loin. Cependant, à moins que vous ne fassiez partie du triangle le plus important et le plus rigide de la famille, cette multitude d'interactions vous permettra de vous glisser plus facilement en dehors du groupe, de prendre du recul et de voir la scène familiale sous un jour nouveau.

En examinant le réseau interactif de votre famille, demandez-vous surtout quel rôle vous tenez dans le théâtre émotionnel familial. La distribution des rôles est le fruit d'une collaboration entre tous ses acteurs. Quel est votre personnage? Pourquoi vous l'a-t-on confié?

Comme le théâtre, la famille a ses classiques. J'en dresse une liste ci-dessous. Sans doute vous identifierez-vous avec l'un de ces personnages ou y reconnaîtrez-vous d'autres membres de votre famille. Si vous reconnaissez quelqu'un de votre famille, efforcez-vous de définir le genre de rapports qui vous lie.

LE CLOWN — Il existe deux types de clown: 1) le clown qui se rend ridicule; 2) le clown qui ridiculise les autres. (Vous pouvez, par moments, n'être ni l'un ni l'autre, mais simplement, grâce à votre humour, éviter la tragédie ou attirer l'attention sur des absurdités.)

Le clown du premier type est le plus dommageable, car, en vous rendant ridicule, vous vous dépréciez souverainement. C'est un personnage léger, inconséquent, déplacé, à ne pas prendre au sérieux. Votre maquillage masque votre douleur, votre colère et les autres sentiments ou désirs que vous craignez de montrer ou de voir. Le rôle de clown peut aussi servir à dissimuler votre force, car vous n'ignorez pas qu'elle est une menace pour les autres membres de la famille. Bien que vous les exaspériez parfois avec vos pitreries, votre personnage leur convient, car il leur permet de ne pas tenir compte de vos aptitudes et de vos besoins réels. En outre, vous les distrayez des autres conflits familiaux. Mais persister dans ce rôle dégradant peut vous conduire à lui associer le personnage, gratifiant pour vous et votre famille, de la victime ou du raté. D'autre part, le fait de sans cesse ridiculiser autrui vous fera bénéficier de certains avantages réservés au tyran.

La famille aura beau dire, au comble de l'exaspération, «N'es-tu donc jamais capable de sérieux?» ou «Cesse tes pitreries», si vous exprimez vraiment vos sentiments, vos désirs et vos points forts, tous s'en trouveront si bouleversés qu'ils vous pousseront à remettre derechef votre masque de clown.

LA POUPÉE — C'est un rôle tout simple. Il vous suffit d'être belle, mignonne, adorable, toujours séduisante et attrayante. Le rôle comporte quelques variations qui sont, chez la femme, l'ingénue, la vamp, le symbole sexuel, etc. Les versions masculines comptent le prince charmant, le playboy ou l'étalon.

Les récompenses rattachées à ce personnage sont évidentes: toute l'attention souhaitée, les flatteries, l'adulation même, tant au sein de la famille qu'en dehors d'elle, vous sont acquises sans que vous ayez à vous efforcer d'accomplir quelque chose, d'évoluer, de grandir, de donner. En prolongeant ainsi le narcissisme d'un ou de plusieurs membres de la famille, vous compensez quelque peu leurs désirs inassouvis de beauté et de popularité. D'ailleurs, ils n'ont pas de la sorte à voir en vous une vraie personne, avec des besoins réels et des sentiments qui réclament une attention sérieuse. Les problèmes commencent lorsque votre personnage cesse d'être efficace ou lorsque vous vous fatiguez de votre superficialité, qu'elle vous déprime ou vous enrage, et que vous souhaitez qu'on s'attarde enfin aux aspects plus profonds de votre personnalité. Essentiellement, la famille dira: «Mais qu'est-ce que tu veux de plus? Tu as de la chance d'être aussi belle, aussi populaire, etc.» Ces pressions, vos angoisses face à vos désirs profonds, votre souffrance et votre insécurité, la peur de l'inconnu et la crainte d'avoir à renoncer aux innombrables satisfactions liées au personnage de la poupée peuvent entraver votre volonté de changement.

LE RATÉ — Vous n'avez jamais tout à fait réussi dans un domaine, au moins, qui importait pour vous et vos parents — vos études, votre vie sociale, votre carrière, votre mariage, etc. Ici, le personnage diffère de celui de la «victime», car il ne sert pas à culpabiliser les autres. En fait, c'est vous, le plus souvent, qui vous sentez coupable ou qui avez honte de ne pas être à la hauteur des attentes et des espoirs de votre famille. Le rôle de raté compte deux variations:

1) Le chien battu — Un air de défaite vous habille toujours comme un pardessus trop grand. Avec le temps, ce sentiment de malheur chronique inscrit sur votre visage et dans votre allure générale les signes d'un défaitisme nonchalant ou bien ceux d'une angoisse désespérée. En réaction, la famille vous reproche sans cesse vos échecs ou vous manifeste de la condescendance. Si on est aimable avec vous, vous ne savez jamais au juste si c'est par affection ou par pitié.

2) La brebis galeuse — Vous évitez délibérément le succès ou recherchez les ennuis. Les membres de la famille en sont fâchés, vexés ou perplexes. Ils n'arrivent pas à comprendre comment, étant de leur sang, vous pouvez vous comporter de la sorte. Ils espèrent que l'enfant prodigue rentrera au bercail.

Le personnage du raté et les soucis qu'il entraîne sont le centre d'attention de la famille. Si tel est votre rôle, voyez s'il ne vous a pas été attribué très tôt, si, de connivence avec vous, la famille n'a pas fait de vous son bouc émissaire. Votre mission secrète consiste à éviter aux autres toute confrontation désagréable, et peut-être même à garder la famille unie en détournant l'attention des conflits des autres et en la centrant sur votre comportement provocateur, inepte ou débile. Je me souviens d'avoir travaillé en thérapie familiale avec le père, la mère et leur fils de dix ans. Cet enfant avait déjà fait de sa vie un désastre: en dépit de son intelligence supérieure, ses études étaient une catastrophe; il était en conflit continuel avec ses camarades et avec ses parents; dans l'ensemble, il se sentait inapte et malheureux. Beaucoup d'hostilité régnait entre ses parents, et chaque fois que cette hostilité s'exprimait en thérapie, l'enfant proférait des propos si provocateurs qu'ils tournaient leur colère vers lui. Je le leur fis remarquer, et quand ils en prirent conscience, l'enfant dit: «J'ai toujours peur qu'ils divorcent quand ils se disputent.» Il se sacrifiait donc pour empêcher cette terrible éventualité. Les parents purent également constater qu'ils détournaient vers lui leur hostilité par peur du dénouement possible de leurs disputes. Un individu peut persister dans le rôle de raté, de perdant, de bouc émissaire, d'imbécile et de pleutre jusque dans l'âge adulte.

LE HÉROS/L'HÉROÏNE — Voilà un personnage glorieux. Vous serez l'étoile au firmament de l'orgueil et du rachat de la famille. Vos succès ou votre personnalité consoleront maman des déceptions que papa lui occasionne, ou papa des déceptions que maman lui occasionne, ou vos frères et sœurs des déceptions qu'ils leur causent tous deux, ou toute la famille de sa déception profonde face à la vie en général, ou vous-même, des déceptions dont la famille (ou vous-même) est la cause. Il y a plusieurs types de héros et d'héroïne: celui ou celle qui a du succès en affaires; le génie; la vedette, etc.; l'époux ou l'épouse de l'homme ou de la femme d'affaires; du génie; de la vedette, etc.

Il y a quelque chose d'exaltant à être celui ou celle que les membres de la famille admirent et qui fait rejaillir la gloire sur eux, mais, comme c'est le cas pour la poupée, vous risquez de vous laisser abattre si l'on n'apprécie pas l'ensemble de votre personne ou si l'on ne tient pas compte de vos besoins et de vos inquiétudes. Parce qu'elle interprète comme des faiblesses les exigences ordinaires d'une personne, celles que vous dicte votre moi enfant, votre famille s'efforce peut-être de nier leur existence ou de vous les reprocher avec véhémence, sans vous manifester d'empathie, quand elles s'expriment. En outre, votre rang de héros ou d'héroïne irrite peut-être secrètement ou ouvertement un ou plusieurs autres membres de la famille, qui s'amusent à vous rabaisser ou qui se réjouissent de vos échecs. Hors la flatterie qu'inspire le héros, la famille vous consent difficilement la protection que réclame votre moi enfant.

LE TYRAN — On s'attend à ce que vous compliquiez la vie d'au moins un des membres de la famille. Vous avez peut-être grandi en torturant moralement ou physiquement l'un de vos frères et sœurs (ce qui a pu vous précipiter dans le rôle de victime, si vos parents vous punissaient). Ou bien, vous avez peut-être harcelé, provoqué ou tyrannisé vos parents. Vous incarnez la vengeance vertueuse.

Parce qu'on ne vous a pas aimé comme il le fallait, ou pas assez, ou pas autant que quelqu'un d'autre, ou parce que vous avez été victime d'injustice ou que vous avez souffert, vous vous arrogez le droit d'être l'épine au pied d'au moins une personne de la famille.

Si la (ou les) personne que vous attaquez hérite, en guise de récompense masochiste, du rôle de victime, elle (ou elles) n'a pas intérêt à vous empêcher de jouer au tyran. D'autres peuvent apprécier qu'en tourmentant la victime vous lui fassiez ce qu'eux voudraient consciemment ou non lui infliger, ou bien ils vous secondent, ce qui fait de vous des alliés. Vous vous trouvez par conséquent au centre des interactions familiales sans jamais vous approcher de quiconque, ce qui convient parfaitement à une personne en mal d'attention qui craint l'intimité. Votre comportement peut vous procurer d'autres avantages si, par vos persécutions, vous dévoilez l'hypocrisie de la victime, la fausseté qui vous a nui. Malgré tout, vous voulez surtout être aimé. Mais vous n'osez pas le dire tout haut de peur de souffrir, de vous sentir humilié ou en colère si l'on se moque de vous, ou de peur d'être submergé par un désir de vous fondre et de renoncer à votre autonomie si l'on vous aime.

LE SAUVETEUR — C'est un rôle en apparence glorieux, un personnage attirant. Les membres de la famille s'attendent à ce que vous voliez à leur secours. Endossez le costume de Superman ou celui de Don Quichotte, ou l'uniforme de Florence Nightingale et secondez vos parents dans leurs conflits ou dans leur lutte avec le reste du monde. Vous pouvez défendre le parent victime en repoussant ou en apaisant le parent tyran; vous pouvez vous efforcer de panser les blessures et de compenser les déceptions que l'un des parents inflige à l'autre; vous pouvez décider que vos deux parents sont inaptes et plaider en leur nom auprès du propriétaire, du directeur de banque, des services publics, des bureaux du gouvernement, des magasins et de la famille. Vous pouvez aussi décider de protéger vos frères et sœurs, en particulier les plus jeunes, contre les injustices ou les pressions parentales, contre un autre enfant, contre la société, et être par le fait même un parent substitut plus efficace que leurs vrais parents.

Le rôle de thérapeute de la famille est la version la plus sophistiquée du personnage du sauveteur. Vous vous faites alors l'interprète des événements (vous expliquez, par exemple, que votre père n'est pas vraiment fâché contre votre mère, mais qu'il exprime plutôt sa colère rentrée à l'égard de sa propre mère, etc.) et vous faites le nécessaire pour rendre les communications plus faciles («Maman, tu t'emportes si vite que tu n'entends même pas ce que papa te dit. Écoute-le juste une minute et essaie de le comprendre.»). Vous êtes en mission de paix. Vous donnez votre appui, vous proposez des solutions et vous prodiguez des conseils pour que la famille reste heureuse et unie. En retour, la famille compte sur vous et s'adresse à vous en toute circonstance. Vous vous persuadez que vous (et peut-être vous seul) êtes responsable de la survie de la famille et que c'est grâce à vous si l'on n'y tyrannise personne. Le personnage du thérapeute de la famille ou du sauveteur a l'impression de planer au-dessus des choses. Mais il s'agit d'une impression mensongère. En réalité, la terreur des conflits et de la désintégration de la famille qui, depuis toujours, hante votre moi enfant est ce qui vous a conduit à endosser l'uniforme du sauveteur et à vous faire happer par l'engrenage familial aussi sûrement que si vous étiez tyran ou victime. Car on a depuis longtemps admis, en analyse transactionnelle, que le sauveteur peut aisément devenir tyran ou victime, ou même les deux. Si vous vous portez au secours d'un membre de la famille, un autre vous attaquera et vous tyrannisera sans doute. Pire, la victime que vous vous efforcez d'aider pourrait se retourner contre vous et vous punir de lui avoir prodigué l'aide et l'encouragement qu'elle sollicitait. Votre frustration se muera vite en rage et vous serez alors vous-même porté à persécuter les autres à votre tour. Si vous rendez les armes en disant: «J'en ai assez d'essayer de sauver tout le monde dans cette foutue famille», on ne vous laissera pas faire si facilement: votre personnage de sauveteur est trop important dans l'équilibre émotionnel du groupe. *Vous-même* aurez du mal à y renoncer parce qu'il vous procure de nombreuses satisfactions, et aussi parce que votre moi enfant craindra d'admettre que vous ne pouvez pas vraiment sauver la famille ou apaiser les conflits qui minent certains de ses membres. Il peut être libérateur de reconnaître vos limites dans ce domaine, mais cette acceptation s'accompagne de toutes les angoisses inhérentes au développement de votre autonomie.

LA VICTIME — Si la victime, c'est vous, il vous arrive toujours quelque chose de terrible qui justifie que vous vous plaigniez sans cesse du sort injuste et cruel que vous réservent l'ensemble de la famille, une personne de la famille en particulier, ou la vie en général. Puisque «Voyez ce que vous m'avez fait» est votre formule favorite, votre famille et vous devez produire en collaboration les insultes et les blessures qui vous la feront répéter.

En retour, la victime reçoit beaucoup d'attention, elle est justifiée de se révolter parce qu'on ne l'aime pas suffisamment, elle a le droit de se venger des coupables en les culpabilisant, elle peut obtenir réparation pour les torts subis, et elle évite d'assumer la responsabilité inquiétante de sa propre vie. N'est-ce pas une généreuse récompense? Quant à la famille, vous êtes son cilice, vous la punissez sans cesse en multipliant les complexes de culpabilité, vous détournez son attention des problèmes familiaux plus menaçants et vous lui confiez une tâche inachevable, celle de vous rassurer sur son affection pour vous. Bien entendu, si elle veut conserver ces privilèges, la famille vous gardera subtilement ou ouvertement dans votre rôle de victime. La masse indifférenciée de l'ego familial dont vous faites partie a tout intérêt à ce que vous soyez malheureux comme les pierres.

Chaque membre de la famille peut vous assigner tel ou tel rôle pour des raisons spécifiques. Par exemple, si le raté de la famille s'est sacrifié pour que ses parents n'aient pas à affronter leurs propres conflits, il se pourrait que le père, lui, ait voulu l'éliminer comme rival, que la mère n'ait pas désiré le voir partir, que la grande sœur se soit irritée de sa naissance, que le petit frère soit content de voir déchoir son grand frère, et quoi encore. La victime entérine chaque scénario et continue d'être une offrande propitiatoire, un mâle inoffensif pour le père, le petit garçon à sa maman, et tout sauf une menace pour ses frère et sœur. Il est un cadeau pour tout le monde. Son rôle est sans danger, rassurant et triste.

Les raisons qui font que vous avez été choisi pour ce rôle sont aussi fort complexes. Elles dépendent de l'état du mariage et de la famille au moment où vous êtes né, de ce que vous représentiez aux yeux des autres, du fait que vous étiez un garçon ou une fille et de votre tempérament. Bref, puisque plusieurs facteurs ont déterminé la création de votre personnage, il vous faudra beaucoup de détermination pour vous en débarrasser.

Parce que les acteurs intervertissent parfois les rôles, il convient d'être sensible non seulement aux répliques de chacun mais encore au scénario familial dans son ensemble. Un homme d'affaires dans la quarantaine essayait de découvrir le déclencheur des disputes et des situations qui bouleversaient sans répit sa famille, composée de lui-même, de sa femme, de leurs deux fils et de leur fille. Il lui semblait qu'au départ il y avait un tyran, une victime, un raté, un clown et que, tout à coup, on mélangeait les rôles, comme en jouant à la chaise musicale. Il me consultait seul. Nous avons pensé qu'il serait profitable d'organiser une longue séance avec les autres membres de la famille. Ils s'exprimaient aisément, et bien vite le ton monta et ils se mirent à s'entre-déchirer. Je les observai un moment en tentant d'analyser le mécanisme de leur dispute, puis je compris. Dès que l'un d'eux était blessé, avait peur ou éprouvait une émotion quelconque, il se sentait vulnérable et transformait son sentiment en colère et attaquait. C'était leur procédé, leur style de communication, mis au point il y avait très longtemps par mon patient et sa femme. Je leur fis part de mes observations. Un silence les accueillit. Puis Francis qui, à douze ans, était le plus jeune, dit: «Les forts se fâchent, les faibles ont mal.» Nous avons discuté de la façon dont ils mésusaient de leur hostilité et j'invitai chacun à parler de ce qui le faisait souffrir, de ce qui le décevait, et de ses désirs.

Ils furent très mal à l'aise au début, mais à mesure qu'ils s'exprimèrent, une ambiance très différente se mit à régner dans la pièce. L'enfant blessé en chacun d'eux se manifesta, les autres compatirent à sa douleur, fût-ce en pleurant en silence. Une somme phénoménale d'affection secrète commença à émerger. Il me parut clair que chacun de ces individus hostiles pourrait se différencier des autres au moins en partie en perdant le réflexe de transformer immédiatement en colère sa peine et sa déception, en apprenant à extérioriser tout de suite les sentiments qui l'animaient et en exprimant clairement ses besoins. Plusieurs d'entre eux s'efforcèrent de transformer leur attitude tout de suite après notre séance de travail.

Prendre le recul nécessaire pour examiner votre tragédie familiale et le rôle que vous y tenez est essentiel, mais on remarquera bientôt votre absence et l'on s'affairera aussitôt à vous faire réintégrer la structure. Comment résisterez-vous alors à votre propre voix intérieure et aux pressions de la famille qui voudront vous contraindre de reprendre votre place sur scène? Le fait de prévoir que dès l'instant où vous mettrez fin à votre mise en scène, même brièvement, il s'ensuivra une réaction inévitable pourra vous aider. Prévoir signifie être préparé. Si vous désirez vous libérer de l'engrenage familial et devenir vous-même, vous devez vous poser certaines questions: À quoi dois-je m'attendre? Comment réagira l'ensemble de la famille? Chacun individuellement? Comment réagirai-je moi-même? Si vous n'y êtes pas préparé, le contre-coup risque de vous stupéfier et de vous ramener, étourdi, au bercail. En revanche, si vous savez à peu près à quoi vous attendre, vous pouvez planifier des solutions et rassembler vos forces pour échapper plus longtemps au système. Plus vous résisterez à la rengaine familiale, plus vous serez apte à en faire l'analyse. Plus vous serez capable d'observer ce qui se passe, plus vous serez conscient des remèdes. Plus vous saurez réagir, plus vous serez vous-même. Mais à chaque pas, vous sentirez qu'on cherche à vous faire rentrer dans le rang.

Voici quelques extraits d'une lettre qu'un homme dans la trentaine adressait à son père à l'occasion de son anniversaire, à l'époque où il tentait de s'arracher à un scénario familial rempli d'hostilité.

Cher papa...et chère maman — car je sais que tu liras aussi cette lettre,
Pas de carte toute faite, cette année, mais mes mots à moi pour te souhaiter le plus beau des anniversaires et de nombreux autres...
Nous avons, comme tout le monde, traversé beaucoup d'épreuves au fil des ans, mais tout bien considéré, nous avons eu pas mal de chance. Là où la chance ne nous a pas souri, c'est dans le gouffre qui nous sépare, trop évident pour que nous puissions passer à côté. À qui la faute? À *nous tous*. Avez-vous été trop sévères et trop critiques pendant mes années de formation? Oui. Ai-je permis à mon hostilité de nuire à nos relations? Oui. Parce que vous n'avez jamais cherché à me connaître, je n'ai pas voulu vous connaître moi non plus.

Nous aimons à croire que nous sommes des êtres presque parfaits: les parents idéaux, le mari, l'épouse, le fils, la fille ou l'ami idéal. Mais nous sommes loin de cette perfection et tenter d'y accéder est douloureux et difficile.
La thérapie [...] m'aide à résoudre mes problèmes. Au début, un peu par accident. Les circonstances m'ont rendu plus conscient de moi-même. La thérapie est efficace [...] et des changements se produisent [...], mais il faut beaucoup de temps.
Pour le moment, efforçons-nous de coexister dans une meilleure disposition d'esprit [...], efforçons-nous de mieux nous comprendre [...], ce sera plus facile de nous aimer.

Jamais personne — même ceux qui ont acquis beaucoup d'autonomie — n'a pu se différencier sans plusieurs fois s'enliser en cours de route. Ne vous reprochez pas la lenteur de votre démarche. Si vous vous dépréciez pour vous être laissé avaler de nouveau par la masse de l'ego familial, vous affaiblissez d'autant votre résistance aux vieux scénarios, ce qui revient à dire: «Cela prouve que je ne suis pas assez fort pour être moi-même. Pourquoi m'acharner?» Vous devez être conscient de la valeur intrinsèque de chacune de vos incursions à l'extérieur de la structure familiale, et reconnaître qu'elle vous a permis d'examiner la situation, de vous en détacher et de connaître des périodes d'autonomie de plus en plus fréquentes et durables. Il peut être encourageant de savoir qu'à l'exception des familles où l'intransigeance est pathologique (voir le dernier chapitre), on appréciera vraisemblablement les efforts que vous ferez pour mettre fin aux mises en scène habituelles. En fait, votre initiative vous conférera sans doute un certain charme mystérieux. Mais si vous vous laissez séduire par cette éventualité et qu'elle vous motive, cela signifiera que votre moi enfant se laisse à nouveau aspirer par la machine familiale. Le respect de soi, et non pas l'admiration ou l'adulation de la famille, est la vraie récompense de l'autonomie.

10

DEUX MONDES DIFFÉRENTS

Dans un ouvrage de psychothérapie infantile, je relatais une séance de thérapie de représentation menée avec une petite fille issue d'un mariage extrêmement hostile et violent.

Depuis plusieurs mois, je traitais Hélène, une fillette de neuf ans, affligée de nombreuses peurs. Au cours d'une séance, elle me parut très anxieuse et agitée. Quand je m'informai de ce qui la bouleversait ainsi, elle me répondit qu'elle n'avait pas dormi parce que ses parents s'étaient disputés toute la nuit. Elle refusa d'en dire plus. Quelques minutes plus tard, elle se dirigea vers la maison de poupées et y représenta une scène domestique ordinaire. Bientôt, l'émotion et le ton se firent plus personnels. La maman poupée et le papa poupée entrèrent dans une violente querelle et commencèrent à s'échanger des coups. Elle les faisait s'emparer des meubles et se les lancer de telle sorte que, d'abord une poupée, puis l'autre, furent bientôt ensevelies sous des monceaux de chaises, de sofas, de lits. Au bout d'un moment, la maison de poupées fut vidée de tous ses meubles. Ne restaient plus que la maman poupée, le papa poupée et le bébé poupée. Alors, les parents, faute de meubles, se mirent à se lancer le bébé.

Tout cela s'accompagnait des cris de colère des parents et des cris de peur de l'enfant. Puis Hélène secoua la maison de poupées.

«Tout à coup, s'écria-t-elle, il y a un tremblement de terre. La terre s'ouvre en deux au beau milieu du salon, juste entre maman et papa. Et le trou les sépare de plus en plus, jusqu'à ce que papa soit aussi loin qu'une étoile, et maman aussi loin qu'une autre étoile.»

Tenant chaque poupée à bout de bras, elle fit une pause, puis ajouta avec gravité: «Et le bébé tombe dans le grand trou entre les deux[18]!»

La terreur intense exprimée par Hélène est ressentie par le moi enfant de tout adulte issu d'un couple hostile ou peu affectueux, que les parents se soient séparés ou qu'ils aient choisi de ne pas le faire. Il croit que sa sécurité repose sur des bases précaires, que son univers s'écroulera, que les êtres sur qui il compte se détruiront ou disparaîtront, et que, par conséquent, un malheur innommable et absolument horrible pourrait lui arriver. Cette hantise modèle la personnalité de l'enfant de façon à lui permettre d'exorciser ses peurs.

Dans le cas d'Hélène, l'angoisse se manifestait par une variété de symptômes: des cauchemars, la peur panique de l'école (si la maison et toute la famille disparaissaient pendant son absence?). L'inquiétude des parents d'Hélène pour son bien-être ayant temporairement rétabli l'harmonie, je me demandai si, outre qu'ils exprimaient ses peurs, les symptômes d'Hélène n'avaient pas pour but, à son insu ou non, d'interrompre les disputes de ses parents et de les forcer à s'occuper d'elle. Mais nous y reviendrons plus loin.

Si vous venez d'un mariage brisé, l'âge que vous aviez au moment de la rupture peut aider à déterminer l'effet que cette rupture a eu sur vous. Comme nous avons pu le constater avec Hélène, les jeunes enfants, plus dépendants et plus vulnérables, sont plus durement atteints. Mais l'effet d'une telle séparation peut être aussi très grave sur une personne plus âgée. Une jeune femme ayant quitté la maison pour faire des études universitaires apprit, dès la rentrée, que ses parents venaient de se séparer après trente-cinq ans de mariage.

«Je me sentis très mal, comme si le sol s'était dérobé sous mes pieds. En même temps, j'étais soulagée. Je ne comprenais pas ce paradoxe, au début, mais en y réfléchissant, je constatai qu'il n'y avait rien de fortuit dans le fait que mes parents se séparaient peu après mon entrée à l'université. Mon frère aîné et ma sœur avaient quitté le nid depuis longtemps, j'étais la dernière à le faire. Manifestement, nos parents étaient restés ensemble à cause de nous. Je m'en doutais depuis toujours, et mon soulagement venait de ce que je ne me donnais plus pour mission de préserver l'union de deux personnes destinées à se séparer. Je vis aussi à quel point cette mission avait contribué à forger ma personnalité. J'étais à la fois perdue, confuse, triste et libérée d'un poids.»

Un homme de trente ans dit: «Je vivais depuis des années à des milliers de kilomètres de chez mes parents. Pourtant, quand je sus qu'ils venaient de se séparer, j'eus l'impression de perdre mon chez-moi. C'était vrai. La maison où j'avais grandi fut bientôt vendue: mon refuge disparaissait avec elle. C'était une grande maison de banlieue. J'y avais toujours habité chaque fois qu'il m'était arrivé de revenir passer quelque temps sur la côte est. Je dormais dans ma chambre d'enfant. Maintenant, c'était fini. Mes parents avaient chacun un petit appartement en ville, j'allais d'abord chez l'un, puis chez l'autre, et je dormais sur le divan. C'était étrange. C'était triste.»

Une femme de vingt et un ans dit: «Mes parents avaient toujours été mes parents à mes yeux, et je les admirais. Et puis, un jour, ils sont devenus deux bébés qui criaient, qui faisaient des colères, qui paraissaient perdus. Ils sollicitaient mes conseils et mon appui, et c'était clair pour moi que chacun voulait m'entendre dire que l'autre avait tort et que lui ou elle avait raison. J'en devenais folle. Chacun voulait que je devienne sa mère; je m'y appliquais, mais je compris vite que je n'y arriverais pas. J'avais des problèmes tantôt avec l'un, tantôt avec l'autre, mais surtout, je me sentais orpheline. J'ai donc fait ce que j'aurais dû faire bien avant: je m'en allai. Si je devais être orpheline, autant être autonome d'abord. Je pense qu'ils ont eu raison de se séparer. Mais j'en eus beaucoup de chagrin.»

Remarquez l'accent mis sur la tristesse: souvent, une famille qui éclate est une famille en deuil, et elle doit vivre cette perte. Parfois, même lorsque le rejeton est déjà un adulte, une certaine culpabilité ne l'épargne pas. Voici le récit d'une conseillère en orientation, âgée de vingt-sept ans.

«Ma mère me disait pour la centième fois que mon ami ne m'allait pas à la cheville, que je devrais essayer de trouver quelqu'un de plus dynamique, de moins passif. J'éclatai et lui dis que peut-être elle décrivait là sa propre opinion de papa et qu'au lieu de vouloir résoudre ses problèmes en choisissant pour moi le type d'homme qu'elle souhaitait pour elle-même, elle ferait mieux d'aller se le chercher. Elle se mit à pleurer et à dire que j'avais tort. Mais un mois plus tard, elle m'apprit qu'elle avait réfléchi, que j'avais raison, et qu'elle quittait papa. J'en fus ébranlée. Elle sait ce qu'elle fait et elle a raison de le faire, mais je me sens tellement coupable, surtout quand papa a l'air d'une brebis égarée.»

Beaucoup d'autres variables que l'âge déterminent les répercussions qu'a sur vous la rupture. Les circonstances entourant la séparation sont aussi très importantes. Qui a quitté qui? Était-ce une décision commune? Celui des deux qui a quitté l'autre y a-t-il été poussé par une situation intenable? Y avait-il entre eux beaucoup d'amertume et d'hostilité? Combien de temps a duré le conflit précédant la séparation? Quelles ont été les conséquences immédiates de cette séparation? Une infinité de facteurs peuvent influencer le comportement des gens à l'occasion d'une rupture; pourtant, dans un domaine aussi nébuleux que celui-là, les constatations ci-dessous ont presque valeur d'axiomes:

> Dans la plupart des séparations (légales ou de fait), l'un des parents au moins possède un moi enfant qui souffre ou qui enrage terriblement.
>
> Dans une certaine mesure, l'enfant en vos parents cherchera en vous une consolation, un allié, un sauveteur ou un ennemi à blâmer et sur qui jeter sa colère.
>
> Cette séparation écorchera de douleur, de rage et de deuil votre moi enfant, surtout si elle a lieu au cours de votre

enfance ou de votre adolescence, et elle vous exposera à des scénarios contraignants et destructeurs avec l'un ou l'autre de vos parents.

En d'autres termes, l'échec d'un mariage peut faire de chaque protagoniste un enfant blessé et outragé et peut lui briser le cœur. Les vrais enfants constatent alors avec effroi que leurs parents, sur qui reposait leur sécurité, sont eux-mêmes trop puérils pour être en mesure de les protéger. En outre, le jeune enfant s'apercevra douloureusement que, même si ses parents sont capables de le protéger, ils ne peuvent pas empêcher l'échec inexorable et irrévocable du mariage. Comme dans le jeu de la maison de poupées d'Hélène, le terre tremble et rien ne sera plus jamais pareil.

Jamais plus je ne sourirai

Je reviens à Hélène, car sa vie et ses expériences intérieures illustrent bien les problèmes qui surgissent et les scénarios qui, souvent, prennent forme quand un mariage se termine. Au début de sa thérapie, quand Hélène avait neuf ans, ses parents n'étaient pas encore séparés, mais la rupture était dans l'air. Grâce aux séances de thérapie avec Hélène et aux rencontres que j'eus avec ses parents, ses cauchemars cessèrent et sa phobie de l'école s'apaisa. Peu après, le traitement fut interrompu. Il m'apparut évident que, quoiqu'ils aient tous eu un meilleur contrôle de la situation, le mariage était voué à l'échec.

Je revis Hélène quand elle avait treize ans. Quelques mois plus tôt, son père partait vivre avec une autre femme. La mère d'Hélène sombra dans une dépression et dut interrompre pendant plusieurs mois ses activités d'institutrice à l'élémentaire. Elle passait la plus grande partie de la journée au lit, tandis qu'Hélène s'occupait d'elle et des tâches ménagères.

Quand elle sortit de sa dépression, ce fut au tour d'Hélène de s'y enfoncer. Elle se désintéressa de l'école, perdit l'appétit et maigrit de vingt livres. Sa mère me l'amena. Au début, Hélène disait qu'elle ne voulait pas guérir, qu'elle voulait continuer à être déprimée, et même, qu'elle souhaitait mourir. Mais bientôt, toutes les émotions dont elle était la proie s'exprimèrent.

De toute évidence, Hélène en voulait énormément à son père de l'avoir quittée, mais elle n'en avait jamais rien dit. Sa mère avait souvent tempêté contre son père, en poussant presque Hélène à faire de même, mais dès qu'Hélène avait à son endroit des propos désobligeants, sa mère disait: «Ne parle pas ainsi de ton père.» Parce qu'il se sentait coupable d'être parti et qu'il s'inquiétait de sa fille, le père d'Hélène l'amenait partout et lui offrait des tas de cadeaux. À cause de cela, elle ne put vraiment extérioriser sa rancœur.

Au bout d'un certain temps, il m'apparut aussi clairement qu'Hélène prenait sa mère en pitié et la considérait comme la victime innocente du désir de son père pour une femme plus jeune. En outre, elle-même se sentait secrètement coupable de l'échec du mariage de ses parents, car, comme cela ressortit au cours de la thérapie, Hélène croyait profondément que le départ de son père était dû au fait qu'à l'adolescence elle était devenue insolente et caustique. Sa culpabilité à l'endroit de sa mère la faisait se punir elle-même, y compris en développant un manque d'appétit qui ressemblait à un jeûne pénitentiel.

Je m'aperçus bientôt qu'Hélène aimait profondément son père, mais qu'en raison de la fureur muette que lui inspirait son départ, ajoutée à son sentiment de culpabilité, elle était mal à l'aise et méfiante en sa compagnie. Elle n'exprimait ni sa rage ni son affection. Du reste, elle avait l'impression que, parce qu'elle aimait son père, elle manquait de loyauté envers sa mère. Celle-ci n'avait jamais ouvertement exigé une telle loyauté, mais Hélène avait remarqué de petits détails. Par exemple, si elle rentrait heureuse d'une sortie avec son père, sa mère semblait déçue et morose. Il arriva même une ou deux fois qu'au retour d'une visite très spéciale, sa mère, couchée dans la pénombre de sa chambre, lui dise: «J'espère que tu t'es bien amusée, ma chérie.»

Nous voyons surgir des sentiments et des conflits d'Hélène plusieurs des mythes courants qui prennent forme au sein d'une famille déchirée par la séparation et le divorce. Étant engendrés par des couples différant d'opinions autant sur les causes de leur séparation que sur le reste, ils sont souvent contradictoires. Les mythes prennent aussi naissance dans les émotions conflictuelles des enfants. Voici quels sont les mythes courants auxquels Hélène est attachée:

Sa mère est une femme bien, une femme affectueuse, que son mari a injustement traitée.

Son père est parti parce que le comportement arrogant et adolescent d'Hélène l'irritait, et il reproche à sa mère de l'avoir mal élevée.

Son père est parti parce qu'il est égoïste, parce qu'il ne les aime pas, et parce qu'il ne pense qu'à son bien-être et à son plaisir.

Sa mère a été profondément blessée, et elle ne pourrait pas traverser cette épreuve si Hélène n'était pas là pour s'occuper d'elle.

En restant malheureuse, Hélène ne rejette pas sa mère. En fait, c'est le malheur qui lie ces deux femmes abandonnées par un homme.

Hélène doit être loyale envers l'un de ses parents de préférence à l'autre. Dans ce cas-ci, elle doit être loyale envers sa mère. En étant trop proche de son père, elle est déloyale envers sa mère et peut même devenir sa rivale.

Hélène ne peut exprimer sa fureur à l'égard de son père, car, si elle le faisait, il cesserait d'être aussi gentil et il s'éloignerait d'elle.

La nouvelle femme du père d'Hélène, celle pour qui il est parti, est une séductrice et une hypocrite, et c'est à cause d'elle que ses parents ont divorcé. Hélène ne lui manifeste qu'une froideur polie, et seulement par égard pour son père.

L'essentiel de la thérapie d'Hélène consista alors à découvrir ces mythes et à les remettre en question. Le résultat fut que d'autres mythes s'y substituèrent parfois, qui durent à leur tour être remis en question. Par exemple, à un moment donné, Hélène fut persuadée que l'impuissance et la dépendance contraignante de sa mère (d'abord perçues comme des conséquences de la rupture) avaient causé le départ de son père, de sorte qu'elle blâmait maintenant sa mère d'avoir failli à son rôle d'épouse et de l'avoir privée de son père. À ce stade, son père était un héros à ses yeux, un homme impétueux qui était courageusement parti à la recherche d'une vie meilleure, un homme qui adorait sa fille et qui souffrait terriblement d'avoir à la quitter pour se faire justice.

À la même époque, la nouvelle épouse de son père (qu'elle avait d'abord haïe d'avoir brisé le mariage de ses parents) était tout ce que, selon elle, sa mère n'était pas: indépendante, pleine d'entrain et très féminine. Ces nouveaux mythes bouleversèrent considérablement les sentiments de loyauté d'Hélène, et nous eûmes beaucoup à faire pour leur substituer des faits, et pour qu'Hélène voie dans tous les acteurs de ce drame des êtres multidimensionnels plutôt que des héros, des héroïnes, des traîtres et des victimes.

Outre le traumatisme, la douleur, la rancœur et les croyances associées au divorce, l'enfant doit affronter le fait qu'il n'y a plus une seule et unique structure familiale, une «seule et unique masse indifférenciée» dont il doit s'extraire, mais bien trois! La tâche déjà difficile de développer son autonomie au sein d'une structure familiale unique est devenue plus complexe encore. Quelles sont ces trois structures?

La première comprend votre mère et vos frères et sœurs, les parents qui se sont groupés autour de votre mère et, parfois, son nouveau mari ou son amant et les enfants de ce dernier.

La deuxième comprend votre père, vos frères et sœurs, ceux des parents qui se sont groupés autour de votre père, peut-être sa nouvelle épouse ou sa maîtresse et les enfants de cette dernière.

La troisième structure comprend votre père et votre mère, et peut-être toutes les autres personnes déjà mentionnées. Dans cette nouvelle structure dominante issue de la famille naguère intacte, vous êtes encore *entre* vos parents, bien que ceux-ci soient séparés depuis longtemps.

Dans le cas d'Hélène, la première structure englobait principalement sa mère et la mère de sa mère. Bien que son contenu mythologique ait subi des transformations (de la mère victime à la mère autodestructrice), les liens intenses qui la caractérisaient existaient depuis toujours et remontaient à bien avant l'échec du mariage. Depuis sa naissance, Hélène avait fait le bonheur de sa mère et avait donné un sens à sa vie. La vie de cette dernière était organisée avant tout en fonction de son rôle de mère. Hélène saisit immédiatement sa dépendance; elle apprit à capter comme un radar ses moindres besoins et ses moindres humeurs et à faire en sorte que sa mère l'aime et l'approuve. La symbiose produite par leur soif réciproque de maternage fut extrêmement forte. (La grand-mère était constamment à l'arrière-scène, armée de ses sentiments inconstants d'amour-haine pour la mère d'Hélène et de son affection sirupeuse pour sa petite-fille. Après le divorce, elle reprocha à sa fille d'avoir perdu son mari, puis elle se lamenta avec elle à propos des hommes. À Hélène, elle dit combien sa maman était malheureuse, et la fit promettre de toujours être très gentille avec elle.)

La *structure maternelle* d'Hélène avait été érigée autour de mises en scène qui avaient pour but de rassurer maman, de la protéger et de la materner. Cela signifiait qu'Hélène ne pouvait se permettre de la décevoir sans le payer d'angoisse et de culpabilité. Ce lien se resserra beaucoup après le départ du père. Des années plus tard, elle se rebella, devint arrogante et accusatrice, eut des aventures avec des hommes qui abusèrent d'elle, et se précipita, au propre et au figuré, dans les jupes de sa mère, de sorte que les deux femmes blessées purent recommencer leur maternage réciproque.

La *structure paternelle* d'Hélène avait dans une large mesure été dictée par le besoin qu'avait son père d'être admiré et adulé de tous, surtout d'Hélène. Il était une vedette de la télévision, ce qui le rendait encore plus séduisant aux yeux de sa fille. Quand elle était petite, Hélène pouvait continuer d'être amoureuse de son père malgré la force de sa relation avec sa mère, car il ne semblait pas y avoir de conflit important entre ses parents. Le fait de materner sa mère apaisait en elle l'Œdipe coupable que suscitait son attachement à son père. À mesure que croissait la discorde entre ses parents, les sentiments de loyauté d'Hélène s'en trouvaient de plus en plus bouleversés, et apparurent les différents symptômes qui l'amenèrent en thérapie. Le départ de son père stupéfia Hélène: comment pouvait-il non pas quitter sa mère, mais la quitter, elle? Il lui semblait impossible, incroyable même que son papa qui l'aimait tant puisse s'en aller vivre avec une autre femme. Elle acceptait que son père dorme dans le même lit que sa mère et qu'ils aient une vie ensemble, car, après tout, sa maman était là avant elle, et puis elle était sa femme, mais qu'il aille vivre avec une autre la renversait. Blessée et furieuse, elle cessa temporairement de gratifier son père d'une admiration scintillante et réjouie, sans ambivalence, mais les efforts de ce dernier ajoutés à ses propres désirs la firent vite rentrer dans le rang. Elle passa d'une attitude à l'autre à l'égard de la nouvelle femme de son père et de son enfant d'un précédent mariage, mais elle vit rapidement en l'une une sœur aînée sophistiquée, et en l'autre un neveu adorable. Elle s'était complètement intégrée à la structure paternelle comme une novice émerveillée au paradis, son père et sa nouvelle famille lui apparaissant aussi parfaits et beaux qu'une annonce publicitaire. S'il arrivait que le narcissisme de son père le conduise à la décevoir ou à la blesser, elle le justifiait, l'excusait et fermait les yeux sur sa blessure, tout comme Sally Bowles dans *I Am a Camera* et dans *Cabaret* repousse sa douleur et continue à se convaincre de ce que son père (qui ne se montre jamais) l'aime au-delà de tout.

Un pont jeté sur des remous

La *structure commune* est celle qui maintint Hélène *entre* ses parents après leur divorce. Son dilemme était le suivant: «Comment préserver, d'une part, le confort d'une structure maternelle au maternage réciproque et, d'autre part, le romantisme de la structure paternelle, maintenant que mes parents sont ennemis et que le fait de m'intégrer à une structure risque d'être interprété comme un manque de loyauté envers l'autre?»

Dans les mois qui suivirent leur séparation, Hélène essaya de faire la paix entre eux, ou mieux, elle tenta de les ramener ensemble. Lorsqu'elle se trouvait en compagnie de sa mère déprimée et amère, elle lui disait que papa était en réalité quelqu'un de très bien et elle lui rapportait par bribes les choses positives qu'il avait dites à son sujet, tout cela dans le but de garder vivant en elle l'espoir de son retour. Avec son père, elle disait combien maman était jolie et quelle bonne mère elle était. Mais, comprenant que l'amertume de sa mère ne s'apaiserait pas et que son père n'avait aucune intention de revenir, elle fut beaucoup plus sur ses gardes, allant jusqu'à mentir à l'un et à l'autre, leur disant ce qu'ils désiraient entendre. Au retour d'une très agréable visite chez son père, elle pouvait déclarer s'être ennuyée à périr et que la nouvelle femme de son père était une vraie mégère. Elle était aussi capable de refuser de partager des moments agréables avec sa mère, puis de dire à son père que maman ne savait pas s'amuser. En fait, elle leur disait, comme à des enfants trop dépendants: «Bien sûr, c'est toi que j'aime le plus.» Et elle allait de l'un à l'autre, quêtant de l'argent à son père pour acheter ce que sa mère n'avait pas les moyens de lui offrir, ou demandant à sa mère la permission d'aller dans les Antilles avec son père et sa famille, etc.

Mais la façon la plus pernicieuse qu'avait Hélène de résoudre ce dilemme était de tomber malade, physiquement, émotionnellement ou les deux. Ses maladies (colite, mononucléose, dépression, anorexie, etc.) lui procuraient le maternage de sa mère et l'attention de son père sans qu'aucun des deux ne lui reproche ouvertement ou en secret sa relation avec l'autre. La fonction sans doute la plus importante de ses maladies dans la structure commune était de maintenir les parents inquiets en contact, soit par téléphone, soit dans le bureau du médecin, soit chez les thérapeutes, etc. Les maladies d'Hélène la soumirent à leur maléfice jusque dans sa vingtaine.

Ces trois structures familiales, la maternelle, la paternelle et la commune, étaient fausses et nuisaient à l'équilibre d'Hélène. Mais pour y mettre fin, il fallait d'abord qu'Hélène admette leur existence. Si vous participez à une mise en scène spécifique avec des parents divorcés, pour en modifier le cours, vous devrez reconnaître que vous faites partie de la distribution. Les parents qui exigent de vous (le plus souvent d'une manière extrêmement subtile) une qualité spécifique de relation avec l'un et une autre qualité spécifique de relation avec l'autre sont des enfants gâtés, amers et égoïstes. *Tout* le parent n'est pas un enfant — vos parents sont des adultes beaucoup plus complexes — mais le côté du parent qui vous demande de baser vos rapports avec l'un et avec l'autre sur des scénarios différents, l'est. Vous devez par conséquent vous efforcer de voir comment l'enfant vulnérable qui est en vous, qui fut traumatisé et bouleversé par l'éclatement de sa famille, peu importe quand, prend soin de l'enfant en chacun de vos parents, souvent au détriment de votre propre bien-être, en cherchant, dans le but de vous rassurer, à les protéger des malheurs qui pourraient les affliger.

Pour comprendre ces mises en scène, vous devez aussi examiner les mythes et les idées fausses qui se sont enracinés en
vous il y a longtemps et qui, même à votre insu, influencent
encore vos rapports familiaux. Voici quelques-uns de ces malen-
tendus:

Vous êtes responsable du divorce de vos parents. Cette idée
est parfois carrément propagée par l'un des deux parents, parfois
décelée par l'enfant dans une remarque plus subtile; parfois
encore, elle est le produit de son imagination. Par exemple,
Hélène crut que son arrogance d'adolescente avait chassé son
père. Une femme d'âge moyen était encore persuadée d'avoir
été la cause du départ de son père quand elle avait trois ans et
demi, car, dans la colère et la détresse qui suivirent immédiatement la rupture, sa mère lui avait dit: «Ce n'est pas étonnant que
ton papa t'ait quittée; tu fais encore pipi au lit!» Un homme dans
la vingtaine s'aperçut que ses rapports avec ses parents lui étaient
dictés par un vieux complexe de culpabilité qui remontait à une
époque où son frère aîné lui avait dit, dans un moment de colère:
«Tout allait bien dans cette maison, jusqu'à ce que tu arrives.»
Une jeune femme avait entendu ses parents se quereller et sa
mère chasser son père quand elle avait huit ans. Cela se produisit
un soir, après qu'elle et son père eurent pris une douche ensemble, et, selon elle, son père avait dû partir parce que le caractère
érotique de cette douche n'avait pas échappé à sa mère.

De tels exemples sont très nombreux. Il est important pour
vous de savoir que vous nourrissez des idées similaires et de les
confronter à la notion d'adulte selon laquelle *les parents se séparent parce qu'ils sont malheureux ensemble, et non pas parce
que leurs enfants les rendent malheureux.* Le plus souvent, les
parents sont demeurés ensemble *à cause* des enfants. Pour de
nombreux parents, l'aspect le plus douloureux de leur séparation
a été son effet sur les enfants. L'échec du mariage est dû au fait
qu'un des parents n'éprouve plus de satisfaction à vivre avec
l'autre et trouve même intolérable cette cohabitation. Si, au lieu
de laisser l'enfant en vous déformer ces faits, vous les examinez
d'un point de vue adulte, vous ne vous sentirez plus coupable
d'avoir causé l'échec du mariage de vos parents.

Celui des deux qui est parti ne vous aimait pas. Le parent qui se sent abandonné inculquera souvent cette notion à l'enfant («Si papa t'aimait vraiment, il ne serait pas parti», «Si maman t'aimait vraiment, elle viendrait te voir plus souvent», «Si papa t'aimait vraiment, il me donnerait plus d'argent pour toi»). Parfois, l'idée germe toute seule chez l'enfant: «Si maman (ou papa) m'aimait vraiment, elle ne serait pas partie sans moi», «Si maman (ou papa) m'aimait vraiment, elle ne me laisserait pas vivre avec ce monstre (cette chipie)», «Si maman (ou papa) m'aimait vraiment, elle viendrait me chercher.»

Il faut du courage pour affronter de telles idées, car, comme nous l'avons vu précédemment (chapitre 7), il arrive *parfois* que les parents n'aiment pas beaucoup leurs enfants, et même si c'est rare, c'est peut-être votre cas. Vous avez saisi cette certitude au vol quand vous étiez jeune et vulnérable, elle s'est ancrée dans votre moi enfant et elle y est peut-être encore si votre rationalité d'adulte ne l'a pas remise en question. Vous devez vous demander: Qui m'a convaincu que maman (ou papa) ne m'aime pas? Quelle preuve en ai-je? Le fait qu'elle (ou il) soit partie sans moi ou ne soit pas revenue me chercher signifie-t-il qu'elle ne m'aime pas? Voulait-elle (voulait-il) éviter de faire de la peine à papa (à maman) en m'emmenant avec elle? Croyait-elle (croyait-il) que papa (maman) serait pour moi un meilleur parent? Le fait de m'emmener avec elle (avec lui) entraînait-il de sérieux problèmes juridiques? Des deux parents, celui qui est resté avait-il de plus en plus éloigné l'autre en lui rendant la vie insupportable tant au moment de la séparation que pendant leur mariage? Ou bien, celui des deux qui est parti était-il en réalité une personne froide, narcissique et incapable d'aimer?

Si, en vous confrontant à ces idées fausses, vous découvrez que vous n'étiez pas cause de la rupture de vos parents et que celui des parents qui est parti vous aimait toujours, votre moi enfant pourrait croire qu'il a été floué et en ressentir une profonde amertume. Enfin convaincue qu'elle n'était pas la cause de la rupture de ses parents et que ceux-ci l'aimaient beaucoup, une fillette de dix ans eut cette réflexion: «Si ce n'était pas ma faute, pourquoi faut-il que j'en souffre? C'est comme si on me mettait en prison pour un crime que je n'ai pas commis.» Mais il vaut mieux admettre que c'est injuste, que la vie est ainsi faite, et qu'il y a parfois des victimes innocentes, plutôt que de continuer à croire à des fables. Car le prix à payer pour vos idées fausses est votre vulnérabilité à céder à toute mise en scène de vos parents.

L'un des deux est le bon, l'autre est le méchant. Cette idée simpliste peut être véhiculée par l'un des parents, ou être l'effet d'un mécanisme de défense que l'enfant met en œuvre pour se protéger de ce qui le bouleverse, ou refléter les limites de la perception que l'enfant a des relations humaines, ou encore, dans certaines circonstances, être proche de la vérité. Dans la plupart des divorces, chaque parent est d'avis que les agissements et les lacunes de l'autre conjoint sont la cause de leur échec. Cette certitude est souvent transmise directement à l'enfant: «J'ai tout essayé, mais papa (maman) est vraiment trop égoïste (cruel, froid, irresponsable, inconséquent, passif, violent, fou, ivrogne, infidèle, et ainsi de suite).» C'est peut-être également votre point de vue. Ou bien, petit garçon resté seul avec sa mère, vous avez dû en faire la méchante du couple, car le fait que l'absence de votre père rendait réalisable votre désir œdipien de la posséder vous terrifiait. Ou bien, petit fille, vous vous êtes dit que votre mère était méchante, par peur qu'elle ne vous étouffe en l'absence du père. La blessure que vous a causée le départ de votre père vous a peut-être amenée à conclure que, des deux, c'était lui le vilain; ou bien est-ce votre mère qui, à vos yeux, était la personne méchante puisqu'elle avait chassé votre père et vous avait ainsi privée de sa présence (comme c'est souvent le père qui quitte le domicile conjugal, quelle qu'en soit la raison, ces idées fausses sont très répandues). D'autre part, maman (papa) a peut-être le beau rôle, car elle (il) souffre tant, elle (il) voulait tant sauver le mariage, elle (il) se sacrifie tellement. Ou bien, elle (il) est «le bon», car, depuis le temps que vous l'idéalisez, vous ne supportez pas de ternir son image en lui attribuant sa part de responsabilité dans la séparation. Ou encore, vous vous acharnez à considérer l'un des parents comme étant le plus vertueux des deux, pour ne pas lui en vouloir d'avoir quitté l'autre, d'avoir été une source de problèmes, etc.

Encore une fois, il vous faut absolument remettre ces idées en question comme un adulte, et non pas de façon puérile, et vous efforcer d'admettre que vos parents sont des êtres de chair et de sang si vous voulez comprendre l'aspect humain de ce qui a cloché dans la *réunion* des deux personnes qui vous ont mis au monde avec espoir et amour.

Vos parents ne se détestaient pas, ils se sont tout simplement éloignés l'un de l'autre. Ceci est plus souvent une réalité qu'un mythe. Vous devez vérifier si c'est la vérité, car si cela masque toutes sortes de courroux et de peines («Réglons cela en adultes») qu'on vous aura transmis par des voies subliminales, ces courroux et ces peines auront influencé à votre insu vos relations avec vos parents. Le résultat peut être déconcertant. Vos antennes perçoivent des vibrations d'angoisse et de colère en provenance de vos parents, mais la couche consciente de votre cerveau refuse cette information, ou bien vous êtes incapable de compassion envers eux puisque, après tout, est-ce que tout le monde n'est pas censé accepter ces choses-là avec maturité? Pis encore, que le calme et la paix entre vos parents aient été réels ou fictifs, vous avez peut-être senti le besoin de refouler la peine, la rage, le désespoir et la peur qu'une pareille catastrophe inspirait à l'enfant ou à l'adolescent que vous étiez. Vous vous êtes sans doute persuadé que tout allait pour le mieux et que cela vous laissait indifférent.

Pour contester cette certitude, vous devez la mettre de côté pendant un certain temps, examiner à loisir vos sentiments les plus secrets, ramener à la surface un tas de souvenirs et les émotions qu'ils raniment, et observer, les oreilles et les yeux grands ouverts, les actes et les propos de vos parents.

Pour être capable de vous libérer de la masse complexe d'une famille divisée, avec ses structures multiples (la structure maternelle, la structure paternelle et la structure commune), il vous faut, encore une fois, être conscient des interactions entre votre moi enfant et le moi enfant de vos parents et examiner objectivement toutes vos idées fausses, sans perdre de vue vos émotions les plus enfouies et les plus authentiques. Vous devez aussi vous demander ce que vous ressentez, aujourd'hui, pour chacun de vos parents en tant qu'individu. S'il est important de voir ses parents comme des individus autonomes plutôt que comme papa-etmaman ou Monsieur-et-Madame, cela le devient encore plus dès l'instant où ils sont effectivement séparés, car il faut éviter de se laisser convaincre qu'être près de l'un signifie être déloyal envers l'autre. *Ces scénarios malveillants prendront fin seulement si vous défendez votre droit à être lié à chacun de vos parents et à sa nouvelle structure familiale comme à des personnes et à des structures familiales différentes, et à avoir avec eux le type de rapports que vous souhaitez.* Votre insistance provoquera sans doute des réactions violentes. L'un de vos parents pourra vous accuser de prendre parti pour l'autre, de le poignarder dans le dos, d'être ingrat, et ainsi de suite, mais si vous insistez sur le fait que vous ne favorisez personne, si vous vous efforcez d'éviter de comparer vos parents entre eux, si vous faites valoir votre droit à nouer les rapports que vous voulez avec qui vous voulez, il se pourrait bien qu'ils acceptent et même qu'ils respectent votre décision de vous dissocier de leur mise en scène.

11

JE NE SUIS PLUS AUSSI JEUNE, MON AMOUR

J'ai, tout au long de ce livre, parlé du moi enfant de vos parents comme d'un aspect défavorable de leur personnalité, un aspect menaçant pour vous lorsqu'il domine leur comportement. Je vous ai incité à ne pas materner cet enfant ni à veiller sur ses émotions au détriment de votre indépendance, de votre autonomie et de vos énergies. Mais quand il s'agit de nos rapports avec des parents âgés que les ravages du temps frappent d'incapacité, un autre point de vue s'impose, car il n'y a sans doute ni abus, ni manipulation, ni mise en scène dans leur dépendance.

En raison de nombreux facteurs sociaux et biologiques, le vieillissement mettra souvent en évidence, sinon toujours, le moi enfant d'une personne. Les gestes et les réflexes sont ralentis, la force et les facultés sensorielles accusent une baisse d'acuité, la mémoire flanche et la concentration est moins forte. Bref, parce que les vieilles personnes ont plus de difficulté qu'auparavant à traverser la rue ou à composer un numéro de téléphone, par exemple, leurs complexes infantiles d'infériorité et d'incompétence refont surface. À cela s'ajoute la maladie, parfois débilitante et dégénératrice. Les accidents se produisent aussi plus fréquemment en raison d'une diminution de l'agilité et de la perception, et ces accidents ont souvent des effets plus sérieux et plus durables, à cause de la porosité accrue des os et d'une moindre élasticité des artères et des muscles. Tout ceci, en accentuant la *réalité* de l'impuissance, réveille les anciennes terreurs et la dépendance qui lui sont associées.

L'arrivée de l'âge de la retraite peut exacerber cette dépendance en privant une personne du travail qui avait, des années durant, donné une structure et un sens à sa vie. Maintenant, elle s'ennuie et se sent inutile. En outre, beaucoup de ses amis sont maintenant décédés, peut-être même son époux ou son épouse. La perte de relations importantes, voire fondamentales, peut entraîner une solitude inconsolable, le désespoir et la résignation. Enfin, la personne âgée est consciente de l'approche de sa propre mort. Étant donné qu'une des terreurs primordiales de l'enfance est celle de l'abandon et de la séparation, le moi enfant de la personne âgée appréhende énormément l'ultime séparation, l'abandon ultime de la mort. On ne s'étonnera pas, alors, qu'une personne âgée souffrante ou à l'agonie prononce si souvent le mot «maman».

Dans ces malheureuses circonstances qui accompagnent si souvent le vieillissement, il est normal que vos parents recherchent l'aide et le soutien d'autres personnes, et que la plus importante de ces personnes soit vous. Ainsi que l'écrivait Edith Stern: «La vie ne se limite pas à la reproduction. La vie comporte aussi un renversement des rôles entre parents et enfants. Avec le temps, les plus jeunes doivent s'occuper des plus vieux[19].»

Vous avez beau reconnaître ce fait en théorie, vous êtes bouleversé quand la dépendance de vos parents devient évidente. La réalité est peut-être abrupte, comme dans le cas d'une incapacité inattendue. Soudainement, il (ou elle) est victime d'une thrombose et demeure partiellement paralysé. Soudainement, sa vue, toujours mauvaise, baisse au point qu'il (elle) est pratiquement aveugle. Soudainement, il (elle) glisse, tombe et se brise la hanche. Soudainement, ses oublis ne sont plus anodins, mais de graves négligences qui peuvent affecter sa santé et sa sécurité. Soudainement, son habituelle méfiance se transforme en certitude que quelqu'un cherche à l'empoisonner. Soudainement, sa tristesse à la pensée de

---

19. Edith M. Stern et Mabel Ross, *You and Your Aging Parents*, New York, Harper and Row, 1965, p. 9.

vieillir tourne en dépression accompagnée de larmes ou en apathie voisine de la catatonie. Vous ne prenez pas toujours conscience du vieillissement de vos parents de façon aussi dramatique. Parfois, il suffit qu'ils vous consultent de plus en plus souvent et qu'ils vous demandent: «Que devrions-nous faire?» «Devrions-nous garder la maison?» «Devrais-je subir cette intervention chirurgicale?» «Devrais-je m'en aller vivre dans une maison de retraite?» Vous serez frappé par le renversement des rôles parents-enfant, car bien que leur moi enfant ait depuis longtemps été manifeste dans leurs relations avec vous, ils se sont indiscutablement comportés la plupart du temps comme des parents, et vous, comme leur enfant. Maintenant que ce sont eux les petits enfants qui sollicitent votre aide et votre réconfort, vous éprouvez peut-être une certaine perte: vous ne pouvez plus, en effet, continuer à nourrir la certitude (sans doute inconsciente) que vous pouvez toujours faire appel à vos parents.

À cette perte d'un parent qui ne peut plus vous aider s'ajoute la cause de sa dépendance, soit le décès de son conjoint. Au moment où vous vivez le deuil d'un des parents, l'autre est plongé dans un tel abîme de solitude, de désespoir et de confusion qu'il peut difficilement fonctionner de façon autonome. Ceci est particulièrement vrai dans le cas d'un mariage heureux où les époux étaient depuis longtemps très proches l'un de l'autre (le *duprasse* auquel Kurt Vonnegut fait allusion dans son roman *Cat's Cradle),* mais peut également se produire quand la relation des parents a été lardée de conflits. Cela revient pour vous à perdre les deux parents en même temps, même si un seul est décédé. Psychologiquement, vous êtes devenu orphelin. Dans la pratique, vous êtes dans une certaine mesure devenu parent une fois de plus.

Votre réaction à la dépendance de votre parent relève de plusieurs facteurs, dont le plus important est sans doute la qualité de vos rapports avec ce parent dans les années précédant son incapacité. Naturellement, s'il s'agissait de solides liens d'affection, de respect mutuel et d'amitié, vous serez plus disposé à assumer la responsabilité de son bien-être que si entre vous régnaient l'antipathie, l'hostilité et la froideur. Les mises en scène auxquelles vous avez participé sont aussi très importantes, de même que le degré auquel vous avez pu les transformer, car le plus souvent le rôle du moi enfant de ce parent ressortira davantage avec l'âge.

Si vous aviez un parent martyr, il (elle) risque de l'être encore davantage si les petites misères du vieillissement lui procurent des raisons supplémentaires de vous culpabiliser. S'il s'agissait d'un tyran, il (elle) pourrait devenir encore plus despotique et grincheux que jamais. S'il (elle) était narcissique, il (elle) pourrait placer son vieillissement au centre de son univers et s'efforcer de le placer au centre du vôtre. Et ainsi de suite. Bien que vous ayez accompli d'importants progrès dans votre façon de réagir à son moi enfant, vous serez fortement tenté de participer de nouveau à sa mise en scène, car votre parent rejouera son rôle avec plus de verve qu'avant, il dominera moins facilement son moi enfant et réclamera sincèrement et plus souvent votre attention. Le dilemme que vous affronterez alors est le suivant: «Comment venir en aide à mon parent quand il en a réellement besoin, sans retomber dans les anciennes ornières?» Et vous devrez aussi prendre en main l'exaspération que déclencheront souvent en vous les exigences de vos parents vieillissants.

Pourquoi, avec l'âge, nos parents tendent-ils à devenir exaspérants? Nous voyons leurs anciens comportements revenir en force, et si nous avions cru en être arrivés à la maturité d'une *détente* dans nos conflits avec eux, nous sommes frustrés de voir que le progrès accompli s'est sauvé par la fenêtre. Le contrôle que votre parent exerçait sur son moi enfant est sans doute si affaibli par l'artériosclérose ou par d'autres altérations de sa conscience qu'il peut devenir déraisonnable, égocentrique et réfractaire à toute discussion rationnelle. De tels comportements ne sont pas toujours dirigés contre vous, comme on le voit dans cette mise en garde qui suit, du docteur Leopold Bellak:

> Votre mère est plus distraite: son imagination vagabonde, elle croit entendre ou voir des choses qui n'existent pas, elle se plaint que des personnes *lui veulent du mal*. Ou bien, vos deux parents âgés se querellent avec une amertume que vous n'imaginiez pas possible. L'un des deux accusera l'autre d'infidélité. Votre mère dira que votre père cherche à l'empoisonner. Votre père dira qu'elle lui cache son argent. Peut-être vous feront-ils part des intentions malveillantes de leurs voisins qui déplacent les meubles à toute heure de la nuit ou qui passent

leur temps à les épier. Rassurez-vous, ces plaintes, si bizarres qu'elles vous semblent à première vue, sont fréquentes[20].

Même si vous n'êtes pas l'objet de ces comportements, la frustration que vous ressentez à devoir les affronter pourrait intensifier votre impatience. Si vos parents sont irrationnels avec vous, leurs exigences ou leurs accusations excessives auront de quoi vous exaspérer.

Envisagez tout cela dans le contexte actuel de votre vie. Le risque est grand que si vos parents sont «vieux», vous-même ne soyez plus très jeune. Puisque, grâce aux progrès de la science, on vit de plus en plus longtemps — la fréquence de ce phénomène s'accroît d'année en année —, les personnes d'âge moyen qui aspirent aux joies et aux libertés associées à la maturité doivent maintenant s'occuper de leurs parents. Citons Bellak une fois de plus:

> Vous voici arrivé à ce moment de votre vie où vous pouvez enfin vous reposer un peu, peut-être même partir en vacances sans avoir à vous préoccuper des couches, des chamailleries, des oreillons, des rhumes ou des horaires scolaires. Mais, oh! attention! qu'est-ce qui se passe? Vous voilà pris avec une toute nouvelle «moisson» d'enfants. L'adulte d'un certain âge, en regardant autour de lui, aperçoit ses parents. S'ils ne sont pas encore totalement dépendants de lui, le moment approche où ils auront besoin qu'on s'occupe d'eux[21].

Le fait de vous occuper de vos parents, même au minimum, restreint votre liberté, grève vos ressources financières, gruge votre temps et votre énergie. Tout ceci contribue à vous exaspérer. En présence de tels fardeaux, il n'est pas rare pour les enfants d'en venir à souhaiter que leurs parents meurent. Il ne s'agit pas ici simplement de la résurgence de ces désirs de mort que presque tous les enfants, sinon tous, ressentent à un moment ou à un autre, dans leur jeune âge, envers leurs parents, mais des souhaits qui naissent spontanément des frustrations que la situa-

20. Leopold Bellak, *The Best Years of Your Life,* New York, Atheneum, 1975, p. 24.
21. Leopold Bellak, *op. cit.,* p. 5.

tion actuelle de vos parents vous oblige à vivre. Ces souhaits de mort sont aussi faits de compassion, car vous aimeriez que leur souffrance, leur lente dégénérescence et leur solitude prennent fin. De plus, vous voudriez garder d'eux le souvenir de personnes énergiques et indépendantes. Le danger réside dans le sentiment de culpabilité qui accompagne vos désirs de mort et qui pourrait vous faire retomber dans les vieux scénarios, vous disposer à laisser les émotions de votre moi enfant — qu'il s'agisse de colère, de culpabilité, de peur, etc. — à laisser, dis-je, ces émotions dominer votre opinion sur la meilleure façon d'aborder les circonstances. La colère que vous éprouvez, ces souhaits de mort, qui ne vont cependant pas jusqu'aux actes, sont compréhensibles. Pour progresser, vous devez vous en absoudre.

Si le renversement des rôles vous bouleverse et que vous accablent les pressions sur votre emploi du temps, votre énergie et vos ressources, comment pouvez-vous éviter de retomber dans vos vieilles mises en scène, maintenant que le moi enfant de vos parents a des besoins réels auxquels vous devez répondre? Il vous faut admettre en premier lieu que la situation a changé, que vous avez affaire à une personne qui, jusqu'à un certain point, est impuissante et dépendante, et non pas à une personne qui laisse son moi enfant vous manipuler. Mais, même cette situation admise, vous avez devant vous un autre dilemme, qui touche votre personnalité profonde, vos convictions et votre sens des valeurs. Vous avez sans doute beaucoup lutté pour votre autonomie, pour le contrôle de votre propre existence, pour avoir la liberté de choisir la vie qui vous convient. Ce qui compte le plus pour vous est sans doute de réaliser vos pleines capacités, de mettre à profit la somme de vos expériences et de savoir prendre courageusement des décisions difficiles pouvant affecter votre vie. Où, dans ce système de valeurs, se situe la tâche contraignante et épuisante qui consiste à prendre soin de vos parents âgés?

On a beaucoup insisté sur la réalisation de soi, on en a fait un important antidote de ces philosophies et de ces mœurs qui assignaient des limites arbitraires aux comportements des individus en les enfermant dans des lois incontestables et incontestées. Mais, selon les psychologues humanistes, tels Maslow et Rogers, qui ont proposé cette hypothèse, la réalisation de soi n'a jamais été synonyme d'individualisme égocentrique. Dans la réalisation de soi, votre soi se dilate au-delà de sa petitesse narcissique initiale et, grâce à l'empathie, l'affection, l'intérêt et l'amour, il en vient à occuper un espace vital plus vaste. Vos parents font partie de votre espace vital. Il y a une grande différence entre le fait de vous occuper d'eux parce que votre religion ou votre culpabilité vous y obligent, bien que toutes deux proposent sans doute des valeurs auxquelles vous croyez, et votre détermination à prendre soin d'autrui, surtout de ces personnes qui ont compté dans votre vie et qui peuvent, en toute légitimité, revendiquer ces marques d'attention. Bien que ce que vous faites et l'esprit dans lequel vous le faites dépendent surtout de la qualité de vos sentiments envers vos parents, accepter cette charge au moins en partie est signe que vous repoussez vos limites personnelles et que vous laissez de côté votre narcissisme. Votre moi enfant refuse sans doute tout à fait une telle contrainte; il veut aller jouer dehors. Mais votre moi plus mûr décidera d'avoir le dessus sur cet enfant, pour appuyer et aider la personne qui s'est un jour occupée de vous.

Si vous avez choisi d'aider votre parent âgé, si vous admettez qu'il est normal que cette personne dépende de vous dans une certaine mesure, le fait d'encourager cette personne à être aussi *indépendante* que ses forces physiques le lui permettent vous aidera à éviter de sombrer à nouveau dans vos mises en scène révolues. Si vous traitez votre parent âgé comme un bébé, vous lui faites perdre beaucoup de sa dignité, de sa vivacité et de sa détermination à prendre charge de sa vie dans la mesure du possible. N'oubliez pas que le scénario auquel vous participiez autrefois mettait en scène son moi enfant et *votre moi enfant*. Si son moi enfant est plus évident et plus actif que jamais, les circonstances requièrent de la maturité de votre part, une réaction réaliste et affectueuse de *parent,* non pas le réflexe coupable et conciliant de l'enfant en vous qui pourrait acculer votre parent à une impuissance encore plus grande.

Oh! mon papa!

Si le fait de stimuler votre parent à faire preuve du plus d'indépendance possible aide à prévenir sa régression, des moments surgiront néanmoins où le parent que vous êtes devenu pour lui (ou elle) l'obligera à certaines décisions qui vous sembleront nécessaires. Il

peut même arriver que son jugement soit devenu si fautif que vous
devrez prendre ces décisions à sa place[22.] Le père de Vincent avait
soixante-dix-huit ans. Sa femme était morte deux ans plus tôt après
plus de cinquante ans de vie commune. Vincent n'avait jamais vraiment aimé son père. Lorsqu'il était petit, son père, qui possédait un
restaurant, était rarement à la maison, et quand il s'y trouvait, il était
fatigué et irritable. Plus tard, Vincent travailla au restaurant pendant
quelques années. Son père était un patron tyrannique. Vincent
n'avait pas grand-chose à lui dire depuis longtemps. Il avait quelques
souvenirs qui comptaient pour lui, mais après la mort de sa mère,
quand son père manifesta le désir de le voir plus souvent, Vincent ne
put prétendre lui être fortement attaché. Cependant, depuis la mort
de sa mère, il ne pouvait demeurer aveugle à certaines évidences. Le
quartier où habitait son père se détériorait rapidement et devenait
dangereux. Par deux fois, il avait été attaqué, et il avait eu un poignet
cassé. Lors d'une vague de froid qui dura cinq jours, le chauffage
avait manqué dans son édifice dont l'état de délabrement allait en
empirant. Vincent voyait bien que son père était de moins en moins
capable d'autonomie. Il perdait rapidement du poids parce qu'il
oubliait souvent de manger, ses vêtements sentaient mauvais et il prenait rarement un bain. Vincent chercha à le convaincre de déménager. Mais son père refusa, s'accrochant désespérément à un appartement chargé de souvenirs, ceux de sa femme, ceux de ses amis, ceux
des parties de boules qu'il avait jouées dans le parc qui n'existait plus.
Vincent songea à amener son père vivre chez lui. C'était une solution
très peu souhaitable. Outre le fait qu'ils se disputaient souvent, la
femme de Vincent était une femme nerveuse et tendue, ayant déjà

---

22. Prendre objectivement des décisions qui affectent votre vie et celle de vos
parents n'est pas facile. Voilà pourquoi le point de vue et l'expertise de tierces personnes sont importants. Vous devriez discuter librement et ouvertement avec vos
frères et sœurs, votre conjoint et vos enfants. Vous devriez aussi consulter des
amis que vous admirez pour leur sagesse et leur perspicacité. Et vous devriez, par
le biais d'agences communautaires ou d'agences d'aide à la famille, vous adresser
à des spécialistes en gérontologie. Ils ne pourront pas vous aider à résoudre vos
conflits émotionnels, mais ils sauront vous renseigner sur les choix et sur les solutions à votre portée. Vous éviterez ainsi de laisser votre moi enfant agir à votre
place et vous ne perdrez pas de vue la différence entre ce que vous *devriez* faire,
ce que vous *pouvez* faire et ce que vos parents *vous laisseront* faire.

du mal à conduire son ménage et à élever ses deux enfants. L'appartement était petit, les enfants bruyants et chahuteurs. Examinées froidement, toutes ces conditions et toutes ces personnalités réunies appelaient le désastre. Pendant un certain temps, Vincent se serra la ceinture pour payer les services d'une gouvernante à temps partiel. Tout alla bien jusqu'à ce qu'elle se fasse attaquer dans la rue à son tour et qu'elle démissionne. Vincent ne trouva personne pour la remplacer. Pendant ce temps, son père devint de plus en plus irrationnel, il faisait des promenades et n'arrivait plus à retrouver son chemin, il téléphonait en pleine nuit pour dire que les voisins se liguaient contre lui, etc. Sa santé aussi se détériorait. C'est alors que Vincent prit la décision de devenir un père pour son père. Il lui rendit visite et lui annonça qu'il devrait s'en aller vivre dans une maison de retraite, qu'il ne lui en donnait pas le choix, mais qu'il pourrait décider lui-même de l'endroit. Avec son père, il visita plusieurs résidences dont on lui avait dit du bien. Son père manifesta sa préférence pour l'une d'entre elles. Au moment du déménagement, il rechigna, et Vincent lui déclara qu'il avait le choix entre la résidence pour personnes âgées et l'hôpital. Son père le regarda en face, vit qu'il ne plaisantait pas et dit qu'il était d'accord. Puis il ajouta d'un air triste, mais non sans plaisir: «Tu étais mon fils. Maintenant, tu es mon père.»

Prendre ainsi en main la vie de vos parents peut entraîner de nombreux dilemmes:

Qu'est-ce qui me pousse à agir? La culpabilité ou l'affection?

Suis-je mû par la raison ou par la panique? Par les vieilles haines et les vieilles rancunes?

Suis-je aveugle aux incapacités et aux besoins réels de mes parents parce que je ne veux pas avoir à en assumer la responsabilité?

Est-ce que je veux m'éloigner d'eux parce que la vue de leur vieillissement et de leur dégénérescence me rappelle ma propre fin prochaine?

La solution que je choisis pour eux est-elle la meilleure ou la plus économique?

Si j'ai placé mon père ou ma mère dans une résidence pour personnes âgées, est-ce pour son bien ou pour ma propre tranquillité?

En ai-je trop sur les épaules?
Est-ce que je m'occupe de mes parents au détriment de mon
mari ou de ma femme, de mes enfants, de ma carrière, de
ma santé?
Voudrais-je que mes enfants s'occupent de moi comme je
m'occupe de mes parents?

Le fait de prendre des décisions pour nos parents a quelque
chose de la tragédie antique. C'est la répétition du cycle de la vie,
où les plus vieux prennent soin des plus jeunes qui prendront à
leur tour soin des plus vieux. Si vous avez vu le film *Je n'ai
jamais chanté pour mon père,* vous vous rappellerez sans doute
comment l'homme âgé joué par Melvin Douglas raconte sa dernière visite à son père mourant. Il l'abandonne à l'hôpital après
lui avoir donné un sac d'oranges. Le film se termine sur Melvin
Douglas lui-même, seul et mourant, abandonné à son tour par
son fils dans une maison de retraite. Tout ce que nous pouvons
espérer si nous devons un jour renverser les rôles, c'est d'arriver
à fusionner l'affection de notre moi enfant avec la sagesse et le
souci de notre moi adulte, pour prendre ainsi au nom de nos
parents des décisions réellement salutaires et compatissantes.
Dans nos relations avec nos parents vieillissants, il est de toute
première importance que nous soyons à l'affût du sens caché des
mots, car leurs propos masquent souvent leurs sentiments réels,
surtout s'ils sont devenus irrationnels. Si vous vous laissez prendre
aux mots sans entendre la mélodie qui joue derrière, il y a de quoi
devenir fou. Ralph était un de mes patients. Il avait quarante-quatre
ans. Sa mère avait toujours été une femme dominatrice et égocentrique. Veuve depuis plusieurs années, elle s'était toujours assez
bien débrouillée, bien qu'elle ait parfois beaucoup exigé de Ralph et
de sa famille. Puis, les effets de l'artériosclérose et du manque
d'oxygène au cerveau se faisant sentir, elle devint exagérément exigeante et irrationnelle. Un soir, alors que Ralph et sa famille étaient
en train de prendre leur repas, elle téléphona. Elle paraissait au
bord de la panique. D'abord, elle dit qu'elle n'avait rien à manger,
mais Ralph lui rappela qu'en allant la voir la veille, il avait constaté
que le réfrigérateur et le congélateur étaient pleins. Elle répondit
que c'était vrai, mais qu'elle voulait faire cuire un poulet, et qu'elle

avait beau avoir le poulet, le four ne fonctionnait pas très bien et elle avait peur qu'il n'explose. Ralph lui suggéra de faire frire le poulet plutôt que de le rôtir, mais elle dit qu'à cause de son arthrite, elle n'était pas capable de le couper en morceaux. Il lui dit alors de frire du poisson; il savait qu'elle en avait. Elle dit que le poisson avait une drôle d'odeur et qu'elle craignait une intoxication alimentaire. La conversation se poursuivit ainsi, Ralph offrant une bonne dizaine de solutions, sa mère les refusant toutes, parfois avec des excuses infantiles et bizarres. Le ton de sa voix monta, devint irrité et accusateur.

«Mais, bon sang! que veux-tu que je fasse? se surprit-il à crier. Aller te porter un repas?

— Est-ce que ce serait si terrible?» fit-elle.

Ralph se défendit avec violence, déclara qu'il lui avait rendu visite la veille, qu'il avait une famille, qu'il se reposait après une dure journée de travail, qu'elle était incroyablement égoïste, etc. Elle répliqua: «Ça te serait égal que je meure de faim.» Il cria: «Tu me rends fou. Fiche-moi la paix.» Puis il raccrocha.

Ralph était assis dans mon bureau, à la fois convaincu d'avoir eu raison et torturé par la culpabilité, mais surtout désespéré d'être une fois de plus pris dans l'engrenage de ce genre de rapports. Son dilemme était évident. Nous en avons parlé. Je lui proposai ensuite de simuler la même conversation téléphonique avec Ralph dans le rôle de sa mère et moi dans le rôle de Ralph. Je lui dis que, puisque je n'étais pas vraiment lui et que lui n'était pas vraiment *ma* mère, je pourrais faire taire mon moi enfant suffisamment pour être en mesure de trouver d'autres façons de réagir.

MÈRE (jouée par Ralph): Écoute, je n'ai rien à manger.

RALPH (joué par moi): Mais maman, j'étais là hier. Ton frigo et ton congélateur sont pleins.

MÈRE: Je sais. Je voudrais du poulet, j'ai le poulet, mais le four fonctionne mal et j'ai peur qu'il n'explose.

RALPH: Ça ne doit pas être tous les jours facile d'être seule, n'est-ce pas?

MÈRE: (après une pause): En effet. C'est très dur.

RALPH: Te sens-tu seule?

MÈRE: Oui. Parfois je me sens si seule que je ne sais pas si je vais passer au travers.

RALPH: Je comprends que ce soit difficile. Mais je trouve que tu te débrouilles plutôt bien, dans les circonstances.

MÈRE: Tu le penses vraiment?

RALPH: Oui. Je suis fier de la façon dont tu te prends en main. Je suis content, aussi, que tu n'hésites pas à m'appeler quand ça ne va pas et que tu as besoin de parler à quelqu'un.

MÈRE: Oui. Mais, bon, ce n'est pas toujours terrible non plus. Allons, vous devez être en train de dîner. Retourne à ta famille.

RALPH: D'accord. Mais toi, que vas-tu manger?

MÈRE: Je vais faire rôtir le poulet. Le four n'est pas en si mauvais état.

Ralph fut abasourdi de voir que d'autres réactions étaient possibles s'il faisait appel à sa maturité et à sa nature protectrice plutôt que de se laisser entraîner dans les bonnes vieilles ritournelles. Il fut surtout surpris de voir comment, dans le rôle de sa mère, il réagissait lui-même d'une tout autre façon, presque malgré lui, quand je manifestais de l'empathie pour les sentiments réels que masquaient ses propos.

La semaine suivante, Ralph était radieux. «Je commence à avoir le tour, dit-il. Ma mère s'est mise à me dire à sa façon hystérique habituelle que des hommes l'épiaient de l'autre côté de la rue, surtout quand elle se déshabillait. Elle dit qu'ils pouvaient la voir même avec le store à peine entrouvert, car l'un d'eux avait des jumelles. Elle avait très peur qu'ils ne viennent l'attaquer. J'étais sur le point de me fâcher avec elle, de devenir sarcastique et de m'embourber jusqu'au cou dans la frustration, quand je vis combien il pouvait être facile d'endosser le personnage du parent protecteur. Je lui dis: "Maman, tu es tellement jolie que je ne saurais blâmer ces types d'avoir envie de te regarder. Mais, tu sais, les voyeurs sont rarement dangereux. Ils se contentent de regarder. Prends ça comme un compliment; c'en est un." Ma mère répondit qu'en effet, elle s'efforçait de conserver sa ligne, et il n'en fut plus question.»

Plus vous assumerez avec fermeté ou avec gentillesse le rôle de parent pour vos parents âgés, impuissants ou dépourvus d'autonomie, plus vous éviterez les pièges des scénarios révolus, et plus vous aurez envers eux une attitude constructive, faite d'une compassion qui ne passe jamais de mode.

12

LA RENGAINE EST FINIE
(MAIS LE DISQUE TOURNE TOUJOURS)

L'une des pires obsessions de l'enfance est: «Si maman ou papa mourait?» C'est la pensée impensable; pourtant, les enfants la ruminent, paniquent quand leurs parents sont en voyage, prient que ça n'arrive pas quand l'un des deux tombe malade ou se blesse. Cette tragédie longtemps appréhendée que tous vivent s'est déjà produite pour beaucoup d'entre vous. Si c'est le cas, vous en avez subi un traumatisme et vécu un sentiment d'irréalité: «Est-ce vrai que je ne le (la) reverrai plus jamais?» L'importance du deuil et des marques que cette mort a laissées en vous dépend principalement de la qualité de vos rapports avec la personne décédée et de l'âge que vous aviez au moment de sa mort. Une chose, cependant, est sûre: le décès d'un parent ne met pas forcément fin aux scénarios auxquels vous preniez part avec lui (elle). *En fait, le scénario le plus difficile à terminer est celui que vous jouez avec un parent décédé.*

Mettre fin à une mise en scène avec un parent décédé est difficile, parce que vos rapports avec lui en tant que personne qui évolue et qui réagit à votre propre évolution sont interrompus. Votre image de lui, votre opinion de ce qu'il pensait, de ses sentiments envers les autres et envers vous, de ses attentes et de ses façons de vivre, tout cela s'est fossilisé au moment de sa mort. En mourant, il n'a pu prolonger son évolution, ni subir l'influence continue d'une société en perpétuelle transformation. Quels que soient les changements qui ont eu lieu en vous, votre image de lui est sans doute demeurée la même. En rejouant dans votre cerveau, ces idées sont aussi immuables qu'un vieux film ou que des voix enregistrées. Par conséquent, vos rapports avec lui sont figés, car ils ont lieu non plus avec une vraie personne mais avec des images statiques issues de vos souvenirs.

De quoi les souvenirs sont-ils faits?

L'image que vous gardez de vos parents se compose surtout de vos souvenirs, dont beaucoup remontent à la plus tendre enfance. Avant de les emmagasiner, votre cerveau les a filtrés et interprétés à la lumière de vos idées et de vos perceptions d'enfant. Ce que l'enfant perçoit est étroitement limité par ses facultés réduites de compréhension et par sa tendance naturelle à voir les gens qui l'entourent comme il a *besoin* de les voir. Si vous aviez *besoin* de croire que vos parents étaient la «meilleure» des mamans et «le plus merveilleux» des papas, vous vous refuserez à croire le contraire. Si, à cause de votre narcissisme infantile, vous aviez *besoin* de toujours avoir raison, vos parents ont dû vous paraître méchants et injustes dès qu'ils vous opposaient un refus. Vos besoins choisissent pour vous parmi une multitude de souvenirs ceux qui vous conviennent, et c'est l'assemblage de ces fragments qui compose ensuite votre image de vos parents. À mesure que vous grandissiez, vos besoins se transformaient, vous posiez un regard plus réaliste sur les gens, et vos rapports avec vos parents vous procuraient un flot continu d'informations qui commençaient à transformer votre perception. Mais, la mort ayant tari la source de ces informations, l'image de votre parent décédé s'est figée.

Outre votre sélection de souvenirs, les gens qui vous entouraient ont contribué à forger en vous le portrait illusoire de ce parent. Ceci est d'autant plus vrai que vous étiez plus jeune au moment de sa mort. Si votre mère vous répétait que votre père était un homme merveilleux, bon et noble, vous serez porté à oublier ou à rationaliser outre mesure ces occasions où il fut méchant, cruel ou mesquin. Si elle vous disait quel père dévoué c'était, vous oublierez peut-être qu'il vous a toujours semblé indifférent et froid. Et si elle se plaignait de ce qu'il était un homme inconséquent, égoïste et irresponsable, vous réprimerez sans doute ces souvenirs qui le montrent tendre et affecteux.

Bien que les autres aient contribué à forger votre vision du parent décédé, cette vision reste très personnelle. Puisque vos besoins étaient différents de ceux de vos frères et sœurs, puisque vos rapports avec lui se sont interrompus à un âge différent du leur, et parce que le temps pendant lequel il a vécu a varié pour chacun en fonction de l'historique de votre famille, vos souvenirs du parent décédé sont vraisemblablement très différents de ceux de vos frères et sœurs. Lorsque des adultes d'une même famille parlent franchement entre eux d'un parent décédé, ils s'étonnent d'avoir l'impression de parler de personnes différentes. «Ton père n'est pas mon père», disait une femme à sa jeune sœur après qu'elles eurent échangé leurs impressions. La sœur aînée avait dix-sept ans quand son père mourut d'une maladie dégénératrice du système musculaire qui l'avait handicapé de plus en plus avec les années. Elle se souvenait surtout de lui comme d'un homme couronné de succès et rempli d'énergie et d'humour. Quant à sa jeune sœur, elle n'avait que dix ans à la mort de son père, et sept ans quand il était tombé malade. Dans ses souvenirs les plus vivants, son père était un homme affaibli, déprimé et amer. Même lorsque la différence d'âge est moindre et les circonstances moins dramatiques, votre place spécifique dans la constellation familiale, différente de celle de vos frères et sœurs, vous aura fait connaître le même parent sous un autre angle. Vous étiez peut-être le «cerveau» de la famille, ou la plus «belle», ou le plus «maladroit», ou le «cadet», ou le «bébé», ou le «chouchou de son papa», ou le «casse-pied» de maman, ou le «pitre», et quel qu'ait été votre personnage, vous voyiez votre parent avec ses yeux, et l'image que vous en aviez était par conséquent très subjective.

Les sentiments qu'éprouvait envers vous votre parent décédé constituent l'aspect le plus subjectif de votre vision de lui. J'ai souvent entendu des adultes me dire qu'ils auraient souhaité que leurs parents vivent plus longtemps, pour avoir le temps de débrouiller les sentiments que ces derniers éprouvaient envers eux. Et j'ai aussi souvent vu des adultes, dont les parents étaient morts depuis longtemps, s'efforcer encore de gagner leur approbation ou d'éviter de leur déplaire.

Une jeune femme de trente ans, très mince, disait: «Mon père me taquinait toujours parce que j'étais grosse, et c'est vrai que je l'étais quand j'étais enfant. Maintenant, je suis toujours au régime, même si on me dit que j'ai une jolie taille. Mais je ne peux pas regarder les chiffres sur mon pèse-personne et constater que j'ai pris une livre sans en être profondément humiliée comme lorsqu'il me taquinait. Le pire est qu'il est mort quand j'avais douze ans.»

Un homme de quarante ans déclarait: «Ma mère m'a toujours ridiculisé parce que j'étais distrait. Encore aujourd'hui, si j'oublie de faire quelque chose, je l'entends me dire: "Tu perdrais ta tête si tes épaules n'étaient pas là pour la tenir." Il y a bien trente ans qu'elle est morte, et je courbe encore l'échine.» Cet homme est à la tête d'une corporation qui fait des millions en chiffre d'affaires, et il est reconnu pour sa compétence et son efficacité.

Un éminent pédiatre disait: «Ce fut toujours si difficile de réussir à ce que mon père me prenne au sérieux. Il faisait comme si j'étais irresponsable et inepte. J'ai dû accéder à la présidence de toutes les associations professionnelles dont je suis membre pour qu'il soit enfin fier de moi. Et j'avais quinze ans quand il est mort.»

La vision que vous avez de la vision que vos parents avaient de vous a une grande influence sur la mise en scène qui vous enchaîne. Les principes qu'ils vous inculquaient concernant le comportement que, selon eux, vous deviez avoir, celui qu'ils approuveraient et celui pour lequel vous seriez puni, tout cela déterminait l'ensemble de vos rapports. Les règles de conduite d'un parent ont toujours beaucoup d'influence sur nous, mais à la mort du parent, ces principes deviennent aussi ineffaçables que l'inscription creusée dans le granit de leur pierre tombale. Ce sont ces principes qui dictent les mises en scène interminables entre vous et vos parents. Réfléchissez aux expressions qu'on entend si souvent: «C'est ce que papa aurait voulu»; «Ma mère se retournerait dans sa tombe si elle savait cela»; «Papa serait si fier de moi». Toutes ces expressions laissent supposer que vous connaissez les règles de conduite de votre parent décédé, et laissent en outre supposer que vous, ou que l'enfant en vous, considérez encore qu'il est important de gagner l'approbation du parent décédé. (Il arrive parfois que vous confondiez la connaissance des règles de conduite de votre parent décédé à la réalité telle que vous auriez souhaité qu'elle fût. À la naissance de son premier enfant, une jeune femme dit: «Maman serait si fière de moi aujourd'hui», mais elle se rendit compte plus tard que ce n'était sans doute pas vrai. Elle n'avait jamais réussi à rendre fière d'elle une mère négative et portée à la critique qui, si elle était toujours en vie, trouverait à lui manifester sa désapprobation.)

C'est une erreur de croire que vous savez exactement quelles étaient les règles de conduite de votre parent décédé, car même si elles étaient claires à l'époque, elles étaient sujettes à se transformer avec le temps. Songez un peu combien vous-même avez changé depuis dix ans, combien les gens qui vous entourent, y compris le parent qui survit à l'autre, ont changé. Ces transformations ne sont pas uniquement le résultat d'une tendance naturelle qu'a l'être humain à évoluer à mesure que les vicissitudes de l'existence l'enseignent, mais elles sont également dues au fait que les bouleversements de la société se produisent à un rythme toujours plus accéléré qui nous soumet à un incessant choc du futur. Les idées et les habitudes concernant la famille, le mariage, la place des femmes dans la société, le franc-parler et la tolérance en matière de sexualité, le sens de la vie, l'égalité entre les peuples, le style de vie, l'argent, l'amour romantique, le travail et ces institutions que sont l'éducation, la religion et le patriotisme, tout cela a radicalement changé. Cette révolution a transformé nos façons de voir, souvent à notre insu. Il y a dix ans, il était fréquent d'entendre des parents conseiller à leur fille d'éviter les rapports sexuels avant le mariage. Aujourd'hui, les parents disent couramment: «Pourquoi vous marier tout de suite? Si vous tenez tant à être ensemble, vivez ensemble pendant un certain temps d'abord. Vous verrez bien si vous êtes faits l'un pour l'autre.» Il était impensable naguère qu'un parent prononce de telles paroles. Aujourd'hui, ils sont de plus en plus nombreux à les dire, y compris ceux qui auraient été déshérités par leurs parents s'ils avaient agi de la sorte.

On entend souvent des gens dire: «Je suis venu au monde trop tard», ou encore «Si c'était à recommencer...» J'ai entendu des pères dire qu'ils auraient souhaité, à l'université, vivre dans une résidence mixte, mais qui, dix ans plus tôt, empêchaient encore leur fille de le faire.

Si tous ont si radicalement changé, qu'est-ce qui vous fait croire que votre parent décédé n'aurait pas changé aussi? La mère d'une jeune femme lui avait toujours répété que la pire chose qui soit était de vivre seul. Elle parlait comme si vivre seul était mal: «Une personne normale ne vit pas seule.» Le mariage de cette femme se conclut par un divorce, et sa mère voulut qu'elle trouve une colocataire ou qu'elle emménage avec elle au lieu de rester seule. La jeune femme décora sa maison avec soin, reçut beaucoup, eut une vie sociale intense et fit savoir à sa mère qu'elle se sentait heureuse et en sécurité tout en étant seule. Au cours d'une discussion avec sa fille, la mère avoua enfin sa peur de la solitude et dit: «Très bien, puisque tu aimes ça, vas-y. Je t'accable avec mes propres peurs d'enfant.» Si sa mère était morte des années auparavant, cette jeune femme aurait supposé que sa mère était inéluctablement opposée à son désir de vivre seule et, si son besoin d'approbation avait été assez puissant, elle aurait opté pour une autre façon de vivre[23].

Dans la pièce de George Bernard Shaw, *L'homme et le surhomme*[24] (la séquence de «Don Juan aux Enfers»), Ana, qui vient de mourir à l'âge de soixante-dix-sept ans, parle à Don Juan de son père, mort très longtemps auparavant dans un duel pour défendre l'«honneur» de sa fille, quand lui avait soixante-quatre ans et qu'elle n'était encore qu'une jeune femme. Elle avait passé le reste de son existence à le pleurer et à modeler sa vie d'après

---

23. Si vous êtes vous-même parent, le fait de montrer à vos enfants que vos opinions peuvent évoluer et se transformer est une excellente façon de les aider à ne pas fossiliser, après votre départ, l'idée qu'ils se font de vos règles de conduite.

24. George Bernard Shaw, *L'homme et le surhomme*, version abrégée, Paris, Figuière, 1912.

le modèle de vertu qu'il avait toujours été à ses yeux. Quand son père demande à Don Juan (l'homme qui l'a tué en duel mais qui est maintenant son meilleur ami): «Alors, quoi de neuf?», Don Juan répond: «Votre fille est morte.

— Ma fille? (Il fouille dans sa mémoire) Oh! Celle dont tu étais amoureux. Voyons, comment s'appelait-elle, déjà?

— Ana.

— C'est bien cela, Ana. Une jolie fille, si ma mémoire est bonne. As-tu prévenu Machinchouette, son mari?»

Ana, qui écoutait leur conversation, en est bouleversée, plus encore quand son père lui fait savoir (maintenant qu'ils sont entrés tous les deux dans la vie éternelle et qu'il est ridicule pour elle de continuer à porter son deuil et à le vénérer) que son opinion de la moralité et que son mariage avec sa mère étaient très différents de ce qu'elle avait cru. Il explique clairement que ses actes, y compris son duel fatal, obéissaient aux préceptes de la société bien plus qu'ils n'étaient le reflet de son engagement et de son amour. Ana avait donc adopté les principes d'un homme mort qui avait lui-même adopté des principes qui n'étaient pas les siens et auxquels il ne croyait pas, ce qu'elle ignorait. Ne le sachant pas, elle ne pouvait pas imaginer qu'il puisse accepter d'elle un tout autre comportement.

Or, la première chose à faire pour mettre fin à un scénario avec un parent mort est de remettre en question votre certitude que les principes qu'il (elle) vous a inculqués étaient immuables.

«Maman se retournerait dans sa tombe si elle savait que je divorce.» Vraiment? N'est-il pas possible que, si elle avait connu votre situation, elle aurait sympathisé, voire approuvé votre décision?

«Papa n'accepterait jamais que j'épouse une personne d'une autre religion que la mienne.» C'est possible. Mais votre père était-il inflexible au point de ne pas évoluer avec son temps? Et s'il avait connu la personne que vous voulez épouser, sa réaction aurait-elle pu être différente?

«Maman n'approuverait pas que je n'aie pas d'enfants.» Vous ne le saurez jamais, puisqu'elle est morte. Mais ne serait-ce pas merveilleux, si elle était là, qu'elle se montre d'accord et qu'elle vous confie que sa propre vie aurait sans doute été plus enrichissante si elle-même n'en avait pas eu?

«Mon père n'a jamais voulu que je sois dynamique ou que j'aie du succès. Selon lui, tous les hommes qui ont du succès l'ont obtenu au détriment des autres.» Ceci ne signifie pas que votre père n'aurait pas apprécié votre succès ou qu'il ne l'aurait pas vu sous un angle différent. Ses propres peurs de la concurrence et de la réussite étaient sans doute la cause de ses convictions, mais il aurait peut-être été heureux d'avoir un fils réticent à s'autodétruire.

«Ma mère était une femme très méticuleuse. Elle mesurait la valeur d'une femme à la façon dont elle tenait maison et s'occupait de sa famille.» Croyez-vous vraiment qu'elle aurait eu une piètre opinion de vous parce que vous privilégiez votre carrière? Quand elles étaient jeunes filles, la plupart des femmes qui voulaient s'exprimer et faire preuve de compétence n'avaient d'autre choix que d'être de parfaites maîtresses de maison. À défaut de cela, elles croyaient mener une vie ratée et sans but. Mais maintenant que tant de portes s'ouvrent aux femmes, croyez-vous vraiment qu'elle vous déprécierait parce que vous préférez votre carrière à votre aspirateur?

«C'était important pour mon père de perpétuer le nom de la famille. À la naissance de mon premier enfant, une fille, il sembla déçu, mais il dit: "Ne t'en fais pas, le prochain sera un garçon." Il est mort peu après. Trois ans plus tard, nous avons eu une autre fille. Nous n'avons vraiment pas les moyens d'avoir un troisième enfant, mais puisqu'un petit-fils lui ferait tant plaisir, nous allons essayer encore.» Si vous aviez la possibilité d'en discuter avec votre père, il reconnaîtrait probablement qu'un troisième enfant serait pour vous une contrainte.

«Mon père ne voulait pas que j'entre à l'université. Il disait que les études supérieures, c'était pour les garçons, pas pour les filles. J'ai cinquante ans, maintenant, et souvent j'aurais pu m'y inscrire. Mon mari m'encourage à le faire, et j'ai eu une excellente note à l'examen d'entrée. C'était ma dernière excuse. Pourtant, je n'ai encore rien fait. Je me demande si c'est toujours mon père qui m'en empêche, même s'il est mort depuis trente ans.» Mais si son père avait été là pour voir les transformations radicales dans le domaine de l'éducation des femmes, n'est-il pas probable qu'il aurait approuvé la décision de sa fille d'entrer à l'université?

Si utile qu'il vous soit d'admettre que les opinions de vos parents auraient pu changer s'ils avaient vécu plus longtemps, il importe surtout, pour interrompre la mise en scène à laquelle vous participez avec un parent décédé, comme dans le cas d'un parent encore vivant, de reconnaître que l'interaction entre vous a lieu entre vos moi enfants respectifs: l'enfant en lui (elle), parce que sa règle de conduite est issue de son besoin de contrôler et de diriger vos actes, et l'enfant en vous, parce qu'il cherche encore à obtenir l'approbation de maman ou de papa, même si vous êtes devenu une personne capable, autonome et indépendante. Votre moi enfant est peut-être emberlificoté dans sa relation avec votre parent décédé, soit parce que la mort de ce parent l'a empêché d'assouvir sa soif d'amour et d'approbation, ou parce qu'il a découvert que ce désir resterait à jamais inassouvi. La question ayant été laissée sans réponse et la tâche, inachevée, l'enfant en vous recherche en vain une inaccessible résolution.

En aidant des patients à tourner la dernière page de leur scénario, nous avons trouvé utile de les aider à déterminer quel est le petit garçon ou la petite fille qui, en leurs parents, dirige les opérations. Mais comment pouvez-vous examiner de près le moi enfant d'un parent décédé? En outre, puisqu'il (elle) est mort, pourquoi vous donneriez-vous cette peine?

Qui nous étions

La principale raison qui doit nous pousser à mieux connaître un père (ou une mère) décédé est qu'il nous faut nous efforcer de voir en lui (elle) un être humain authentique, capable de se transformer et d'évoluer, plutôt que la caricature bidimensionnelle et sans relief que vous rappelez à votre souvenir. Votre parent n'était pas plus le personnage d'un mélodrame qu'une créature de légende. Ce ne sont ni vos besoins ni les facultés créatrices des autres qui l'ont créé. Il était une entité extrêmement complexe. Pour voir la mise en scène de son point de vue, vous devez lui attribuer ses vraies couleurs. Il y a plusieurs façons d'y arriver si, selon vous, votre vision de ce parent comporte des lacunes suffisantes pour justifier votre démarche.

Vous pourriez parler à des personnes qui ont connu ce parent dans de nombreuses circonstances de sa vie, des personnes autres que celles qui vous ont transmis la vision que vous en avez gardée. Demandez-leur de vous raconter leurs souvenirs et de vous faire part de leurs impressions. Demandez-leur ce qu'ils aimaient et ce qu'ils n'aimaient pas en lui (elle). Tenez compte du fait que leurs convictions et leurs distorsions des faits vont transparaître, et qu'ils vous diront peut-être ce que vous désirez entendre, mais soyez à l'affût des descriptions similaires et des thèmes communs dans tout ce que vous entendrez. Une femme relate que l'opinion qu'elle se faisait de son père — il lui avait toujours semblé intransigeant, austère et froid —, commença à changer au moment de ses funérailles, auxquelles assistèrent, en pleurant ouvertement, tous les employés de l'usine dont il était le propriétaire. Chacun d'entre eux gardait le souvenir d'une gentillesse que son père avait eue pour lui à une époque difficile de sa vie. Un des ouvriers raconta que, pendant la Dépression, au moment où il se trouvait au plus creux de la vague, il lui avait demandé l'aumône dans la rue. Son père avait répondu: «Je ne vous donnerai pas un sou vaillant, mais si vous voulez travailler, venez avec moi.» Depuis, il occupait un poste important et il était très apprécié comme employé. Elle se remémora plusieurs incidents survenus dans sa famille, où son père avait été un patriarche sévère à ses yeux, et elle finit par conclure: «Vous savez, au fond, c'était un tendre.»

Voyez si un fil conducteur relie les souvenirs que vous gardez de votre parent. Remontez d'abord à la plus ancienne image que vous gardez de lui ou d'elle, et descendez l'échelle du temps jusqu'à votre plus récent souvenir marquant. Quels motifs se répètent? Était-ce une personne protectrice, cruelle, orgueilleuse, irascible, passive, honnête, courageuse, irresponsable, froide? Observez si les motifs récurrents de vos souvenirs s'accordent à la vision globale que vous avez de ce parent, et s'ils s'accordent aux impressions que l'on vous a rapportées.

Vous pourriez également regarder des photos de votre parent décédé (l'exercice vaut aussi dans le cas d'un parent encore vivant)[25]. Notez son attitude: vous semble-t-il (elle) raide ou détendu, ferme ou passif, sûr de lui ou faible et instable? Son

---

25. Voir Robert U. Akeret, *Photoanalysis,* New York, Wyden, 1973.

visage dénote-t-il un être amical, rébarbatif, chaleureux, séduisant, hypocrite, expansif, heureux, anxieux, déprimé, indifférent?
Si vous êtes aussi sur la photo ou s'il y a quelqu'un d'autre, examinez l'ensemble. Votre parent touche-t-il quelqu'un? Qui? Ce
contact vous semble-t-il naturel ou affecté? Est-il fait de chaleur et
d'amabilité? Est-ce un contact distant ou une étreinte sincère?
Remarquez si l'attitude, l'expression et les gestes s'harmonisent.

Si vous possédez des photos de votre parent quand il (elle)
était enfant, observez-les attentivement. Quelle genre d'enfant
était-ce? À quoi ressemble son univers? Quand vous aviez son
âge, auriez-vous voulu partager son amitié? Pourquoi? Quel effet
cela vous ferait-il d'avoir un enfant en tous points semblable à
l'enfant de cette photo?

Vous êtes peut-être de ceux qui ont la chance de posséder des
écrits de leur parent. Il peut s'agir de lettres qu'il (elle) vous a écrites
quand vous étiez à l'université, en camp de vacances, dans l'armée,
ou quand il (elle) était en voyage. Si c'était quelqu'un qui taquinait la
muse, vous possédez peut-être des histoires ou des articles. Qu'est-
ce qui transparaît de lui (elle) dans son choix de sujet et son style?
Est-ce qu'écrire était une chose importante dans sa vie?

Il peut aussi être salutaire de repasser mentalement tout ce
que vous savez de sa vie — son enfance, ses parents, son éducation, son choix de carrière, son mariage, etc. — du point de vue
de l'adulte que vous êtes maintenant, en vous efforçant de voir
comment tout s'emboîte. Quel genre d'histoire en résulte? Quel
titre lui donneriez-vous? Quel type de personnage ressort? Comment réagissez-vous à ce personnage?

Ces méthodes vous donneront peut-être une vision de votre
parent plus authentique que celle que vous gardez gravée dans
votre mémoire. Cependant, ne soyez pas surpris si vous lui résis-
tez. Après tout, le souvenir que vous gardiez de cette personne
est sans doute tout ce qui vous restait d'elle, et il n'est pas facile
de renoncer à quelque chose d'aussi précieux.

Après ton départ

Si le fait d'avoir une vision plus nette de votre parent décédé
compte pour beaucoup dans l'interruption définitive de vos mises

en scène, le changement le plus grand qui doit s'opérer est dans vos propres réactions. *Tout comme le souvenir de votre parent est resté figé au moment de sa mort, vos réactions à ce souvenir sont encore aujourd'hui celles de la personne que vous étiez au moment de sa mort, peut-être même avant.* Comment ranimer vos rapports avec un parent qui n'existe plus que dans votre tête? Comment pouvez-vous donner à ces rapports une vie et une fraîcheur nouvelles? La technique du dialogue avec la «chaise vide», si couramment utilisée en gestalt-thérapie, vous permettra d'échanger encore une fois des propos avec votre parent décédé.

Bertrand, un architecte de trente-deux ans, n'arrivait pas à décider s'il devait quitter la compagnie importante qui l'employait, au sein de laquelle il effectuait des travaux routiniers et impersonnels, pour se lancer avec un collègue dans la construction de maisons de vacances d'un genre nouveau. C'était risqué. En en parlant, Bertrand avait dit: «J'ai l'impression que si mon père n'était pas mort quand j'étais encore un enfant, s'il y avait eu un homme dans la maison, je ne serais pas désarçonné par une telle décision. Je sais bien que j'ai l'air de le rendre responsable, mais le fait est que je lui en veux encore d'être mort.» Je lui suggérai d'en parler à son père et je plaçai une chaise vide en face de lui. Bertrand connaissait cette technique. Il n'a pas posé de questions. Il a regardé en direction de la chaise vide et il a dit: «Papa, c'était vraiment cruel, vraiment salaud de ta part de t'en aller comme ça et de m'abandonner. Seigneur, j'avais neuf ans! Te rends-tu compte? Neuf ans, c'est jeune.»

Je fis signe à Bertrand de s'asseoir sur la chaise vide. «Je suis désolé, mon garçon. Je n'ai pas fait exprès pour que ça arrive. Je ne voulais pas mourir.

— Si tu ne voulais pas mourir, tu ne serais pas mort», dit Bertrand en reprenant place sur sa chaise à lui. Sa voix, sa moue montraient bien que son moi enfant s'exprimait par sa bouche, et qu'il régressait jusqu'à l'époque de la mort de son père.

«Je te déteste parce que tu es mort.

— Bertrand, je suppose qu'à tes yeux, ton père pouvait tout faire, même rester en vie avec un cœur muni de valves en mouchoirs de papier. Je devais être un surhomme à tes yeux.

— Tu l'étais. Je me souviens du jour où tu as frappé deux coups de circuit au pique-nique père-fils des louveteaux. Les autres pères n'en ont même pas frappé un seul.

— Je me rappelle que tu étais très fier et que j'étais heureux que tu sois fier de moi. Je ne crois pas que tu aies jamais su combien je t'aimais. Tu sais, quand le docteur m'a dit que j'avais le cœur très malade, quand il m'a laissé entendre que je n'en avais plus pour très longtemps, c'est à toi que j'ai pensé d'abord. Je ne voulais pas mourir et te quitter. Je voulais vivre à tout prix, pour pouvoir te regarder grandir et t'aider à grandir. Me crois-tu?

— Oui, je suppose. Mais c'est difficile de ne pas être amer.

— As-tu des enfants? demanda le «père» de Bertrand.

— Oui. Un gars de huit ans et une fille de cinq ans.

— Comment te sentirais-tu si tu devais mourir en les abandonnant?

— Je crois bien que ce serait le pire aspect de ma mort. Je veux vivre longtemps, bien sûr, mais je veux surtout être près d'eux tant qu'ils ne pourront pas se débrouiller tout seuls. Mais je pense que ma femme les élèverait mieux seule que maman ne m'a élevé quand tu es parti.

— A-t-elle été sévère? C'était une femme nerveuse.

— Elle me criait toujours après, et je ne pouvais pas faire ceci parce que c'était mal, ou je ne pouvais pas faire cela parce que c'était dangereux. Le soir, dans mon lit, je pleurais et je te maudissais parce que tu étais mort. Je savais que toi, tu m'aurais laissé faire ces choses-là. Pourtant, parfois, je n'en étais pas tout à fait sûr non plus. Je me souviens de la dernière année avant ta mort, quand tu étais si malade et qu'il fallait que je reste bien tranquille pour ne pas te déranger, je pensais que peut-être tu n'aimais pas que je sois un garçon turbulent, qui aimait courir et sauter et faire plein de choses.

— J'aimais ce garçon turbulent. J'étais beaucoup comme ça moi-même avant de tomber malade, mais tu ne t'en souviens sans doute pas très bien, à part les deux coups de circuit. J'étais vraiment un type très actif, et je désirais que tu sois fort et que tu vives pleinement chaque journée.

— Mais regarde ce qui t'est arrivé.

— De la malchance. Je ne changerais rien à la vie que j'ai eue, sauf pour ce qui est de la cigarette. Toi, est-ce que tu fumes?

— Oui.

— Cesse de fumer. La vie est précieuse. Et puis, tu as tes enfants. Mais à part cela, ce qui compte, c'est que tu ne sois pas timoré. Ta mère aurait voulu que nous le soyons tous les deux, parce qu'au fond, elle n'est parfois qu'une petite fille qui a peur. Mais ce n'est pas une vie.

— Papa, je suis architecte, et j'occupe un bon poste, mais ennuyeux, dans une grande société. Je songe à donner ma démission et à me lancer en affaires avec un ami, mais j'ai peur.

— Le projet est-il solide? Ton partenaire t'inspire-t-il confiance?

— J'ai une confiance absolue en lui. Et j'ai examiné notre projet sous tous ses angles. Rien ne cloche, mais il y a toujours une part de risque.

— Il y a toujours un risque. Mais tu ne sembles pas heureux dans ta situation actuelle, et on dirait bien que c'est ce que tu as vraiment envie de faire. Je crois que tu devrais plonger, sans quoi tu te demanderas toujours comment les choses auraient pu tourner. Tu ne dois pas être prudent à l'excès simplement parce que tu crois que c'est ce que je souhaiterais. Tu as ta vie à vivre.»

Bertrand retourna s'asseoir sur sa chaise et se tut. Je lui demandai si la conversation était terminée. Il secoua la tête et, regardant la chaise vide, il ajouta: «Papa, dis-moi la vérité. Je faisais beaucoup de bruit, parfois, quand tu étais malade. Est-ce moi qui t'ai fait mourir?

— Mais non, je t'assure. Mon cœur était très malade. Jamais je n'aurais pu m'en tirer. Et puis, ne va pas croire que tu étais costaud au point de pouvoir renverser ton vieux père!

— Où est-ce qu'un mercier comme toi a pris ces histoires d'Œdipe?

— Je me suis raffiné depuis que je suis mort!

— Oui, je vois.»

Après une pause, Bertrand dit: «Je crois qu'il est temps de nous dire adieu.

— Pourquoi? Nous pourrions simplement nous dire au revoir, et nous faire une autre petite visite si nous avons encore quelque chose à nous dire. Moi, je ne pars plus.

— Bien, papa. C'était formidable de pouvoir te parler. On se reverra. Ah! et puis, papa, tu es mort avant que j'aie eu le temps de te dire que je t'aime.

— Ça me rend heureux. Moi aussi, je t'aime, Bertrand. Tu étais un bon garçon.

— Merci, papa. On se reparlera. Je te dirai comment les choses tournent.»

Bertrand, naturellement, n'aurait jamais pu deviner ce que son père aurait dit dans les circonstances, mais c'est sans importance, puisque le père avec qui il entretient un rapport n'existe plus que dans sa tête. Ce genre de dialogue permet à l'image pétrifiée de reprendre vie, de se transformer et de transmettre des messages nouveaux à Bertrand, de façon à permettre à son moi enfant de réagir à son tour différemment.

Tous les dialogues avec la chaise vide n'ont pas une aussi heureuse conclusion. Phyllis était une jeune et jolie femme de vingt-huit ans. Elle s'évertuait à choisir des hommes qui donneraient raison à sa mère dont les enseignements tendaient à démontrer que les hommes ne valent rien et abusent des femmes. Mais elle était en train de changer, et elle rencontrait de plus en plus souvent des hommes qui s'intéressaient vraiment à elle. Maintenant, elle était amoureuse de Bill, un homme qui semblait lui être très attaché. Elle avait envie de dire à sa mère qu'il y avait des exceptions, elle espérait obtenir de sa mère la permission d'avoir confiance en lui, mais sa mère était morte quand Phyllis avait quatorze ans. Je lui suggérai une «conversation» avec sa mère. Elle lui parla longuement de Bill, puis elle changea de chaise et répondit au nom de sa mère.

«On dirait bien que ce Bill t'a dans sa poche. Il te dit ce que tu veux entendre juste pour obtenir ce qu'il veut.

— Comment le sais-tu? Tu ne l'as même jamais rencontré.

— Je n'ai pas besoin de le rencontrer. Ils sont tous les mêmes. J'ai bien essayé de te le faire comprendre, de t'éviter ce que moi j'ai dû subir, mais on dirait bien que Bill t'a fait oublier tout ce que je t'ai appris.

— Pas seulement Bill. Je travaille dur en thérapie depuis plusieurs années pour me débarrasser des idées fausses que tu m'as inculquées à propos des hommes.

— Des idées fausses! Dis-moi plutôt ce qui s'est passé après ma mort? Qu'est-ce que ton père a fait?

— Tous ne sont pas forcément comme lui.

— Qu'est-ce qu'il a fait?

— D'accord, il n'était pas souvent là. Papa est un égoïste et un irresponsable, et il a perdu son temps et son argent au jeu. Mais c'est toi qui l'as choisi, pas moi. Et il n'a pas toujours été comme ça. Il lui arrivait de se prendre en main.

— Tu croiras ce que tu voudras, moi je le sais. Où était-il quand tu es née? Aux courses. Où était-il quand je suis tombée malade? À Las Vegas. Les hommes sont incapables de s'engager. Mon père s'est enfui de chez nous quand j'avais dix ans, abandonnant ma mère avec quatre enfants.

— Tu me l'as raconté mille fois. Mais, maman, tous les hommes ne sont pas comme ça. Si tu connaissais Bill, il te faudrait bien l'admettre.

— Je n'ai pas besoin de connaître Bill. Tu n'as qu'à prendre soin de toi-même et être indépendante.

— Je peux prendre soin de moi-même et je suis indépendante. Mais je suis aussi amoureuse de cet homme.

— On voit bien que tu es prise au piège. S'il faut absolument que tu sois avec lui, assure-toi de ne rien lui donner sans obtenir quelque chose en retour.

— Maman, tu n'as vraiment pas changé du tout.

— Pourquoi changerais-je? Je sais ce que je sais.

— Bon, je ne vais pas m'évertuer à tâcher de te convaincre. Mais, moi, je ne veux plus penser comme tu penses. Je crois que Bill est un homme affectueux et tendre, et j'ai confiance en lui.

— Tu verras bien.

— Je ne pense pas que nous ayons encore des choses à nous dire, toi et moi. Tu m'as appris à être forte et autonome, et je t'en remercie. Mais pour le reste, tu n'as plus rien à m'apprendre.

— Pas si tu ne m'écoutes pas.

— Non. Et je ne t'écouterai plus. En fait, je ne suis même pas certaine d'avoir envie de te parler encore. Nous sommes dans une impasse.»

Phyllis se tut pendant quelques minutes. Puis:

«Va en paix, maman.»

Ce dialogue n'a pas rapproché Phyllis et sa mère comme il a rapproché Bertrand et son père. En revanche, il a démontré à Phyllis à quel point sa méfiance des hommes et son incapacité à les laisser s'approcher d'elle provenaient de sa mère et étaient la retransmission de la voix maternelle enregistrée dans son cerveau. Elle vit que ces principes lui étaient dictés par la petite fille au fond de sa mère, la petite fille qui supportait encore en crânant l'abandon de son propre père, et qu'étouffait encore l'amertume d'avoir eu un mari irresponsable. Par-dessus tout, cette conversation montra à Phyllis qu'elle avait changé assez pour que les opinions de sa mère qui, jusque-là, avaient tant contribué à forger ses idées et à diriger ses actes, lui soient devenues étrangères. Elle ne voulait plus lui être attachée de la sorte. Phyllis avait pleuré, au cimetière, de nombreuses années auparavant, mais aujourd'hui, la séparation lui inspirait de la joie.

Vous pouvez mettre de plusieurs façons cette technique à profit quand il s'agit de clore un dossier avec un parent décédé. Dans la plupart des cas, l'enfant d'un parent décédé, quel qu'ait été son âge à l'époque, a l'impression que beaucoup de choses n'ont pas été dites, qu'ils n'ont pas eu le temps de les dire. Ils n'ont peut-être jamais dit à leur père ou à leur mère combien ils les aimaient, ou les détestaient, ou les respectaient, ou avaient souffert à cause d'eux, ou les avaient appréciés comme parents. En fait, la plupart ne leur ont jamais dit adieu. Mais, même lorsque le départ du parent n'a pas été soudain ou inattendu, même si la mort fut lente à venir et que l'enfant en a été conscient, le refus de la mort, la difficulté à exprimer des émotions enfouies et puissantes ont souvent dicté aux enfants des paroles d'adieu telles que: «Tu as l'air très bien aujourd'hui. Je parie que demain, tu seras sur pied» ou «J'ai vu une jupe aujourd'hui dans une boutique, justement de la couleur que tu aimes. Elle t'irait bien.»

Le refus de la mort entrave souvent l'adieu. Si c'est votre cas, accordez-vous une deuxième chance. Si votre thérapeute n'emploie pas la technique des deux chaises, trouvez un moment d'intimité qui vous convienne et, après avoir «assis» votre parent sur une chaise en face de vous, dites-lui ce qui n'avait pas encore été dit. Laissez-vous aller et donnez à l'autre la possibilité de vous répondre. Allez et venez d'une chaise à l'autre, parlez-vous,

13

AMEN

J'ai posé en principe dans ce livre qu'il est habituellement préférable de préserver notre relation avec nos parents plutôt que d'y mettre un terme. Après tout, ce lien découle des innombrables expériences, certaines allant bien au-delà de nos premiers souvenirs, qui ont fortement contribué à faire de nous ce que nous sommes. Ces expériences, emmagasinées dans nos neurones, font partie de l'enfant à jamais présent en nous. Le moi enfant, jamais complètement effacé, recherche toujours par certains côtés ce mélange spécial d'amour, de protection et d'exemple qui est l'essence d'un bon parent. Bien après que nous n'avons plus besoin de la protection de nos parents, bien après que nous sommes devenus aptes à affronter seuls le monde, et souvent bien après être nous-mêmes devenus parents, notre moi enfant reviendra peut-être encore à sa source première, ne serait-ce que pour en retirer une gratification symbolique. Certains y verront une névrose, d'autres des enfantillages.

Je ne discuterai pas ces étiquettes, mais il me semble que ce côté indéracinable de nous n'est néfaste que s'il domine notre jugement et s'il contrôle nos sentiments et nos actes. Car, en principe, nous ne souhaitons pas continuer à être des enfants pour nos parents, même si notre moi enfant manifeste encore un certain désir de dépendance. Nous souhaitons nourrir avec eux un rapport d'adultes, et quand ce rapport réussit, il enrichit notre existence et noue un lien de continuité avec notre moi enfant, grâce auquel nous pouvons rassembler les fragments disparates de notre propre vie.

Le prix à payer pour perpétuer une telle relation est parfois trop élevé. Nous avons, avec nos parents, participé à des mises en scène où notre moi enfant répondait aux exigences du moi enfant de nos parents, afin que ceux-ci continuent de nous approuver et de nous aimer. Avec les années, ces comportements finissent par éroder notre faculté de penser et d'agir pour nous-mêmes, et notre capacité à savoir qui nous sommes et ce que nous voulons. Si nous sommes conscients de ces ritournelles et de leur prix, si nous avons tout fait pour arrêter la rengaine, mais que nos parents chantent obstinément le même refrain, il faut envisager la possibilité d'avoir à rompre nos relations avec eux. La décision de rompre peut venir de nous, si nous avons atteint notre seuil de tolérance, ou elle peut être prise par le ou les parents, s'ils ne peuvent accepter la personne que nous sommes devenue.

Quoi qu'il en soit, c'est tragique. C'est sans doute nécessaire, inévitable et libérateur, mais c'est la matière qui compose les mélodrames et les tragédies. Dans les romans et dans les pièces de théâtre, les scènes les plus déchirantes et douloureuses sont souvent celles où le lien entre le parent et l'enfant est rompu. En contrepartie, les scènes les plus touchantes et émouvantes sont souvent des scènes de réunion, soit que l'enfant prodigue rentre au bercail, soit que le parent fléchisse.

Le degré de transformation qu'un parent est disposé à accepter chez son enfant varie d'un individu à l'autre. Dans la comédie musicale bien connue *Un violon sur le toit,* Tevye a trois filles qui, toutes, choisissent une voie différente de celle qu'il avait souhaitée pour elles. D'abord, Tzeitel veut épouser un pauvre tailleur, au lieu de l'homme riche ou de l'intellectuel que ses parents auraient aimé qu'elle épouse. Tevye discute avec lui-même, faisant contrepoids à chacune de ses objections avec des phrases qui commencent par: «D'un autre côté...». À la fin, Tevye hausse les épaules et dit: «Alors, mes enfants, c'est pour quand ce mariage?»

Sa deuxième fille, Hodel, veut épouser un révolutionnaire décidé à renverser le tsar. Avec son fiancé, elle ne demande pas la permission à son père, mais simplement sa bénédiction. Il en est vexé, il est obsédé par «l'autre côté» de la question, et conclut en disant: «Très bien, mes enfants, vous avez ma bénédiction — et ma permission.»

Mais quand il apprend que Chava, sa plus jeune et sa préférée, a déjà épousé un gentil, ce n'est plus la même chose. Quand Chava lui demande de les accepter tous les deux, il s'adresse au ciel: «Les accepter? Comment pourrais-je les accepter? Puis-je renier tout ce qui fait ma foi? D'un autre côté, puis-je renier ma propre fille? D'un autre côté, comment pourrais-je tourner le dos à mon peuple, à ma religion? Si je plie jusque-là, je casse. D'un autre côté... il n'y a pas d'autre côté. Non, Chava. NON-non-non[26].»

C'est un moment terrible, bouleversant, que le moment où Tevye la chasse. Nous sommes saisis de compassion pour ces deux personnages, pour Chava, qui aime son père et désire tant être acceptée par lui, et pour Tevye, qui doit s'arracher à une personne qui lui est aussi chère.

Les paroles de Tevye, «Si je plie jusque-là, je casse», tracent la frontière au-delà de laquelle Tevye ne saurait aller pour renoncer aux valeurs et aux enseignements gravés en lui depuis sa venue au monde. Le point ultime jusqu'où peut aller un parent quand il s'agit de nous accepter dans la peau d'un personnage différent dépend dans une large mesure des limites de sa flexibilité. Tevye était flexible face aux choix de ses deux premières filles, mais quand il s'agit pour Chava d'épouser un gentil, il proclame sa rigidité: «Je casse.» C'est alors qu'il rompt sa relation avec sa fille. Dans la version scénique, il retire ses chaussures et s'assied sur un siège bas, ce qui, chez les Juifs, est un geste de deuil.

Quand vous changez votre ritournelle pour qu'elle s'accorde mieux à vos rythmes personnels, vous soumettez la flexibilité de vos parents à un test. Vous découvrirez bientôt les limites de leur

---

26. Joseph Stein, *Un violon sur le toit,* comédie musicale tirée des nouvelles de Sholem Aleichem (Sholem Rabinovitz), *Tevye The Milkman,* New York, Pocket Books, 1966.

capacité à changer et à vous accepter pour ce que vous êtes et non pas pour ce qu'ils voudraient que vous soyez. Après en avoir d'abord été déroutés, après s'être fâchés, après avoir redoublé d'efforts pour vous ramener à de meilleures dispositions, la plupart des parents renonceront, accepteront les nouvelles circonstances et finiront peut-être même par les apprécier. J'ai vu de nombreux cas où l'un des parents d'un patient qui avait interrompu leur vieille rengaine lui dit quelque chose comme: «Ta transformation m'a beaucoup appris. Je constate que j'étais trop possessif (dépendant, dominateur, soumis, directif, indiscret, etc.) et que, même si ce fut difficile, je me sens mieux moi aussi, et plus libre.» Parfois ce sera: «Tu diras à ton thérapeute qu'il m'a aidé aussi.» La plupart du temps, la reconnaissance est plus discrète, mais le parent apprécie la nouvelle relation, plus convenable, qui prend forme avec son enfant.

Mais certains parents n'arrivent pas à surmonter la confusion et la colère des débuts. Ils sont si ancrés dans leurs façons de faire que votre transformation est perçue par eux comme une menace intolérable. Leur désapprobation sera violente, ils vous exprimeront leur rejet, leurs exigences éclateront, ils vous puniront, peut-être même exerceront-ils sur vous un chantage affectif (ou financier). Si vous vous défendez contre leurs agressions ou contre la séduction mise en œuvre pour vous faire rentrer dans le rang, leur fureur pourrait atteindre des proportions insensées et inquiétantes. Si l'on suppose que vous avez dépassé le stade où vousmême refusez obstinément de céder à certains de leurs désirs ou à certaines de leurs suggestions, leur rigidité et l'étroitesse de la relation qu'ils sont prêts à avoir avec vous vous apparaîtront clairement. Parce que vous refuserez de rentrer avec eux dans la danse, vos parents vous rejetteront peut-être comme Tevye a rejeté sa fille. Ou bien, si vous vous rendez compte qu'il est futile d'espérer une meilleure réaction de leur part, vous-même serez tenté de mettre fin à vos relations avec eux. Il n'est pas toujours facile de savoir qui a conduit la relation au bord du gouffre. Dans le *Violon,* était-ce Tevye et ses vieux principes, ou était-ce Chava, qui cherchait à s'épanouir? Est-ce important? La plupart du temps, le fait de savoir qui a poussé la relation à son point de rupture est sans intérêt. Savoir qui a raison et qui a tort est aussi sans intérêt, et vous laisser prendre à ce débat avec vos parents équivaut à jouer une nouvelle version de la même mise en scène. La seule chose qui compte est de savoir avec quelle intransigeance vos parents chercheront à vous faire respecter les rôles révolus, et jusqu'à quel point vous souhaitez maintenir avec eux une relation qui observe ces conditions.

Capitule ou laisse-moi m'en aller

Aucune loi ne dit qu'après deux mois, ou six mois, ou deux ans passés à espérer un contact nouveau avec vos parents, vous avez assez attendu. Il y a trop de circonstances et de relations différentes pour permettre l'application de règles arbitraires. Ce sont vos sentiments et votre discernement qui doivent vous dicter votre décision. La question que vous devez d'abord vous poser est la suivante: «Y a-t-il un signe, même petit, de progrès qui puisse me laisser espérer en arriver avec mes parents à des rapports plus constructifs et plus respectueux?»

Cette question nous ramène à celle de la flexibilité et de la psychorigidité. Si vos parents sont *rigoureusement* ancrés dans un rôle parental quelconque — un rôle de martyr, de tyran, de saint, un rôle manipulateur, infantile, froid ou narcissique —, de sorte qu'aucun mouvement d'eux vers vous ne vous semble apparent, quelle que soit la maturité de votre attitude envers eux, vous devrez tôt ou tard affronter la réalité, c'est-à-dire qu'ils ne changeront pas. Mais le danger de sauter trop vite à cette conclusion est réel, surtout si vous étiez assez peu réaliste pour vous attendre à un changement immédiat. Vous avez consacré du temps et des efforts à votre métamorphose: attendez d'eux la même inertie. Il vous faut être patient et laisser le pouvoir de la réflexion et les circonstances produire leur effet. Même Tevye, quand le tsar ordonne à tous les Juifs de sa ville de quitter la Russie, fléchit enfin quand Chava vient lui dire adieu. Il ne saurait se permettre de lui adresser directement la parole, mais tandis qu'il charge ses effets sur une charrette, il demande tout bas à Tzeitel de dire à sa sœur: «Dieu soit avec toi.» C'est ce genre de rapprochement dont je parlais tantôt qui fait venir les larmes aux yeux.

Mais le danger existe aussi de laisser traîner indéfiniment la relation sans que les parents manifestent la moindre volonté de changement. Votre désir que la relation s'améliore peut même vous faire
voir des progrès là où il n'y en a pas. Si vous permettez à la relation
de durer indéfiniment avec vous dans un nouveau rôle et vos parents
obstinément dans l'ancien, cela signifie peut-être que vous espérez
en vain qu'ils changeront et, ce faisant, vous participez à une autre
mise en scène construite autour d'attentes irréalistes. Bien sûr, si le
fait que vous changiez et eux non ne vous affecte pas et ne vous fait
pas retomber dans vos vieilles ornières, votre *modus vivendi* sera
sans doute tolérable, que vous vous trouviez ou non dans le même
train. Mais si le temps n'apporte aucun changement dans leur attitude, ou s'ils réagissent avec mépris ou avec cruauté, vous serez
sans doute forcé de faire face à la pénible décision de rompre ce lien
primordial, si vous voulez vous faire justice.

La fête est finie

Dans ses ateliers de formation en analyse transactionnelle, le
docteur Robert Goulding propose trois phrases clés à utiliser dans
les conversations téléphoniques lorsqu'on souhaite maintenir le
contact tout en évitant les vieilles ritournelles, mais qu'on
n'ignore pas qu'une relation plus authentique a peu de chances
de voir le jour. Ces trois phrases clés sont les suivantes:
1) Qu'est-il arrivé de bon aujourd'hui?
2) À part ça, comment vas-tu?
3) Au revoir.
J'aimerais que nous utilisions ces trois phrases comme balises
dans votre décision de terminer ou non la relation avec vos
parents, mais en en modifiant légèrement la deuxième pour
qu'elle se lise comme suit: «À part ça, quoi de neuf?»
Qu'est-il arrivé de bon aujourd'hui? Ceci montre que vous
voulez retirer la relation de sa mise en scène *négative* d'autrefois,
toujours axée sur la souffrance, la culpabilité, la soumission, la
peur, le chantage, la contrainte, etc., pour l'orienter *positive-
ment* vers la vie, la joie, l'évolution. Le mot «aujourd'hui» dit: ne
nous attardons pas aux vieilles rengaines et aux vieilles rancœurs,
vivons pour le moment présent.

À part ça, quoi de neuf? Si votre parent ne voit jamais que le mauvais côté des choses, s'il régresse toujours vers le passé, s'il vous invite encore à entrer dans la danse, vous pouvez refuser qu'on vous entraîne à la dérive en réorientant la relation. Après tout, vous ne sauriez vous attendre à ce qu'un changement aussi profond se produise instantanément, simplement parce que vous le voulez.

Au revoir. Vous avez mis l'accent sur ce qui est positif, vous avez résisté à tous les vieux réflexes, vous avez insisté pour montrer qu'un autre rapport pouvait exister entre vous, mais votre parent, soit par aversion, soit par rigidité, persiste à chanter la même ritournelle. Peut-être même a-t-il (elle) raffermi ses positions. Il est temps pour vous de partir.

Qu'est-ce que je veux dire exactement quand je parle de rompre une relation avec des personnes auxquelles vous êtes lié par le sang et par l'histoire? Dans les cas extrêmes, cela peut signifier la fin de tout contact, une solution terrible mais nécessaire lorsque la relation est si nuisible à votre bien-être que le moindre échange ne donne lieu qu'à d'infinis désagréments. La plupart du temps, il s'agit simplement de limiter les rencontres aux occasions «officielles» telles que les mariages ou les funérailles, ou bien aux rencontres rituelles, par exemple Noël, les anniversaires, les visites spéciales, les lettres ou les téléphones porteurs de «nouvelles importantes». Parfois, cela peut signifier que vous refuserez de participer avec eux à des traditions telles que le réveillon de Noël ou le repas de l'Action de Grâces. Quoi qu'il en soit, votre décision marque la fin des visites régulières et attendues et votre refus de participer avec eux à des guerres d'émotion sur la nature de vos rapports. Vous leur signifiez clairement et unilatéralement que vous en avez fini avec leurs mises en scène et que vous jetez bas les armes.

La rupture d'un lien aussi fondamental que celui qui vous attache à vos parents est une décision grave. Je vous incite donc à la patience et à la tolérance, afin que vos parents aient tout le temps voulu pour s'ajuster à de nouvelles façons de faire. Songez au fait que le parent ne doit pas uniquement subir d'importantes transformations, mais qu'en raison de la place qu'il (elle) occupe au sein d'une structure familiale donnée, il existe une corrélation entre les rapports qu'il a avec vous, ceux qu'il a avec la personne qui partage sa vie, et ceux qu'il a avec ses autres enfants. Supposons que votre mère soit une mère martyre, que son arme soit la culpabilité. Si vous refusez de la suivre dans son jeu et qu'elle enterre son personnage, ceci pourrait bouleverser l'équilibre de ses rapports avec votre père. Si elle le dominait depuis des années en jouant à la martyre, le fait de sortir de son rôle pourrait avoir des conséquences directes sur leur relation. Il pourrait constater qu'il n'a pas raison de se culpabiliser, ou s'apercevoir qu'il a tant besoin d'être dominé par sa femme qu'il la poussera à redevenir masochiste à force de cruautés. Les relations de votre mère avec vos frères et sœurs pourraient également en être affectées. Il ne faut donc pas oublier que de nombreux facteurs militent en faveur du *statu quo* chez vos parents, que la patience et l'indulgence s'imposent et souvent portent fruit.

Un type particulier de psychorigidité parentale entrave toute possibilité de changement. On la trouve quand le parent, incapable de surmonter son malaise et sa désapprobation de votre décision, devient votre *adversaire*. Dans un tel contexte, même vos tentatives les plus anodines pour vous démarquer en tant que personne autonome inciteront ce parent à violemment et outrageusement vous accuser de vouloir le (la) martyriser ou le blesser. À votre grand étonnement, vos actes et vos paroles les plus neutres et les mieux intentionnés ne seront plus que malice et cruauté. Cette attitude de colère et ces récriminations, si elles ne sont pas une réaction à une réelle malveillance de votre part, peuvent contrecarrer toute tentative de communication rationnelle et vous faire vite grimper aux rideaux. Engager un dialogue sur ces bases équivaut à participer à une rengaine encore plus futile et frustrante que la première, car chaque conclusion du parent sera tirée de cette prémisse: «Je suis bon (bonne) et tu es méchant (méchante).»

Tous les parents dont nous avons parlé pourraient, avec ce qu'il faut de psychorigidité, devenir des adversaires. Supposons que vous ayez un parent martyr, et supposons encore que vous cessiez de vous sentir coupable, que vous l'empêchiez de vous dominer en vous culpabilisant, que vous cessiez d'être plus martyr que lui (elle) en ayant vous-même une existence malheureuse. Supposons que vous vous efforciez d'avoir avec cette personne une relation féconde et indépendante. Si elle adoptait une position d'adversaire, elle pourrait interpréter votre liberté et votre bonheur comme étant une preuve de votre désaffection et même de votre mépris. Si ce parent se retranche avec obstination dans son martyre, il verra dans toute tentative de votre part pour apaiser son tourment une sorte de cheval de Troie entré en fraude derrière ses lignes de défense masochistes, un engin en apparence messager de rapports nouveaux et plus enrichissants, mais qui, en réalité, dissimule dans ses flancs des menaces d'hostilité, d'indifférence et de rejet. Vous étiez mû par les meilleures intentions du monde, mais les accusations et les blâmes incessants et irrationnels dont il vous accablera vous obligeront, paradoxalement, à donner raison à sa peur du rejet.

Avec le parent *despote,* le dénouement est parfois similaire, si vous mettez fin à la rengaine de soumission ou de révolte et que vous lui proposez en échange une relation d'égal à égal. S'il (elle) s'entête dans sa position d'adversaire, il interprétera vos efforts pour instaurer une relation égalitaire comme un travail de sape malicieux et irrévérencieux. Essayer de promouvoir de meilleurs rapports dans ces circonstances le fera multiplier les soupçons, les insultes et les marques de mépris. Cette attitude peut devenir si irritante et si répugnante que, même si ce parent ne met pas fin à votre relation dans un mouvement de colère, votre amour-propre vous y poussera.

Si, maintenant, votre parent est un *saint* et que vous en avez assez des mises en scène passées, vous renoncez à le choquer ou à le convertir, et vous vous contentez d'agir selon votre cœur et selon votre bon jugement. Un parent un peu flexible en viendra à accepter et même à apprécier la personne que vous êtes devenue, mais un parent si figé dans ses convictions qu'il éprouve le besoin de les défendre en faisant de vous un ennemi, pourrait voir en vous un être vil, méchant, dépravé, peut-être même diabolique. Il tentera de vous sauver en s'efforçant de vous ramener dans le droit chemin, ou bien vous deviendrez à ses yeux une personne dont le mode de vie, la morale et les idées sont si pernicieux ou révoltants qu'il n'a d'autre choix que vous punir ou vous condamner à l'exil. Si vous en arrivez là, le fait de déployer des efforts pour préserver la relation pourrait être aussi gratifiant pour vous que pour un Noir de s'entêter à vouloir être copain avec le chef suprême du Ku Klux Klan.

Le parent *narcissique* qui est en position d'adversaire ressemble à un paon enragé. Quand vous cessez d'être son prolongement servile pour gagner son affection, quand vous cessez de l'aduler, quand vous cessez de lui obéir au doigt et à l'œil, il (elle) exprimera cette certitude: «Si tu ne fais pas partie de moi, tu es contre moi.» Si vous voulez une relation de réciprocité, de donnant, donnant, il aura l'impression que vous voulez lui arracher tout ce qui compte pour lui et n'en faire jamais qu'à votre tête. Il préférera peut-être vous rayer de sa vie plutôt que de céder à d'aussi extravagantes exigences de votre part, et, malheureusement, vous devrez sans doute vous y résigner.

L'intransigeance d'un parent qui devient votre adversaire différera d'un moi enfant à l'autre, mais tous s'entendent pour être furieux et outragés si vous ne faites pas ce qu'ils attendent de vous. Et il ne s'agit pas d'un simple mouvement d'humeur passager causé par la frustration et la déception; leur rage peut se cristalliser sous forme de suspicion ou de haine chroniques où vous reconnaîtrez leur volonté de détruire la relation, et même de saboter leur bonheur et le vôtre plutôt que de nouer des liens différents avec vous.

C'est votre personnalité qui déterminera si le fait d'être devenu l'ennemi de vos parents vous traumatisera au point de vous pousser à retomber dans les vieilles mises en scène, ou si, en vous faisant prendre conscience de l'impossibilité d'avoir avec eux une relation constructive, il vous aidera à couper le cordon. Vous savez ce que signifie retourner en arrière; vous y étiez. Si vous avez fait assez de chemin pour changer de rengaine, mais que cela n'a rien donné, sauf les faire s'enliser dans leurs positions, la douloureuse décision de rompre semble s'imposer.

Une femme, naguère en thérapie chez moi, a su tragiquement à quoi ressemble un parent qui réagit à la décision de son enfant de transformer la relation qu'ils ont ensemble en exhumant la hache de guerre. Je la voyais depuis plus d'un an quand, environ deux ans après la naissance de son fils, une péricardite la força à s'aliter. Pendant plusieurs mois, la mère de Dorothée, une veuve autoritaire à l'esprit critique, resta avec sa fille à mi-temps pour lui donner un coup de main. Sa présence irritait parfois Dorothée et son mari, mais la situation était telle que cette aide lui était indispensable. Bientôt, Dorothée reprit son ancien rôle dans la mise en scène qui avait dominé ses jeunes années: sa mère lui faisait sans cesse des remontrances; Dorothée se fâchait et l'insultait; sa mère, blessée et amère, l'accusait; Dorothée se sentait coupable, craignait le rejet, et se repentait; sa mère voyait dans le repentir de Dorothée la permission d'être encore plus critique et encore plus dominatrice, et ainsi de suite.

La maladie qui plaça Dorothée dans une position d'infériorité et de soumission anéantit les progrès qu'elle avait réalisés au cours des années précédentes pour se libérer des réflexes qui contrôlaient sa relation avec sa mère. En même temps, elle eut tout le loisir d'analyser cette relation et de voir comment l'enfant terrorisée en elle était engagée dans une ronde destructrice avec le moi enfant narcissique et irascible de sa mère. Elle vit combien elle avait toujours craint que sa mère ne cesse de l'aimer si elle refusait de la suivre. À mesure que sa santé revint, à mesure qu'elle recommença à s'occuper de sa maison et de son fils, elle exclut graduellement sa mère de certaines tâches. Celle-ci s'emporta et accusa Dorothée de s'être servie d'elle et de la reléguer maintenant aux oubliettes. Dorothée répondit: «Maman, j'avais vraiment et désespérément besoin de ton aide quand j'étais alitée, et je suis heureuse que tu aies été là pour moi. Mais je vais mieux maintenant et je peux prendre soin moi-même de ma maison et de ma famille. Mais si tu veux venir en visite, tu seras toujours la bienvenue.

— En visite! Moi, en visite! Chez ma propre fille?

— Je veux dire que tu n'as plus besoin de t'occuper de nous, maintenant. Je vais bien et je peux m'en charger.

— Même à une domestique on donne ses huit jours.

— Est-ce que tu préfères que je sois malade? Dorothée s'aperçut que cette réponse sarcastique l'entraînait dans la ronde, et elle se reprit.

— Je suis sûre que tu es contente que j'aille mieux. Ç'aurait été très dur sans toi. Pourquoi ne viendrais-tu pas vendredi soir, et pour changer, ce sera moi qui ferai le souper?»

Sa mère se leva, prit son manteau et sortit en disant: «Voilà comment on me remercie. Je ferai mon souper moi-même.»

Les semaines passées au lit à s'analyser et à analyser sa mère portaient fruit. Dorothée résista à l'impulsion d'appeler sa mère pour lui demander pardon ou pour se quereller avec elle. Deux jours plus tard, elle reçut par la poste une coupure de journal où il était question d'un directeur de la police qui, dans un discours, avait déclaré que le manque de respect envers les parents était le premier pas vers le crime. Le lendemain, Dorothée téléphona à sa mère pour s'enquérir de sa santé, mais elle ne fit allusion ni à l'article du journal ni au souper du vendredi. Sa mère fut glaciale, puis elle dit: «Ne crois pas que j'ignore que tu m'invites à souper vendredi juste pour me narguer. De toute façon, je suis occupée.»

Deux semaines plus tard, la mère de Dorothée téléphonait et lui disait: «J'ai pris soin de mon petit-fils pendant toute la durée de ta maladie, et tu ne m'as pas encore invitée à aller le voir.» Dorothée répondit qu'elle était toujours la bienvenue si elle désirait voir son petit-fils.

«Bien sûr. En invitée.

— Et en grand-mère qu'il aime.

— Je veux le voir dimanche.

— Bien. Nous serons à la maison.

— Je ne veux pas monter. Je vais sonner et tu me l'amèneras. Nous irons au zoo tous les deux.»

Dorothée sentit la moutarde lui monter au nez et elle faillit entrer dans la ronde. Mais elle fit taire l'enfant en elle et dit: «D'accord. Il adorera ça.»

Ils allèrent au zoo, et elle ramena l'enfant chez lui les bras chargés de jouets et de souvenirs. Deux jours plus tard, Dorothée recevait une lettre de sa mère, une lettre remplie de divagations. Elle y disait que, de toute évidence, elle n'était plus la bienvenue chez sa fille, que son mari aussi la détestait, et qu'elle voyait bien qu'on s'efforçait de monter son petit-fils contre elle. Dorothée lui écrivit un petit mot où elle se disait surprise de constater que sa mère ne se sentait pas bienvenue puisqu'elle l'avait invitée plusieurs fois, et qu'elle serait toujours heureuse de la recevoir. Sa mère répondit qu'elle voyait à travers le mensonge habile de Dorothée, et qu'elle souhaitait seulement voir son petit-fils de temps en temps pour éviter qu'il ne se retourne complètement contre elle.

Dorothée et son mari discutèrent de la situation et conclurent que, bien que grand-maman semblât plutôt troublée, leur fils appréciait sa compagnie. Ils le laisseraient donc voir sa grand-mère tant qu'il n'en serait pas autrement affecté, mais eux ne feraient aucun effort particulier pour provoquer un rapprochement. Ce fut une décision douloureuse, mais libératrice pour Dorothée. Grand-maman venait chercher son petit-fils pour une sortie toutes les deux ou trois semaines; quand elle venait à ses fêtes d'anniversaire, elle était à peu près tolérable; la famille lui rendait visite à Noël pour qu'elle puisse donner ses cadeaux à son petit-fils, et, de temps à autre, ils parlaient au téléphone de questions importantes. Quand la mère de Dorothée commença à voyager beaucoup, la tension s'apaisa, mais Dorothée avait déjà fait ses adieux à sa mère.

La difficulté de rompre

Si vous pensiez que faire taire les vieilles rengaines était pénible, vous verrez que ce n'était rien comparé à la rupture. Vous vous apercevrez que vous êtes lié à vos parents non pas par un cordon ombilical, mais par des cordages de sentiments aussi solides que ceux qui retiendraient le *Queen Elizabeth II* à quai pendant un ouragan. Ces cordages à torons multiples qui vous attachent à eux se composent en partie de l'empreinte profonde que vos parents ont laissée dans vos neurones depuis votre naissance. Vous avez été *leur* nourrisson, *leur* bébé, *leur* enfant, *leur* adolescent. Toutes les expressions de leur visage, leurs sourires et leurs regards, leurs lèvres retroussées dans un rire ou tordues de colère, leurs yeux pétillants de fierté, ou agrandis de peur, tout cela est entré dans vos yeux à vous et s'est imprimé dans votre cerveau. Leurs permissions et leurs interdictions, leurs façons d'agir, leurs jugements, leur mode d'emploi vous dictant votre comportement général et votre comportement avec eux font partie de vous. Vos réactions face à eux, votre dépendance, votre soif de leur amour et de leur tendresse, votre peur qu'ils se mettent en colère ou qu'ils vous abandonnent, votre joie quand ils vous félicitaient, tous les moyens à votre disposition pour gagner leur amour, éviter leurs reproches ou les mettre en colère, toutes ces choses confondues avec les messages qui vous viennent d'eux, toutes ces choses forment les torons du cordage dont je parlais plus haut. Puis s'ajoutent les torons d'espoir, l'espoir que, si vous attendez le temps qu'il faut, ou s'ils finissent par entendre ce que vous leur dites, ou si vous formulez bien vos phrases, ou si vous parvenez à les raisonner, ou si vous leur manifestez clairement vos désirs, ou si vous savez les émouvoir, ils finiront bien par vous donner maintenant ce qu'ils n'ont pas su vous donner quand vous étiez enfant. Votre tête aura beau vous dire que ça ne réussira pas, qu'ils n'ont rien à donner ou qu'ils ne veulent pas vous le donner, votre tête aura beau vous dire que vous n'en avez pas besoin, l'enfant en vous espère quand même.

Le toron le plus solide du cordage qui vous attache à vos parents est la peur panique que, si vous mettez fin à votre relation, à ce lien primordial, vous errerez tout seul dans un univers hostile et froid. Encore une fois, votre tête vous dit que ce n'est pas vrai. Mais vous avez beau savoir qu'il y a près de vous une épouse aimante, des enfants, des amis, etc., le petit enfant en vous peut en arriver à dominer votre raison et faire en sorte que sa terreur d'être abandonné, d'être tout à fait impuissant et à la merci d'horreurs innommables, d'une solitude infinie, ou d'un désespoir sans fond, vous empêchera de couper ce câble ombilical.

Avec un peu d'aide de mes amis

L'angoisse associée à cette rupture fait qu'il est souvent recommandé de réduire graduellement les contacts. Vous pourriez, par exemple, vous «absenter» plus longtemps de la relation, ou mettre fin à certains de ses aspects (notamment les coups de téléphone réguliers) pour vous permettre d'affronter vos peurs par plus petites doses. Vous aurez ainsi la possibilité de rassembler votre courage, de calmer l'enfant effrayé en vous, de le raisonner, et de faire appel à d'autres «planches de salut» — vos amis, votre amant ou votre maîtresse, vos aptitudes, vos loisirs, les choses que vous aimez — pour vous aider à traverser ces limbes terrifiants compris entre le connu et l'inconnu. C'est le moment de reporter sur vous toute l'énergie et tous les efforts que vous employiez auparavant à tenter de transformer vos rapports avec vos parents, et à les diriger vers une meilleure compréhension de votre individualité, ainsi que vers son évolution et sa libération.

Vous aurez peut-être besoin d'aide pour couper le cordage ombilical. Vous savez peut-être déjà qu'il vous faut de l'aide professionnelle pour mettre fin aux mises en scène familiales, car c'est une étape difficile à franchir quand on est seul, et vous pourriez aisément ne plus pouvoir avancer quand, arrivé au point où vous savez ce qu'il y a à faire, vous êtes incapable de surmonter l'anxiété et la résistance qui vous empêchent de passer à l'action. Si tel est votre cas, un psychothérapeute pourrait vous aider à sortir de l'impasse.

Vous savez sans doute qu'il existe de nombreuses écoles de pensée en psychothérapie (freudienne, jungienne, Gestalt, transactionnelle, etc.), de nombreuses techniques (libre association, interprétation des rêves, dialogue des chaises vides, respiration, cri primal, etc.), ainsi que de nombreuses approches (psychothérapie individuelle, thérapie de groupe, thérapie de la famille, discussions, etc.). Puisque les tenants d'une méthode sont parfois en opposition complète avec les tenants d'une autre méthode, la personne qui recherche de l'aide est souvent découragée et confuse d'avoir à faire un choix parmi un ensemble aussi hétéroclite de possibilités. Mais si l'une des raisons qui vous incitent à entrer en thérapie est que vous souhaitez en finir avec les rengaines familiales, voici un fait encourageant: *toute approche thérapeutique a pour but de libérer les individus des liens qui les rattachent à un passé et à des leçons révolus.* Les psychothérapeutes sont d'accord là-dessus. La controverse se limite à déterminer quels sont les meilleurs moyens d'atteindre ce but, et chaque école de pensée a su mettre au point des techniques efficaces.

Par exemple, si votre vie en a été une de soumission à une mère dominatrice (et aux différentes «mères» dominatrices venues après), le travail du *psychanalyste* consistera à explorer les peurs et la culpabilité refoulées qui sont à l'origine de cette soumission, surtout celles qui lui seront communiquées. Un spécialiste de la *gestalt-thérapie* vous engagera probablement dans des dialogues fictifs avec votre mère, avec vos peurs, et ainsi de suite, pour vous aider à rassembler les fragments éclatés de votre personnalité et à prendre conscience de vos forces, de manière à résister plus facilement à votre désir de soumission. Un *analyste transactionnel* vous aidera à voir comment votre moi enfant est stimulé par la relation parentale, comment cela entraîne un scénario de vie peu satisfaisant et quoi faire pour changer ce scénario. Un *thérapeute du comportement* vous apprendra sans doute à cesser de craindre que votre mère se fâche, qu'elle s'effondre ou qu'elle vous abandonne, afin de ne plus être sensible à ses manipulations. En *psychologie de réaction,* le thérapeute vous conduira sans doute à imaginer vos pires terreurs associées à votre mère et à ressentir une angoisse si profonde dans votre imagination que la réalité vous paraîtra moins menaçante et plus facile à affronter. Le spécialiste du *cri primal* vous fera prendre conscience de vos toutes premières attaches émotionnelles à votre mère, ainsi que des blessures psychologiques qui vous ont marqué et que vous cherchez depuis à éviter. Un *thérapeute de la famille* vous aidera à vous détacher des forces d'attraction complexes et puissantes qui font perdurer un type de rapports qui ne vous convient plus. Je simplifie beaucoup, bien entendu, et nombre de ces techniques se recoupent, mais vous pouvez néanmoins constater qu'elles visent toutes à vous dégager des réflexes qui vous ont conditionné quand vous étiez très jeune et très influençable. Puisque ces réflexes sont profondément ancrés en vous et qu'il est très difficile de les extirper, il est souvent profitable de consulter un thérapeute.

Quel est le rôle du thérapeute? Il peut vous aider à vous rendre compte que vous n'êtes pas une malheureuse et impuissante victime de l'existence, mais que, puisque vous êtes l'artisan de votre handicap, vous pouvez devenir l'artisan de votre force. Il peut vous faire prendre conscience des premières blessures, colères ou déceptions qui vous ont conduit à des comportements inadaptés à vos besoins. Il peut vous présenter différentes possibilités. Il peut vous comprendre et vous soutenir tandis que vous perdez douloureusement les illusions qui, prenant racine dans votre moi enfant, vous disent qu'un jour maman, papa (votre femme, votre mari, votre ami(e), votre employeur, vos enfants) vous aimera et vous procurera le réconfort et la tendresse que votre moi enfant réclame. Il peut vous aider à renoncer à la certitude mythique à la fois réconfortante et destructrice que si vous faites exactement ce qu'il faut, si vous découvrez le bouton magique, ces personnes répondront exactement à vos attentes. C'est là une illusion si chère, sans laquelle tout est si décourageant que nous luttons pour la garder vivante et pour répéter les mêmes gestes, les mêmes mises en scène qui en sont issus.

Le docteur Fred Hahn, dans un ouvrage sur la magie et le changement, se demande ce que la psychothérapie peut apporter à un individu que son passé a irrévocablement trompé s'il se débarrasse de l'illusion qu'il pourra un jour redresser et récrire ce passé. Ses propos sont éloquents lorsqu'il affirme que:

> la thérapie a pour but d'aider le patient à surmonter l'intellectualisation, la rationalisation et ses autres manœuvres de résistance, et de l'amener à pénétrer ces territoires inconnus où, affrontant l'angoisse et la terreur de la connaissance, il découvrira qu'il est capable d'y survivre. Elle doit l'aider à admettre que la vie peut être absurde et capricieuse; que nul n'est tout-puissant; que sans l'ultime protection de la magie, ses souffrances sont parfois indicibles. Elle doit aussi, après la douleur et le deuil non seulement des objets de ses fantasmes, mais aussi des illusions et des fantasmes eux-mêmes, l'aider à vivre pour ainsi dire sans illusions. Elle a pour but de l'amener à reconnaître que le bonheur n'est pas un état permanent mais une expérience précieuse et éphémère; que s'il vit sans illusions, il doit trouver un sens à sa vie; qu'il doit céder à l'espoir la place de ses rêves et de ses exigences; que l'action doit remplacer la passivité; que ses attentes réalistes doivent

favoriser l'évolution et la croissance de ses ressources personnelles, ce qui signifie vivre plus à fond tant ses peines que ses
joies.

Elle a pour but de lui montrer que les portes du Paradis de
l'enfance sont fermées et gardées par des anges au sabre de
feu.

Et que maman est morte, pour les siècles des siècles,
amen[27].

Oui. Le fantasme auquel nous devons renoncer est celui qui
nous convainc que nos parents peuvent continuer à être pour
nous ce qu'ils ont été dans le passé, ou devenir ce qu'ils n'ont pas
su être. Si, comme semblent le démontrer les propos de Fred
Hahn, ce qui remplace ces illusions pâlit en comparaison, nous
ne devons pas perdre de vue que, bien qu'il ne soit pas en notre
pouvoir, d'un coup de baguette magique, de faire disparaître les
anciens espoirs auxquels nous ne saurions nous fier, si nous met-
tons un terme au vain ensorcellement des vieilles mises en scène,
nous pourrons peut-être devenir pour nous-même de meilleurs
parents que nos parents ne sauraient l'être. Pourtant, même si
nous reconnaissons cela en théorie, même si ce sont là des propos parfaitement sensés, il nous apparaît risqué et effrayant de
mettre fin à la magie. Ainsi que je le disais ailleurs à propos de la
psychotérapie: «Le vrai défi vient de la peur du changement.
Après s'être mis à l'écoute de nos voix intérieures et les avoir
partagées avec une autre personne; après avoir pris conscience
de l'irrationalité de notre comportement et de son origine dans
des situations révolues; après les confrontations qui nous ouvrent
des voies nouvelles et des choix nouveaux, et au-delà des combats
qui nous aident à savoir qui nous sommes et qui nous pouvons
devenir, nous en arrivons à une impasse: la peur de mettre cette
conscience en œuvre pour actualiser les nouvelles possibilités qui
nous font signe. C'est le moment où il nous faut rassembler une
variété très spéciale de *courage*[28].»

---

27. Fred Hahn, «On Magic and Change», *Voices*, octobre 1975, pp. 4-13.
28. Howard Halpern, «Catalyst of Courage», *Voices*, septembre 1973, pp. 5-9.

C'est un courage différent de la bravoure physique ou de la vaillance, bien qu'il leur soit apparenté. Ce qu'il faut c'est être capable d'affronter le fait que nos pires peurs ne prennent pas racine dans l'aptitude de nos parents (ou de qui que ce soit d'autre) à nous faire du mal ou à avoir sur nous un effet tragique, mais bien en nous-même. Dans son poème «In Waste Places», James Stephen parle d'un homme qu'on lion poursuit sans relâche dans le désert. Il finit par découvrir qui est ce lion:

Je suis le lion et l'antre du lion!
Je suis la peur qui me fait peur!
Je suis le désert de la désolation!
Je suis la nuit de la douleur.

Le jour, la nuit, quoi qu'il advienne,
Je marcherai dans ce désert sans fin
Jusqu'à défier la peur, et que le lion vienne
Vers moi pour me lécher la main.

Un bon psychothérapeute saura vous aider à défier vos peurs, car il vous faudra sans doute beaucoup de courage pour rompre. En rompant avec nos parents, ce n'est pas seulement à eux que nous disons adieu, mais aussi à ce qui nous relie à notre passé et à nos racines. Le plus bouleversant et le plus terrifiant est que nous disons aussi adieu à tous les «si seulement» de notre vie. Nous renonçons aux illusions érigées sur les «si seulement maman....», «si seulement papa...», «si seulement les gens...». Nous affrontons la vie telle qu'elle est, sans rêves irréalistes et pourtant armés d'un tas de nouvelles possibilités.

On dit habituellement adieu à ses parents intérieurement avant de passer aux actes. Lorsque certains patients atteignent le stade où rompre avec leurs parents devient souhaitable et nécessaire, nous effectuons parfois d'abord cette rupture en thérapie. Benoît s'était depuis longtemps dégagé des ritournelles avec sa mère et avait fait beaucoup de tentatives pour l'amener à partager avec lui une relation différente basée sur le respect mutuel, mais elle s'obstinait à demeurer agressive, manipulatrice et désagréable. Il en était au point où la relation avec sa mère exigeait de lui un prix trop élevé et il se résigna à y mettre un terme. Cette décision le bouleversait et l'attristait beaucoup. Je plaçai une chaise en face de lui, lui demandai d'imaginer que sa mère y était assise, et de commencer à lui faire ses adieux. Il se tut pendant un long moment.

«Maman, finit-il par dire tout bas, je n'en peux plus. Je t'aime, j'ai tout fait pour que ça marche entre nous, mais c'est inutile. Je ne te reverrai plus. C'est à peine si je te parlerai au téléphone. J'ai trop mal. Enfin, je veux dire... ce que je veux dire, c'est adieu.»

Je demandai ensuite à Benoît de s'asseoir à la place de sa mère et de répondre comme s'il était elle. Quand il eut changé de place, son visage prit une expression amère.

«De quoi parles-tu, au juste? Qu'est-ce qu'il y a de si pénible à être avec moi? Si tu n'étais pas toujours parti, si tu étais un fils prévenant, nous ne serions pas constamment déchirés par des querelles. Tu fais toujours comme si la moindre chose que je te demande était un fardeau. Tu repousses toutes mes suggestions. Tu me traites comme si j'étais une ordure et je devrais encaisser en silence?»

Benoît changea de chaise.

«Maman, je ne crois pas que je te traite comme si tu étais une ordure, mais j'en suis venu à la conclusion que rien de ce que je pourrais faire ne te convaincra du contraire. Je suis fatigué d'essayer de te prouver que je suis un bon fils. J'en ai assez que tu te comportes comme si le fait de vivre ma propre vie était pour toi un affront. Et j'en ai assez d'avoir à en discuter.

— Tu es toujours aussi égoïste, répondit sa «mère». Non, quand tu étais tout petit, tu étais un bon garçon, tu m'écoutais. Mais ensuite, tu t'es mis à changer. Et depuis que tu es marié, j'encaisse insulte sur insulte.

— Je ne cherche pas à t'insulter. Ne vois-tu pas que tu appuies toujours sur la chanterelle? Que tu essaies de me convaincre que je suis égoïste? Je ne veux plus de cela. Et la seule façon pour moi de l'éviter est de ne plus te voir. Dès que je te vois, je rembarque dans la ronde, comme je le fais maintenant. Essayons au moins de nous quitter aimablement.

— Aimablement? Mon fils me renie et il voudrait qu'on se quitte aimablement?

— Tu as raison. C'est vraiment trop te demander. Tu vois que je voudrais encore que tu m'approuves, même de te quitter. Enfin, je suppose qu'il n'existe pas de moyen facile de dire adieu. Je t'aime. Je garde de très beaux souvenirs de toi, comme cette fois où tu étais venue à l'école pour m'apporter mon imperméable et mes bottes un jour où il pleuvait des cordes, ou bien ce concert de l'orchestre philharmonique auquel tu m'avais amené, ou bien quand tu me laissais lécher le bol de crème au chocolat que tu venais de faire, et encore plein d'autres choses. Ces souvenirs-là feront toujours partie de moi. Mais ça ne va plus, et il y a longtemps que ça ne va plus. En fait, il y a des jours où je te hais. Mais je déteste ressentir cela. Je veux rompre avec toi avant d'oublier pourquoi je t'aime.

— Comment peux-tu être aussi insensible et aussi ingrat? Ne sais-tu pas tout ce que j'ai fait pour toi?»

Benoît eut un profond soupir.

«Maman, je crois bien que tu me manqueras, mais je n'en suis pas sûr. Je ne penserai peut-être plus du tout à toi dans quelque temps. Peut-être que ça me soulagera que tu ne sois plus là pour m'empêcher de vivre ma vie comme je l'entends. Mais pour le moment, j'ai beaucoup de peine. Adieu.

— Tu ne peux pas me quitter! Qu'est-ce que je vais devenir?

— Tu te tireras bien d'affaire. Tu t'es toujours tirée d'affaire.

— Si seulement tu voulais m'écouter.

— Maman, il faudra que tu te débrouilles toi-même avec tes «si seulement».

— Que veux-tu dire?

— Adieu, maman.»

Benoît pleura un moment. Puis il leva la tête. Ses yeux étaient remplis d'une lueur qui ne provenait pas seulement de ses larmes. Son visage était radieux et libéré. Il regarda une fois de plus la chaise où s'était assise sa «mère», sourit et lui envoya un baiser.

«Salut, maman. Bonjour, le monde.»

La décision intime de rompre les attaches étouffantes qui nous enchaînent à un parent, l'adieu triste mais libérateur qui nous dégage des «si seulement» nous ouvrent les portes d'un monde plus vaste. Vous savez maintenant que votre vie peut con-

tenir plus qu'un amour, plus qu'un lien, même primordial. Cette
fin et ce recommencement vous mettent en face de ce que Kier-
kegaard appelait «la terrible possibilité d'être capable». Pourquoi
être capable est-il si terrible? Parce que cela signifie renoncer à
tout ce qui vous persuadait de «ne pas faire cela», parce que vous
n'en étiez «pas capable», parce que vous étiez «trop petit». Tout ce
temps, vous étiez enfoncé dans la fange, mais c'était une fange
familière. Qui vous étiez, ce qu'on attendait de vous, et les limites
qui vous étaient imposées, tout cela était clair. Y renoncer signifie
affronter l'inconnu, et, tout seul, sans que vous guident vos étoiles
familières, naviguer au jugé dans des eaux menaçantes, imprévisi-
bles et inexplorées. Être capable signifie briser les cordons atro-
phiés qui vous relient au passé et, debout, conscient de votre solitude, de vos faiblesses et de vos forces, oser orienter vos rêves et
vos ambitions vers des zones de turbulence. Si cela n'est pas terrifiant, rien ne l'est.

La plupart du temps, pour que ces occasions terrifiantes vous
soient données, il n'est pas nécessaire de rompre, mais seulement d'interrompre les valses et les rondes familières avec vos
parents. Chaque solution comporte sa part de risque et requiert
du courage, de la détermination et de la compassion. Mais que
vous accédiez à la liberté de choix et à la réalisation de vous-
même en faisant taire des rengaines ou en coupant le cordon
ombilical, vous vous rendez justice. Et ça, ça en vaut vraiment la
peine.

TABLE DES MATIÈRES

Remerciements... 9

Avant-propos 11

Chapitre 1:
Voulez-vous m'accorder cette valse?...................... 15

Chapitre 2:
Loué soit le lien qui nous unit............................. 27

Chapitre 3:
On blesse toujours ceux qu'on aime 43

Chapitre 4:
Le petit bonhomme absent 59

Chapitre 5:
La puissance et la gloire.................................... 77

Chapitre 6:
Comme on connaît ses saints, on les honore 95

Chapitre 7:
Je ne sais pas comment l'aimer 119

Chapitre 8:
Unique au monde.. 141

Chapitre 9:
De l'air! De l'air! 159

Chapitre 10:
Deux mondes différents 181

Chapitre 11:
Je ne suis plus aussi jeune, mon amour 197

Chapitre 12:
La rengaine est finie (mais le disque tourne toujours) 209

Chapitre 13:
Amen 227

 LES ÉDITIONS DE
L'HOMME

Ouvrages parus aux
Éditions de l'Homme

Affaires et vie pratique

* 30 jours pour mieux organiser..., Gary Holland
* Acheter et vendre sa maison ou son condominium, Lucille Brisebois
* Acheter une franchise, Pierre Levasseur
* Les assemblées délibérantes, Francine Girard
* La bourse, Mark C. Brown
* Le chasse-insectes dans la maison, Odile Michaud
* Le chasse-insectes pour jardins, Odile Michaud
  Le chasse-taches, Jack Cassimatis
* Choix de carrières — Après le collégial professionnel, Guy Milot
* Choix de carrières — Après le secondaire V, Guy Milot
* Choix de carrières — Après l'université, Guy Milot
* Comment cultiver un jardin potager, Jean-Claude Trait
  Comment rédiger son curriculum vitæ, Julie Brazeau
* Comprendre le marketing, Pierre Levasseur
  Des pierres à faire rêver, Lucie Larose
* Devenir exportateur, Pierre Levasseur
  L'étiquette des affaires, Elena Jankovic
* Faire son testament soi-même, Me Gérald Poirier et Martine Nadeau Lescault
  Les finances, Laurie H. Hutzler
  Gérer ses ressources humaines, Pierre Levasseur
  Le gestionnaire, Marian Colwell
  La graphologie, Claude Santoy
* Le guide complet du jardinage, Charles L. Wilson
* Le guide de l'auto 92, Denis Duquet et Marc Lachapelle
* Le guide des bars de Montréal, Lili Gulliver
* Le guide des bons restaurants de Montréal et d'ailleurs, Josée Blanchette
  Guide du savoir-écrire, Jean-Paul Simard
* Le guide du vin 92, Michel Phaneuf
* Le guide floral du Québec, Florian Bernard
  Guide pratique des vins de France, Jacques Orhon
  J'aime les azalées, Josée Deschênes
* J'aime les bulbes d'été, Sylvie Regimbal
  J'aime les cactées, Claude Lamarche
* J'aime les conifères, Jacques Lafrenière
* J'aime les petits fruits rouges, Victor Berti
  J'aime les rosiers, René Pronovost
  J'aime les tomates, Victor Berti
  J'aime les violettes africaines, Robert Davidson
  J'apprends l'anglais..., Gino Silicani et Jeanne Grisé-Allard
  Le jardin d'herbes, John Prenis
* Je me débrouille en aménagement intérieur, Daniel Bouillon et Claude Boisvert
* Lancer son entreprise, Pierre Levasseur
  Le leadership, James J. Cribbin
  Le livre de l'étiquette, Marguerite du Coffre
* La loi et vos droits, Me Paul-Émile Marchand
  Le meeting, Gary Holland

Le mémo, Cheryl Reimold
* Mon automobile, Gouvernement du Québec et Collège Marie-Victorin
  Notre mariage — Étiquette et planification, Marguerite du Coffre
  L'orthographe en un clin d'œil, Jacques Laurin
* Ouvrir et gérer un commerce de détail, C. D. Roberge et A. Charbonneau
  Le patron, Cheryl Reimold
* Piscines, barbecues et patios, Collectif
* La prévention du crime, Collectif
* Prévoir les belles années de la retraite, Michael Gordon
  Les relations publiques, Richard Doin et Daniel Lamarre
  Les secrets des maîtres vendeurs, Henry Porter
  La taxidermie moderne, Jean Labrie
* Les techniques de jardinage, Paul Pouliot
  Techniques de vente par téléphone, James D. Porterfield
* Le temps des purs — Les nouvelles valeurs de l'entreprise, David Olive
* Tests d'aptitude pour mieux choisir sa carrière, Linda et Barry Gale
* Tout ce que vous devez savoir sur le condominium, Robert Dubois
  Une carrière sur mesure, Denise Lemyre-Desautels
  L'univers de l'astronomie, Robert Tocquet
  La vente, Tom Hopkins

Affaires publiques, vie culturelle, histoire

* Artisanat québécois, tome 4, Cyril Simard et Jean-Louis Bouchard
* La baie d'Hudson, Peter C. Newman
  Beautés sauvages du Canada, Collectif
  Bourassa, Michel Vastel
  Les cathédrales de la mer, Marie-Josée Ouellet
* Le cauchemar olympique ou l'envers de la médaille, Sylvain Lake
  Claude Léveillée, Daniel Guérard
* Les conquérants des grands espaces, Peter C. Newman
* Dans la tempête — Le cardinal Léger et la révolution tranquille, Micheline Lachance
  La découverte de l'Amérique, Timothy Jacobson
* Dieu ne joue pas aux dés, Henri Laborit
* Duplessis, tome 1 — L'ascension, Conrad Black
* Duplessis, tome 2 — Le pouvoir, Conrad Black
* Les écoles de rang au Québec, Jacques Dorion
* L'establishment canadien, Peter C. Newman
* Le frère André, Micheline Lachance
  La généalogie, Marthe F. Beauregard et Ève B. Malak
  Gilles Villeneuve, Gerald Donaldson
  Gretzky — Mon histoire, Wayne Gretzky et Rick Reilly
  Les insolences du frère Untel, Jean-Paul Desbiens
  Larry Robinson, Larry Robinson et Chrystian Goyens
* Les mots de la faim et de la soif, Hélène Matteau
* Notre Clémence, Hélène Pedneault
* Les nouveaux riches, tome 2 — L'establishment canadien, Peter C. Newman
* Option Québec, René Lévesque
  L'or des cavaliers thraces, Collectif
* Oui, René Lévesque
  Parce que je crois aux enfants, Andrée Ruffo
* Les patients du docteur Cameron, Anne Collins
  Plamondon — Un cœur de rockeur, Jacques Godbout
  Le prince de l'église, Micheline Lachance
* Provigo, René Provost et Maurice Chartrand

* La saga des Molson, Shirley E. Woods
  Sauvez votre planète!, Marjorie Lamb
* La sculpture ancienne au Québec, John R. Porter et Jean Bélisle
* Sous les arches de McDonald's, John F. Love
* Le temps des fêtes au Québec, Raymond Montpetit
  Trudeau le Québécois, Michel Vastel
* La vie antérieure, Henri Laborit

Animaux

Le chat de A à Z, Camille Olivier
Le cheval, Michel-Antoine Leblanc
Le chien dans votre vie, Matthew Margolis et Catherine Swan
L'éducation canine, Gilles Chartier
L'éducation du chien de 0 à 6 mois, Dr Joël Dehasse et Dr Colette de Buyser
* Encyclopédie des oiseaux du Québec, W. Earl Godfrey
Le guide astrologique de votre chat, Éliane K. Arav
Le guide de l'oiseau de compagnie, Dr R. Dean Axelson
* Mon chat, le soigner, le guérir, Dr Christian d'Orangeville
* Nos animaux, D. W. Stokes et L. Q. Stokes
* Nos oiseaux, tome 1, Donald W. Stokes
* Nos oiseaux, tome 2, Donald W. Stokes et Lillian Q. Stokes
* Nos oiseaux, tome 3, Donald W. Stokes et Lillian Q. Stokes
* Nourrir nos oiseaux toute l'année, André Dion et André Demers
Vous et vos oiseaux de compagnie, Jacqueline Huard-Viaux
Vous et vos poissons d'aquarium, Sonia Ganiel
Vous et votre bâtard, Ata Mamzer
Vous et votre Beagle, Martin Eylat
Vous et votre Beauceron, Pierre Boistel
Vous et votre Berger allemand, Martin Eylat
Vous et votre Bernois, Pierre Van Der Heyden
Vous et votre Bobtail, Pierre Boistel
Vous et votre Boxer, Sylvain Herriot
Vous et votre Braque allemand, Martin Eylat
Vous et votre Briard, Pierre Van Der Heyden
Vous et votre Bulldog, Pierre Van Der Heyden
Vous et votre Bullmastiff, Pierre Van Der Heyden
Vous et votre Caniche, Sav Shira
Vous et votre Chartreux, Odette Eylat
Vous et votre chat de gouttière, Annie Mamzer
Vous et votre chat tigré, Odette Eylat
Vous et votre Chihuahua, Martin Eylat
Vous et votre Chow-chow, Pierre Boistel
Vous et votre Cockatiel (Perruche callopsite), Michèle Pilotte
Vous et votre Cocker américain, Martin Eylat
Vous et votre Collie, Léon Éthier
Vous et votre Dalmatien, Martin Eylat
Vous et votre Danois, Martin Eylat
Vous et votre Doberman, Paula Denis
Vous et votre Épagneul breton, Sylvain Herriot
Vous et votre Fox-terrier, Martin Eylat
Vous et votre furet, Manon Paradis
Vous et votre Golden Retriever, Paula Denis
Vous et votre Husky, Martin Eylat
Vous et votre Labrador, Pierre Van Der Heyden

Vous et votre Lévrier afghan, Martin Eylat
Vous et votre lézard, Michèle Pilotte
Vous et votre Lhassa Apso, Pierre Van Der Heyden
Vous et votre Loulou de Poméranie, Martin Eylat
Vous et votre perroquet, Michèle Pilotte
Vous et votre petit rongeur, Martin Eylat
Vous et votre Rottweiler, Martin Eylat
Vous et votre Schnauzer, Martin Eylat
Vous et votre serpent, Guy Deland
Vous et votre Setter anglais, Martin Eylat
Vous et votre Shih-Tzu, Martin Eylat
Vous et votre Siamois, Odette Eylat
Vous et votre Teckel, Pierre Boistel
Vous et votre Terre-Neuve, Marie-Edmée Pacreau
Vous et votre Tervueren, Pierre Van Der Heyden
Vous et votre tortue, André Gaudette
Vous et votre Westie, Léon Éthier
Vous et votre Yorkshire, Sandra Larochelle

Cuisine et nutrition

100 recettes de pain faciles à réaliser, Angéline Saint-Pierre
*À table avec sœur Angèle, Sœur Angèle
Les aliments qui guérissent, Jean Carper
Le barbecue, Patrice Dard
Bonne table et bon cœur, Anne Lindsay
Brunches et petits déjeuners en fête, Yolande Bergeron
Cocktails de fruits non alcoolisés, Lorraine Whiteside
Combler ses besoins en calcium, Denyse Hunter
*Comme chez grand-maman Biondi, J. Biondi et C. Lanzillotta
Comment nourrir son enfant, Louise Lambert-Lagacé
Le compte-calories, Micheline Brault-Dubuc et Liliane Caron-Lahaie
Le compte-cholestérol, M. Brault-Dubuc et L. Caron-Lahaie
*Les confitures, Misette Godard
La congélation de A à Z, Joan Hood
Les conserves, Sœur Berthe
*Crème glacée et sorbets, Yves Lebuis et Gilbert Pauzé
La cuisine au wok, Charmaine Solomon
Cuisine aux micro-ondes 1 et 2 portions, Marie-Paul Marchand
*La cuisine chinoise traditionnelle, Jean Chen
*La cuisine créative Campbell, Campbell
*La cuisine joyeuse de sœur Angèle, Sœur Angèle
Cuisiner avec le four à convection, Jehane Benoit
*Cuisiner avec les champignons sauvages du Québec, Claire L. Leclerc
*Cuisine santé pour les aînés, Denyse Hunter
Le défi alimentaire de la femme, Louise Lambert-Lagacé
*La diète rotation, Dr Martin Katahn
Faire son pain soi-même, Janice Murray Gill
*Faire son vin soi-même, André Beaucage
La fine cuisine aux micro-ondes, Patrice Dard
*Gastronomie minute, Julien Letellier
*Le livre du café, Julien Letellier
*Menus et recettes du défi alimentaire de la femme, Louise Lambert-Lagacé
*Les menus minute Weight Watchers, Weight Watchers
Menus pour recevoir, Julien Letellier

Micro-ondes plus, Marie-Paul Marchand
* Modifiez vos recettes traditionnelles, Denyse Hunter
Les muffins, Angela Clubb
La nouvelle cuisine micro-ondes, Marie-Paul Marchand et Nicole Grenier
La nouvelle cuisine micro-ondes II, Marie-Paul Marchand et Nicole Grenier
* Les pâtes, Julien Letellier
* La pâtisserie, Maurice-Marie Bellot
La sage bouffe de 2 à 6 ans, Louise Lambert-Lagacé
Les tisanes qui font merveille, Dr Leonhard Hochenegg et Anita Höhne
* Toutes les meilleures pizzas, Joie Warner
* Toutes les meilleures salades et vinaigrettes, Joie Warner
* Toutes les meilleures sauces pour les pâtes, Joie Warner
Une cuisine sage, Louise Lambert-Lagacé
* Votre régime contre l'arthrite, Helen MacFarlane
* Votre régime contre le diabète, Martin Budd
* Votre régime contre le psoriasis, Harry Clements
* Votre régime pour contrôler le cholestérol, R. Newman Turner
* Weight Watchers — La cuisine légère, Weight Watchers
* Les yogourts glacés, Mable et Gar Hoffman

Plein air, sports, loisirs

100 trucs de billard, Pierre Morin
* 52 Week-ends au Québec, André Bergeron
* L'ABC du bridge, Frank Stewart et Randall Baron
Apprenez à patiner, Gaston Marcotte
L'arc et la chasse, Greg Guardo
Les armes de chasse, Charles Petit-Martinon
L'art du pliage du papier, Robert Harbin
La batterie sans professeur, James Blades et Johnny Dean
* La bicyclette, Jean Corbeil
Carte et boussole, Björn Kjellström
Le chant sans professeur, Graham Hewitt
Le clavier électronique sans professeur, Roger Evans
* Les clés du scrabble, Pierre-André Sigal et Michel Raineri
* Comment vivre dans la nature, Bill Rivière et l'équipe de L. L. Bean
Le conditionnement physique, Richard Chevalier, Serge Laferrière et Yves Bergeron
* Construire des cabanes d'oiseaux, André Dion
Corrigez vos défauts au golf, Yves Bergeron
* Le curling, Ed Lukowich
De la hanche aux doigts de pieds — Guide santé pour l'athlète,
    M. J. Schneider et M. D. Sussman
Devenir gardien de but au hockey, François Allaire
Le dictionnaire des bruits, Jean-Claude Trait et Yvon Dulude
* Exceller au baseball, Dick Walker
* Exceller au football, James Allen
* Exceller au softball, Dick Walker
* Exceller au tennis, Charles Bracken
* Exceller en natation, Gene Dabney
La flûte traversière sans professeur, Howard Harrison
Le golf au féminin, Yves Bergeron et André Maltais
Grandir en 100 exercices, Henri B. Zimmer
Le grand livre des sports, Le groupe Diagram
Le guide complet du judo, Louis Arpin
* Le guide de la chasse, Jean Pagé

Le guide de l'alpinisme, Massimo Cappon
*Le guide de la pêche au Québec, Jean Pagé
 Guide des destinations soleil, André Bergeron
 Guide des jeux scouts, Association des Scouts du Canada
 Le guide de survie de l'armée américaine, Collectif
*Guide de survie en forêt canadienne, Jean-Georges Desheneaux
 La guitare, Peter Collins
 La guitare sans professeur, Roger Evans
*J'apprends à dessiner, Joanna Nash
*J'apprends à nager, Régent la Coursière
*Je me débrouille à la chasse, Gilles Richard
*Je me débrouille à la pêche, Serge Vincent
 Jeux pour rire et s'amuser en société, Claudette Contant
*Jouez gagnant au golf, Luc Brien et Jacques Barrette
 Jouons au scrabble, Philippe Guérin
 Le karaté Koshiki, Collectif
 Le karaté Kyokushin, André Gilbert
 Le livre des patiences, Maria Bezanovska et Paul Kitchevats
*Maîtriser son doigté sur un clavier, Jean-Paul Lemire
 Manuel de pilotage, Transport Canada
 Le manuel du monteur de mouches, Mike Dawes
 Le marathon pour tous, Pierre Anctil, Daniel Bégin et Patrick Montuoro
 La médecine sportive, Dr Gabe Mirkin et Marshall Hoffman
 La musculation pour tous, Serge Laferrière
*La nature en hiver, Donald W. Stokes
*Les papillons du Québec, Christian Veilleux et Bernard Prévost
*Partons en camping!, Archie Satterfield et Eddie Bauer
 Partons sac au dos, Archie Satterfield et Eddie Bauer
 Les passes au hockey, Claude Chapleau, Pierre Frigon et Gaston Marcotte
*Photos voyage, Louis-Philippe Coiteux et Michel Frenette
 Le piano jazz sans professeur, Bob Kail
 Le piano sans professeur, Roger Evans
 La planche à voile, Gérald Maillefer
 La plongée sous-marine, Richard Charron
 Le programme 5BX, pour être en forme,
*Racquetball, Jean Corbeil
*Racquetball plus, Jean Corbeil
 Les règles du golf, Yves Bergeron
*Rivières et lacs canotables du Québec, Fédération québécoise du canot-camping
 S'améliorer au tennis, Richard Chevalier
 Le saumon, Jean-Paul Dubé
*Le scrabble, Daniel Gallez
 Les secrets du baseball, Jacques Doucet et Claude Raymond
 Le solfège sans professeur, Roger Evans
 La technique du ski alpin, Stu Campbell et Max Lundberg
 Techniques du billard, Robert Pouliot
 Le tennis, Denis Roch
*Le tissage, Germaine Galerneau et Jeanne Grisé-Allard
 Tous les secrets du golf selon Arnold Palmer, Arnold Palmer
 La trompette sans professeur, Digby Fairweather
 Le violon sans professeur, Max Jaffa
*Le vitrail, Claude Bettinger
 Le volley-ball, Fédération de volley-ball

Psychologie, vie affective, vie professionnelle, sexualité

* 30 jours pour redevenir un couple heureux, Patricia K. Nida et Kevin Cooney
* 30 jours pour un plus grand épanouissement sexuel, Alan Schneider et
  Deidre Laiken
* Adieu Québec, André Bureau
  À dix kilos du bonheur, Danielle Bourque
  Aider mon patron à m'aider, Eugène Houde
* Aider son enfant en maternelle et en première année, Louise Pedneault-Pontbriand
  À la découverte de mon corps — Guide pour les adolescentes, Lynda Madaras
  À la découverte de mon corps — Guide pour les adolescents, Lynda Madaras
  L'amour comme solution, Susan Jeffers
  L'amour, de l'exigence à la préférence, Lucien Auger
  Les années clés de mon enfant, Frank et Theresa Caplan
  Apprivoiser l'ennemi intérieur, Dr George R. Bach et Laura Torbet
  L'art d'aider, Robert R. Carkhuff
  L'art de l'allaitement maternel, Ligue internationale La Leche
  L'art de parler en public, Ed Woblmuth
  L'art d'être parents, Dr Benjamin Spock
  L'autodéveloppement, Jean Garneau et Michelle Larivey
  Avoir un enfant après 35 ans, Isabelle Robert
  Bientôt maman, Janet Whalley, Penny Simkin et Ann Keppler
* Le bonheur au travail, Alan Carson et Robert Dunlop
  Le bonheur possible, Robert Blondin
  Ces hommes qui méprisent les femmes... et les femmes qui les aiment,
  Dr Susan Forward et Joan Torres
  Ces hommes qui ne peuvent être fidèles, Carol Botwin
  Ces visages qui en disent long, Jeanne-Élise Alazard
  Changer ensemble — Les étapes du couple, Susan M. Campbell
  Chère solitude, Jeffrey Kottler
  Le cœur en écharpe, Stephen Gullo et Connie Church
  Comment communiquer avec votre adolescent, E. Weinhaus et
  K. Friedman
  Comment déborder d'énergie, Jean-Paul Simard
  Comment garder son homme, Alexandra Penney
  Le complexe de Casanova, Peter Trachtenberg
  Comprendre et interpréter vos rêves, Michel Devivier et Corinne Léonard
  Découvrez votre quotient intellectuel, Victor Serebriakoff
  Découvrir un sens à sa vie avec la logothérapie, Viktor E. Frankl
  Le défi de vieillir, Hubert de Ravinel
  La deuxième année de mon enfant, Frank et Theresa Caplan
  Les douze premiers mois de mon enfant, Frank Caplan
  Les écarts de conduite, Dr John Pearce
  En attendant notre enfant, Yvette Pratte Marchessault
  Les enfants de l'autre, Erna Paris
* L'enfant unique — Enfant équilibré, parents heureux, Ellen Peck
* L'étonnant nouveau-né, Marshall H. Klaus et Phyllis H. Klaus
  Être soi-même, Dorothy Corkille Briggs
  Évoluer avec ses enfants, Pierre-Paul Gagné
  Exercices aquatiques pour les futures mamans, Joanne Dussault et
  Claudia Demers
  La femme indispensable, Ellen Sue Stern
  Finies les phobies!, Dr Manuel D. Zane et Harry Milt
  La flexibilité — Savoir changer, c'est réussir, P. Donovan et J. Wonder
  La force intérieure, J. Ensign Addington

Le grand manuel des arts divinatoires, Sasha Fenton
* Le grand manuel des cristaux, Ursula Markham
Les grands virages — Comment tirer parti de tous les imprévus de la vie,
    R. H. Lauer et J. C. Lauer
La graphologie au service de votre vie intime et professionnelle,
    Claude Santoy
Guérir des autres, Albert Glaude
Le guide du succès, Tom Hopkins
L'histoire merveilleuse de la naissance, Jocelyne Robert
L'horoscope chinois 1992, Neil Somerville
L'infidélité, Wendy Leigh
L'intuition, Philip Goldberg
J'aime, Yves Saint-Arnaud
J'ai quelque chose à vous dire..., B. Fairchild et N. Hayward
J'ai rendez-vous avec moi, Micheline Lacasse
Le journal intime intensif, Ira Progoff
Lis cette page, s'il te plaît, N. Chesanow et G. L. Ersersky
Le mal des mots, Denise Thériault
Ma sexualité de 0 à 6 ans, Jocelyne Robert
Ma sexualité de 6 à 9 ans, Jocelyne Robert
Ma sexualité de 9 à 12 ans, Jocelyne Robert
La méditation transcendantale, Jack Forem
Le mensonge amoureux, Robert Blondin
Mon enfant naîtra-t-il en bonne santé?, Jonathan Scher et Carol Dix
Nous, on en parle, Marcelle Lamarche et Pol Danheux
Parle-moi... j'ai des choses à te dire, Jacques Salomé
Parlez-leur d'amour, Jocelyne Robert
Parlez pour qu'on vous écoute, Michèle Brien
Penser heureux — La conquête du bonheur, image par image, Lucien Auger
Perdant gagnant! — Réussissez vos échecs, Carole Hyatt et Linda Gottlieb
Père manquant, fils manqué, Guy Corneau
Les peurs infantiles, Dr John Pearce
* Les plaisirs du stress, Dr Peter G. Hanson
Pourquoi l'autre et pas moi? — Le droit à la jalousie, Dr Louise Auger
* Pour vous future maman, Trude Sekely
Préparez votre enfant à l'école, Louise Doyon-Richard
Prévenir et surmonter la déprime, Lucien Auger
Psychologie de l'amour romantique, Dr Nathaniel Branden
Psychologie de l'enfant de 0 à 10 ans, Françoise Cholette-Pérusse
* La puberté, Angela Hines
La puissance de la vie positive, Norman Vincent Peale
La puissance de l'intention, Richard J. Leider
Respirations et positions d'accouchement, Joanne Dussault
S'affirmer et communiquer, Jean-Marie Boisvert et Madeleine Beaudry
S'aider soi-même davantage, Lucien Auger
Se changer, Michael J. Mahoney
Se comprendre soi-même par des tests, Collaboration
Se connaître soi-même, Gérard Artaud
Se guérir de la sottise, Lucien Auger
S'entraider, Jacques Limoges
* La séparation du couple, Robert S. Weiss
La sexualité du jeune adolescent, Dr Lionel Gendron
Si je m'écoutais je m'entendrais, Jacques Salomé et Sylvie Galland
Si seulement je pouvais changer!, Patrick Lynes
Les soins de la première année de bébé, Paula Kelly
Stress et succès, Peter G. Hanson

Le syndrome de la fatigue chronique, Edmund Blair Bolles
Le syndrome de la corde au cou, Sonya Rhodes et Marlin S. Potash
La tendresse, Nobert Wölfl
Tout se joue avant la maternelle, Masaru Ibuka
Transformer ses faiblesses en forces, Dr Harold Bloomfield
Travailler devant un écran, Dr Helen Feeley
* **Un second souffle,** Diane Hébert
Vouloir c'est pouvoir, Raymond Hull

Santé, beauté

30 jours pour avoir de beaux ongles, Patricia Bozic
30 jours pour cesser de fumer, Gary Holland et Herman Weiss
30 jours pour perdre son ventre (pour hommes), Roy Matthews et Nancy Burstein
* **L'ablation de la vésicule biliaire,** Jean-Claude Paquet
Alzheimer — Le long crépuscule, Donna Cohen et Carl Eisdorfer
L'arthrite, Dr Michael Reed Gach
Charme et sex-appeal au masculin, Mireille Lemelin
* **Comment arrêter de fumer pour de bon,** Kieron O'Connor, Robert Langlois et Yves Lamontagne
Comment devenir et rester mince, Dr Gabe Mirkin
De belles jambes à tout âge, Dr Guylaine Lanctôt
Dormez comme un enfant, John Selby
Dos fort bon dos, David Imrie et Lu Barbuto
Être belle pour la vie, Bronwen Meredith
Le guide complet des cheveux, Philip Kingsley
L'hystérectomie, Suzanne Alix
Initiation au shiatsu, Yuki Rioux
Maigrir: la fin de l'obsession, Susie Orbach
Le manuel Johnson & Johnson des premiers soins, Dr Stephen Rosenberg
Les maux de tête chroniques, Antonia Van Der Meer
Maux de tête et migraines, Dr Jacques P. Meloche et J. Dorion
Mini-massages, Jack Hofer
Perdre son ventre en 30 jours, Nancy Burstein
Principe de la technique respiratoire, Julie Lefrançois
Programme XBX de l'aviation royale du Canada, Collectif
Le régime hanches et cuisses, Rosemary Conley
Le rhume des foins, Roger Newman Turner
Ronfleurs, réveillez-vous!, Jocelyne Delage et Jacques Piché
Savoir relaxer — Pour combattre le stress, Dr Edmund Jacobson
Soignez vos pieds, Dr Glenn Copeland et Stan Solomon
Le supermassage minute, Gordon Inkeles
Le syndrome prémenstruel, Dr Caroline Shreeve
Vivre avec l'alcool, Louise Nadeau

 le jour,
éditeur

Ouvrages parus au Jour

Affaires, loisirs, vie pratique

L'affrontement, Henri Lamoureux
*Auberges et relais de campagne du Québec, François Trépanier
Les bains flottants, Michael Hutchison
*La bibliothèque des enfants, Dominique Demers
Bien s'assurer, Carole Boudreault et André Lafrance
Le bridge, Denis Lesage
Le cœur de la baleine bleue, Jacques Poulin
Conte pour buveurs attardés, Michel Tremblay
*La France à la québécoise, André Bergeron et Émile Roberge
*Le guide du répondeur bien branché, Robert Blondin et Lucie Dumoulin
J'avais oublié que l'amour fût si beau, Évette Doré-Joyal
Jean-Paul ou les hasards de la vie, Marcel Bellier
Oslovik fait la bombe, Oslovik

Ésotérisme, santé, spiritualité

L'astrologie pratique, Wofgang Reinicke
Couper du bois, porter de l'eau — Comment donner une dimension spirituelle à la
     vie de tous les jours, Collectif
Le grand livre de la cartomancie, Gerhard von Lentner
Grand livre des horoscopes chinois, Theodora Lau
Grossesses à risque et infertilité — Les solutions possibles, Diana Raab
Les hormones dans la vie des femmes, Dr Lois Javanovic et
     Genell J. Subak-Sharpe
Les maladies mentales, John M. Cleghorn et Betty Lou Lee
Pour en finir avec l'hystérectomie, Dr Vicki Hufnagel et Susan K. Golant
Le tao de longue vie, Chee Soo
Traité d'astrologie, Huguette Hirsig

Essais et documents

17 tableaux d'enfant, Pierre Vadeboncoeur
*L'accord, Georges Mathews
L'administration et le développement coopératif, Marcel Laflamme et
     André Roy
À la recherche d'un monde oublié, N. Laurin, D. Juteau et L. Duchesne
*Les années Trudeau — La recherche d'une société juste, T. S. Axworthy et
     P. E. Trudeau
*Le Canada aux enchères, Linda McQuaid
Carmen Quintana te parle de liberté, André Jacob
Le Dragon d'eau, R. F. Holland
*Élise Chapdelaine, Marielle Denis
*Elle sera poète, elle aussi! Liliane Blanc
En première ligne, Jocelyn Coulon

Expériences de démocratie industrielle — Vers un nouveau contrat social,
  Marcel Laflamme
* Femmes de parole, Yolande Cohen
* Femmes et politique, Yolande Cohen, Andrée Yanacopoulo et Nicole Brossard
  Le français, langue du Québec, Camille Laurin
* Goodbye... et bonne chance!, David J. Bercuson et Barry Cooper
  Hiérarchie ethnique dans la grande entreprise, Jean-Marie Rainville
  Jacques Cartier - L'odyssée intime, Georges Cartier
  La maison de mon père, Sylvia Fraser
  Les mémoires de Nestor, Serge Provencher
  Merci pour mon cancer, Michelle de Villemarie

Psychologie, vie affective, vie professionnelle, sexualité

Adieu, Dr Howard M. Halpern
Aimer, c'est choisir d'être heureux, Barry Neil Kaufman
Aimer son prochain comme soi-même, Joseph Murphy
L'amour lucide, Gay Hendricks et Kathlyn Hendricks
Apprendre à vivre et à aimer, Léo Buscaglia
Arrête! tu m'exaspères — Protéger son territoire, Dr George Bach et
  Ronald Deutsch
L'art d'engager la conversation et de se faire des amis, Don Gabor
L'art d'être égoïste, Josef Kirschner
Au centre de soi, Dr Eugene T. Gendlin
Augmentez la puissance de votre cerveau, A. Winter et R. Winter
Le burnout, Collectif
La célébration sexuelle, Ma Premo et M. Geet Éthier
Ces hommes qui ne communiquent pas, Steven Naifeh et
  Gregory White Smith
Ces vérités vont changer votre vie, Joseph Murphy
Comment aimer vivre seul, Lynn Shanan
Comment apprendre l'autodiscipline aux enfants, Thomas Gordon
Comment décrocher, Barbara Mackoff
Comment faire l'amour à la même personne pour le reste de votre vie,
  Dagmar O'Connor
Comment faire l'amour à une femme, Michael Morgenstern
Comment faire l'amour à un homme, Alexandra Penney
Comment faire l'amour ensemble, Alexandra Penney
Contacts en or avec votre clientèle, Carol Sapin Gold
Dire oui à l'amour, Léo Buscaglia
La dynamique mentale, Christian H. Godefroy
Ennemis intimes, Dr George R. Bach et Peter Wyden
Exit final — Pour une mort dans la dignité, Derek Humphry
Faire l'amour avec amour, Dagmar O'Connor
La famille moderne et son avenir, Lyn Richards
La fille de son père, Linda Schierse Leonard
La Gestalt, Erving et Miriam Polster
Le guide du succès, Tom Hopkins
L'homme sans masque, Herb Goldberg
L'influence de la couleur, Betty Wood
Le jeu de la vie, Carl Frederick
Maîtriser son destin, Josef Kirschner
Manifester son affection — De la solitude à l'amour, Dr George R. Bach et
  Laura Torbet

La mémoire à tout âge, Ladislaus S. Dereskey
Le miracle de votre esprit, Dr Joseph Murphy
Négocier — entre vaincre et convaincre, Dr Tessa Albert Warschaw
Nos crimes imaginaires, Lewis Engel et Tom Ferguson
Nouvelles relations entre hommes et femmes, Herb Goldberg
On n'a rien pour rien, Raymond Vincent
Option vérité, Will Schutz
L'oracle de votre subconscient, Joseph Murphy
Parents gagnants, Luree Nicholson et Laura Torbet
Parlez pour qu'on vous écoute, Michèle Brien
* La personnalité, Léo Buscaglia
Le pouvoir de la motivation intérieure, Shad Helmstetter
Le pouvoir de votre cerveau, Barbara B. Brown
Le principe de la projection, George Weinberg et Dianne Rowe
La psychologie de la maternité, Jane Price
La puissance de la pensée positive, Norman Vincent Peale
La puissance de votre subconscient, Dr Joseph Murphy
Réfléchissez et devenez riche, Napoleon Hill
S'aimer ou le défi des relations humaines, Léo Buscaglia
Savoir quand quitter, Jack Barranger
Les secrets de la communication, Richard Bandler et John Grinder
La sexualité expliquée aux adolescents, Yves Boudreau
Le succès par la pensée constructive, Napoleon Hill
La survie du couple, John Wright
Tous les hommes le font, Michel Dorais
Triomphez de vous-même et des autres, Dr Joseph Murphy
Un homme au dessert, Sonya Friedman
Uniques au monde!, Jeanette Biondi
Vivre avec les imperfections de l'autre, Dr Louis H. Janda
Vivre avec passion, David Gershon et Gail Straub
Vivre avec son anxiété, Isaac M. Marks
Votre corps vous parle, écoutez-le, Henry G. Tietze
Votre talon d'Achille, Dr Harold Bloomfield

* Pour l'Amérique du Nord seulement